国内外专利信息检索与利用

主　编　朱江岭
副主编　陈学锋　刘化雨
编　委　陈学锋　刘化雨　刘海峰　曹春旭
　　　　苗润泽　王　鹏　马　晓　朱江岭

海洋出版社

2016年·北京

内容摘要

在国家实施创新驱动战略和大众创新、万众创业的形势下，技术创新的全过程离不开专利信息的检索与利用，本书全面概述了国内外专利信息资源及其特点，介绍了中、美、日、欧洲专利以及国际专利组织等专利信息的检索方法，并用翔实的案例进行说明，同时，阐述分析了不同性质的专利信息检索运用以满足不同的检索需求，概述了国际专利分类体系，论述了专利信息对创新驱动发展战略的重要作用以及在企业技术创新中的运用。

读者对象：高校师生、技术研发人员、图书情报人员、企业专利管理人员、专利工程师、法律工作者、知识产权从业人员。

图书在版编目（CIP）数据

国内外专利信息检索与利用/朱江岭主编 . —北京：海洋出版社，2016.1　ISBN 978 - 7 - 5027 - 9221 - 3

Ⅰ.①国…　Ⅱ.①朱…　Ⅲ.①专利－情报检索　Ⅳ.①G252.7

中国版本图书馆 CIP 数据核字（2015）第 189376 号

责任编辑：杨海萍　张　欣
责任印制：赵麟苏

海洋出版社　出版发行

http：//www. oceanpress. com. cn
北京市海淀区大慧寺路 8 号　邮编：100081
北京朝阳印刷厂有限责任公司印刷　新华书店发行所经销
2016 年 3 月第 1 版　2016 年 3 月北京第 1 次印刷
开本：787mm×1092mm　1/16　印张：16
字数：370 千字　定价：38.00 元
发行部：62132549　邮购部：68038093　总编室：62114335
海洋版图书印、装错误可随时退换

前　言

在我国实施创新驱动战略的过程中，专利信息是科技创新的重要支撑它作为一种重要的信息资源其开发利用贯穿于技术创新的全过程，并成为技术创新的重要组成部分，充分利用专利信息不仅可以有效配置技术创新资源，降低技术创新的成本，而且可以提高研究的起点，确定正确的研究发展方向，从而加速技术创新的进程，增强我国的核心竞争力和创新力。

本书的作者是在多年从事专利信息利用教学或研究工作以及为企业进行专利信息分析服务的实践基础上撰写的，全书共分十二章，第一章、第十二章由河北省知识产权局的陈学锋同志撰写，第二、三、四、九、十章由朱江岭同志撰写，第五、六、七、八章由东北大学的刘化雨撰写，第十一章由朱江岭、曹春旭、刘海峰、李阳撰写，此外，曹春旭、苗润泽、王鹏、马晓、李阳、秦欣、侯佳琪、刘彦格等提供了大量检索资料，全书稿由朱江岭统稿，陈学锋、刘化雨修改校对。

本书第一章至第四章是关于专利文献信息及其检索的基础知识，以及国际专利组织和国际专利分类体系的介绍；第五章详细介绍了中国、香港特别行政区、台湾地区专利的检索方法；第六、七、八章详述了美、欧、日专利的检索方法，第九章简介了德温特出版物及其检索系统；第十章详细介绍了国际工业品外观设计的检索；第十一章介绍了世界知识产权组织IPDL网站及其他国家专利网站的检索方式；第十二章论述了专利信息对实施创新驱动战略的推动作用。

由于各国专利数据库在不断更新变化，本书以最新的内容展示给读者，而且内容详细、实用性强，是科研人员、图书情报人员、专利工程师等有关人员必备的检索工具书。

本书的撰写得到河北省知识产权局有关领导的大力支持，也得到了河北科技大学各级领导的支持和关心，在此表示感谢。

由于网站和网络数据库经常更新，因此，书中介绍的内容可能会有变化，另外，由于水平有限，书中不足之处，敬请指正。

编者

2015 年 10 月

目　录

第一章　专利文献信息概述

在目前我国实施创新驱动发展战略的大背景下，和"大众创业，万众创新"的政策引导下，创新主体的地位能否迅速提升、国家核心竞争力能否跃居世界强国之列，都与专利信息能否被高校利用有着重要关系，可以说，专利信息的开发利用贯穿于技术创新的全过程，也是实施创新型国家的重要组成部分。科技部早在 2006 年 12 月发表的《关于提高知识产权信息利用和服务能力，推进知识产权信息服务平台建设的若干意见》中也指出了国家核心竞争力越来越表现为对知识产权的创造、运用能力，有效利用专利信息可以掌握科技发展的动态和趋势，促进完善创新构思，科学地制定科技创新战略。专利信息是开展经营活动和参与市场竞争的重要资源，其利用对提高技术创新能力和市场竞争力有着至关重要的作用，尤其是专利信息是人类智慧的结晶，融技术、法律、经济于一体，是重要的创新资源，据统计，世界上 95% 以上的新发明、新技术都来源于专利信息，经常查阅专利信息可节约研究费用 60%，节省研究时间 40%，查阅专利信息不仅可开发新思路、避免重复研究和走弯路，提高技术创新起点和层次，而且可缩短研究开发进程，有效地配置创新资源，促进其技术创新能力，因此，专利文献资源对大众创新、创业来说，显得尤为重要。

第一节　专利文献信息概述

一、专利制度概述

1. 专利制度的产生和发展

专利制度是一种利用法律和经济手段鼓励人们进行发明创造，以推动科技进步、促进经济发展的一种保障制度。

最原始的一件专利是公元 1236 年英王亨利三世给波尔多一市民制作各色布 15 年权利。爱德华三世与 1331 年授予约翰·肯普的织布、染布的独占权利。威尼斯的第一件有记载的专利是公元 1416 年 2 月 20 日批准的。这是专利制度的萌芽和初创阶段。

世界上第一个建立专利制度的国家是威尼斯共和国，于 1474 年颁布了世界上第一部专利法，正式名称为《发明人法规》（Inventor Bylaws），共有 10 条。

1624 年是专利史上的重要一年，英国的《Statute of Monopolies》（一般译为垄断法）开始实施。《垄断法》宣告所有垄断、特许和授权一律无效，今后只对"新制造品的真正第一个发明人授予在本国独占实施或者制造该产品的专利证书和特权，为期十四年或以下，在授予专利证书和特权时其他人不得使用。"《垄断法》被公认为世界上第一部具有现代意义的专利法，它明确规定了专利法的一些基本范畴，这些范畴对于今天的专利法仍有很大影响，英国专利制度的产生标志着现代专利制度步入发展阶段。其后，欧美其他国家纷纷加以效仿。

1787年的美国联邦宪法规定"为促进科学技术进步，国会将向发明人授予一定期限内的有限的独占权。"1790年，以这部宪法为依据，又颁布了美国专利法，成为当时最系统、最全面的专利法。

1791年，法国也创建了第一部专利法，即《拿破仑法典》中关于工业产权的规定。它不同与英国的专利法，是一个独立的体系。对欧洲及法国殖民地国家产生了重大的影响。

随后，荷兰、奥地利、俄罗斯、瑞典、西班牙、墨西哥、巴西、印度、阿根廷、意大利、加拿大、德国、土耳其、日本都相继颁布了本国的专利法。

至此，世界专利制度逐渐形成、成熟。现在，世界上绝大多数国家都建立了专利制度。

2. 中国专利制度的沿革

我国第一部专利法的雏形应为清"戊戌变法"中光绪皇帝颁布的《振兴工艺给奖章程》，后被废除。民国第一部专利法的雏形为1911年12月12日由工商部颁布的《奖励工艺品暂行章程》，该章程已揭示了"先申请原则"、"权利转让"、"法律责任"等重要理念。1932年颁布的《奖励工业技术暂行条例》以及其实施细则、《奖励工业技术审查委员会规则》等构成了比较完整的体系，也为现行国民党政府专利法框架的基础。1944年5月4日国民党政府经"立法院"第四届第206次会议通过了我国历史上第一部称为"专利法"的法律。以后经多次修改，沿用至今。

新中国成立后，尽管建国后先后颁布过《保障发明与专利权暂行条例》等五个发明奖励条例，但发明的所有权还在国家，全国各个单位都可以无偿利用。

改革开放后，在党中央和国务院的部署下，我国开始了专利制度的筹备工作，着手起草专利法。1979年1月，国务院批准成立中国专利局，1980年5月，成立了中华人民共和国专利局（中国专利局），即现在国家知识产权局前身。

1984年3月12日，我国颁布了《中华人民共和国专利法》，并于1985年开始实施。为了适应国内外的新形势发展的需要，我国全国人大常委会先后四次对专利法进行了修改，目前正在进行的第四次修改正在向社会各界征求有关修改草案的意见。

《中华人民共和国专利法》的颁布，标志着我国专利制度的建立，促进了我国的专利事业的发展，促进了我国科技创新，产生了巨大的社会效益和经济效益。

目前我国专利申请量跃居世界第一，专利制度的激励创新作用已经发挥出了它的最大效用。

3. 专利文献

专利文献是专利制度的产物，它是在专利制度形成后随之派生出来的。最初，它是零星、不系统的，经过漫长的发展时期，最终成为一种系统性强、出版数量大的重要文献形式，其数量占世界各种出版物总量的四分之一。

从广义方面讲，一切与专利制度有关的各种专利文件统称为专利文献，包括发明说明书、专利说明书、专利局公报、专利文摘、专利分类与检索工具书、申请专利时提交的各种文件（如请求书、权利要求书、有关证书等）、与专利有关的法律文件和诉讼资料等。

从狭义方面讲，专利文献一般指专利局公布出版的各种专利说明书或权利要求书及其所派生的各种二次文献。

早期的专利没有专利说明书。英国专利史上最重要的变革是 1852 年《专利法修改法令》（The Patent Law Amendment Act 1852），依据该法令，英国建立了现代意义上的专利局，并且明确要求发明人在提交专利申请时必须充分陈述其发明内容提交专利说明书，说明书将予以公布，公布日期为申请日起三周内。专利申请时提交的说明书可以是临时的，但在 6 个月内必须提交完整的说明书。（其后，1883 年修订的专利法又将完整专利说明书的提交时间规定为授权之前。专利在申请后无论是否授权都要公开出版。）英国专利局内建立了专利说明书处，专门负责专利说明书的印刷和出版。这是出版专利文献首次在专利法中有了明确规定，它标志着具有现代特点的专利制度的最终形成。从 1852 年起英国开始正式出版专利说明书并向前追溯出版，配给专利号。现存第一份英国专利文献号码是 1/1617（1617 年的第 1 件专利）。

美国现存的第 1 件有正式编号的专利说明书是 1836 年 7 月 15 日颁发的专利，另外在 1790 年至 1836 年间还有 9957 件未编号的美国早期说明书。

以后，伴随各国专利制度的建立，专利文献就大量地产生了。

4. 专利说明书的类型及公布级别代码

专利说明书是申请人为获得某项发明的专利权，在申请专利时必须向专利局呈交的一份有关该发明的详细技术说明书。

专利申请提出后，一般要经过初步审查、分类归档、申请公开、实质审查、公告、异议和复审等程序，最后确定是否授予专利权。在申请和审查过程的不同阶段，专利说明书可能以不同的形式公布或出版。主要有下面几种：

（1）申请说明书：申请人在申请专利时向专利局提交的说明书。

（2）公开说明书：未经实质性审查而由专利局先行公开的说明书。

（3）公告说明书：经审查批准并已授予专利权的说明书。

（4）审定说明书：经审查批准但尚未授予专利权时出版的说明书。

对于基本或主要的发明专利说明书而言，一般分为三个公布级别：

A——第一公布级别，包括申请说明书和公开说明书。

B——第二公布级别，包括审定说明书。

C——第三公布级别，包括公告说明书。

但在具体使用时，很多国家专利局在标示代码"A"、"B"、"C"后面加上数字，进一步区分各种不同类型的专利说明书。如"A_1"、"B_2"、"C_3"或"A_1"、"A_2"、"A_3"等。

对于其他的专利文献类型，国际组织也规定了相应的识别代码。如实用新型专利文献，用"U"、"Y"、"Z"来加以识别。其他的不再详述。

二、专利文献信息的特点

1. 专利文献的主要特点表现在：

（1）数量巨大、内容广博。目前，世界上约有 90 个国家、地区、国际性专利组织用大约 30 种官方文字出版专利文献，其数量占世界每年 400 万件科技出版物的 1/4。而且，每年仍以 100 多万件的速度递增。专利文献几乎涵盖人类生产活动的全部技术领域。据世界知识产权组织（WIPO）统计（3），世界上 90% ~ 95% 的发明成果以专利文献的形式问世，其中约有 70% 的发明成果未见于非专利文献上。可以说，人们在研究开发和生产活动中遇到的各种技术问题，几乎都能在专利文献中找到具有参考价值的解决方案，或从中得到有益的启发。

（2）集技术、法律、经济信息于一体。专利文献记载技术解决方案，确定专利权保护范围，披露专利权人、注册证书所有人权利变更等法律信息。同时，依据专利申请、授权的地域分布，可分析专利技术销售规模、潜在市场、经济效益及国际间的竞争范围。是一种独一无二的综合科技信息源。

（3）技术内容新颖可靠、时效性强。首先，大多数国家专利局采用先申请制原则，致使申请人在发明完成之后尽早提交申请，以防他人捷足先登。其次，由于新颖性是专利性的首要条件，因此，发明创造多以专利文献而非其他科技文献形式公布于众。第三，20世纪 70 年代初专利申请早期公开制度的推行，更加速了科技信息向社会的传播速度。

（4）格式统一、形式规范。各国出版的专利说明书文件结构一致：均包括扉页、权利要求、说明书、附图等几部分内容。扉页采用国际通用的 INID 代码标识著录项目，引导读者了解、寻找发明人、申请人、请求保护的国家、专利权的授予等有关信息。权利要求说明技术特征，表述请求保护的范围。说明书清楚、完整地描述发明创造内容。附图用于对文字说明的补充。更重要的是，专利文献均采用或标注国际专利分类划分发明所属技术领域，从而成为便于识别与检索的、系统化的科技信息资源。

（5）载体类型多样，数据化和网络化是专利文献数据库的发展方向

专利文献的载体类型随着科技的进步而发展，专利文献最初是采取印刷型载

体，目前已发展到缩微胶片、光盘、电子文档等几种主要类型。目前世界上包括美国、日本、中国等许多国家都建立了专利文献电子数据库；建立专利文献电子数据库，是各国专利文献发展的趋势。

2. 专利文献信息的不足之处：

1. 技术上的保守性

发明人为了自身利益，总想以最小的公开代价来换取最充分的法律保护。所以，专利说明书中经常出现没有说明技术原理，也往往不提供准确的技术条件和参数，不交代技术关键点，诸如机械、电路只给出示意图，没有具体数值，化学配方只给出最佳配比范围。甚至有些外围专利和虚假专利就是为迷惑竞争对手而申请的，当然，对于不能充分公开而不符合专利授权条件的专利申请不会授予专利权，事实上，发明专利的授权率并不高，不过经过这些年的研究发展，专利审查的质量在不断提高，专利文件的撰写质量在不断

提高。

2. 文件类型多，重复量大

由于受专利保护的地域性限制，申请人为了占领国际市场，往往需要就一件发明向数国提出申请，以便在这些国家分别获得专利，就产生了基本专利、等同专利、增补专利、改进专利、再颁布专利等；另外，许多国家专利局就同一件专利申请依审查程序而多次出版，如公开说明书、公告说明书、专利说明书等，造成专利文献的大量重复出版。在每年出版的专利文献中，重复的比例约占 60%。

3. 有的公布的技术技术内容没有经过工业化实验，有时不能进行工业化生产。

4. 对于一些国家专利法规定不能得到专利保护的技术领域，例如动植物品种、药品、食品、化学物质等，则不能在其出版的专利文献中见到。

三、专利文献信息的作用

1. 专利信息在政府机构决策中的作用：

政府的有关科技、经济管理部门在制定工业发展计划和确定何类技术应得到优先发展时，可以通过使用各国专利局、世界知识产权组织公布的专利信息统计数字以及对特定技术领域的专利信息进行探如研究预测国内工业发展趋势和国外发展状况，确定哪些技术适于扩大生产，哪些技术节约能源。哪些技术可在农村推广应用增加就业机会等，以制定出可行的科技、经济发展规划。另外，由于发明专利是衡量一个国家科技实力的主要指标。发明专利多标志着该国科技实力强大；发明专利增长快。则表明该国科技实力呈不断上升趋势。因此以发明专利信息的统计分析来确定本国与外国的科技实力。并进行科技实力对比，可为国家政府机构的宏观决策提供科学依据。

政府主管部门还可通过应用专利信息。以信息的发布、传播和管理来体现政府宏观意图，达到引导市场经济主体专利行为的目的。促使专利工作更好地为经济、科技和社会发展服务。2000 年 1 月，国家知识产权局与国家经贸委通过制定发布《企业专利工作管理办法（试行）》. 进一步提高了企业的专利意识，引导企业加强专利的无形资产评估和管理工作，引导企业向发展专利战略的高层次迈进，使企业的专利工作向规范化、纵深化发展。

2. 专利信息在技术研究开发中的作用：

专利信息汇集了人类的发明创造构思与研究成果，为技术研发人员学习、借鉴世界各国的先进技术提供了重要的参考依据，以使科研工作少走弯路，而站在最高、最新的起点上进行。科研、生产单位在制定科研计划，确定科研课题时，应进行专利信息检索，并在研发过程中及完成后，要进行必要的跟踪检索。通过信息查询，可了解本技术领域及相关领域的技术发展历史和趋势. 提高研究开发的水平和效果。避免低水平的重复研究和研发工作的盲目性，合理配置有限的资金、人力、设备等技术创新资源，有利于启迪、激发研发人员的创造性思维。有利于确定研发的重大方向性问题，有利于寻求研发课题有效的、可借鉴的技术解决方案，有利于从已有的专利夹缝中寻找技术空白点以开拓新的发明创造. 总体上可节约科研开发经费 60% 左右. 缩短研发周期 40% 左右。

3. 专利信息在专利申请中的作用：

由于我国的实用新型专利和外观设计专利只经过初步审查。没有发现驳回理由的即被授予专利权。因此，如果不经过专利信息的检索，该专利申请即使授权也有可能与他人的在先申请相抵触．不仅可能导取自己的专利权被宣告无效，使开发的项目得不到应有的保护，而且可能导致侵权行为的发生，落入他人的专利陷阱，使自己处于十分被动的境地。另一方面，经过专利信息的检索，可对相关技术进行充分了解、分析和研究．那么在拟申请的专利中，就可以区分哪些是现有技术，哪些是技术创新点；哪些应列人权利要求的保护范围；哪些应作为技术秘密加以保密而决定不申请专利（因为专利保护是有一定期限的，一旦超过有效期即成为公用技术）。必要时，需在该基本专利申请的同时申请多项外围专利，构成一道完整的专利防护同．阻止他人的专利侵入或者防止他人的外围专利牵制，从而最大限度地、有效地保护自己的合法权益。

4. 专利信息在专利战略实施中的作用：

专利战略是制定者为了自身的长远利益和发展，运用专利及专利制度提供的法律保护，在技术竞争和市场竞争中谋求最大经济利益。并保护自己技术优势的整体性谋略。专利战略的基础就是打好专利信息战。要及时收集本行业、本技术领域及相关技术领域的专利信息。建立相关技术的专利信息数据库。通过制作专利圈。对相关专利信息进行定量、定性分析和评价，可以了解已有技术的状况，预测技术发展动态和未来发展方向，以及新技术的竞争焦点、新技术涉及的有关领域；可以推定现实和潜在的竞争对手，推断竞争对手的竞争地位和竞争能力，分析自身所处的竞争环境和竞争态势，确定自身的市场生存空间和发展方向．以此研究、制定适合自身发展的规划和竞争策略。例如：当某类产品专利申请量在统计时问内的申请量曲线。由零渐渐上升．再由渐趋上升至突然爆升，且势头强劲，一般可预测一个朝阳行业可能诞生。当某类产品的专利申请量曲线由平衡状态而下降．且下降趋势明显并延续一段时间，又突然上升且势头强劲。一般可判断该类产品正处于转折的关键时期。

若发现有若干企业突然针对某一个具体技术领域申请大量同类专利，很可能是利用专利进行"跑马圈地"，一般应该提高警惕，分析、利用其战略目的来制定自己的计划。

5. 专利信息在技术贸易中的作用：

技术引进的成功与否，取决于对有关技术的正确评估和选择，而专利信息能为技术的评估和选择提供科学依据。通过专利信息查询．可以确定引进技术的技术起点、技术难度和技术成熟度。如果引进的是专利技术，那么就需全面掌握该引进技术的专利技术法律状况，了解其专利保护范围和技术内容，以及专利权人、保护时效、保护地域等专利法律信息，以避免技术引进中的决策失误而引人一些过期、失效甚至是假冒的专利技术。此外．还需特别指出的是，在引进实用新型专利和外观设计专利时要注意专利的有效性。由于此两类专利只经过初步审查，有可能含出现同一技术先后授权给不同的申请人，也有可能该专利技术是公知的现有技术，因此可能导致引进无效的专利技术，甚至还可能构成侵犯在先申请的专利权。

而技术输出进入国际市场，．应利用专利信息弄清有关技术和产品在进口国的专利申请授权情况，摸清该技术的国外市场前景，最终选定最合适的进口国或地区，以避免侵权纠纷发生。而且还可以指导输出单位利用获得国外专利权来更有效地占领国外市场，争取输出技术过程中的主动权。政府的外贸部门利用专利信息。可以在同发达国家进行的许可贸易协议谈判中，使自己的谈判地位得到提升，同时可以指导本国的产品和技术输出恬动。

6. 专利信息在科技查新与科技成果鉴定中的作用：

科技查新是查新机构根据查新委托人提供的需要查证其新颖性的科学技术内容，按照有关规范操作，并做出的结论。科技查新所论证的是"有"、"没有"或者"部分没有"的用语。而科技成果鉴定是由所属技术领域的有关专家对已完成的科技成果做出"先进"、"领先"或者"填补空白"等水平性评价。

在进行科技查新和科技成果鉴定活动中，专利信息数据库是一个非常重要的、必不可少需要检索的数据库。由于参与查新、鉴定的专家无论知识有多么渊博，也总是有限的，也只是某一具体领域的权威。不可能掌握该技术领域的所有技术，尤其是最新技术。因此，在这种情形下，通过查询有关专利信息，特别是专利信息中古有产品的形状、机械制造、电子线路、工艺流程、材料配方等详细信息，是其他文献数据库所无法比拟的，它可以帮助专家分析判断该技术的科技含量如何，是否已由他人研究并申请专利等，由此做出具有科学依据的反映该技术新颖性或者水平性的结论。

专利文献是科学技术的宝库。它融技术、法律和经济信息于一体，是了解掌握国内外技术发展现状，进行技术预测和作出科学决策的依据；是科研和工程技术人员进行课题研究，解决技术难题不可缺少的工具；是发明人寻找技术资料，不断作出新的发明创造的源泉。在技术贸易中，专利文献可用于了解专利技术的法律状态；在技术和市场竞争中，专利文献可用于判定侵权行为；在申请专利时，专利文献可用于确定其新颖性、创造性；在企业可利用专利文献了解和监视同领域竞争对手的情况，开发适销对路的新产品。

四、同族专利

1. 概述

人们把具有共同优先权的由不同国家公布或颁发的内容相同或基本相同的一组专利申请或专利称为一个专利族（Patent Family）。在同一专利族中，每件专利互为同族专利。

所谓优先权，是巴黎公约各成员国给予本联盟任一国家的专利申请人的一种优惠权，即联盟内某国专利申请人已在该国正式就一项发明创造申请专利，当申请人就该发明创造在规定的时间内向本联盟其他国家申请专利时，申请人有权享有第一次申请的申请日期。

根据同族专利的这一特点，就可以就一项发明，选择我们所熟悉的语言来加以利用。例如，一项同时在中、英、日、俄、法等国申请的专利，就可以分别选择以上相应文字的专利文献。

需要注意的是：尽管是同族专利，但其内容的描述并不是完全一致的。这是因为一项发明在不同的国家申请专利时，申请人要根据不同的国家的专利法对其发明说明书做一些修改。同时，在别国提出申请时，又可能有进一步的修改或增补，这样，在多个不同的国家出版的说明书内容就会不完全一样。

根据 WIPO《工业产权信息与文献手册》中的有关定义，同族专利一般分为以下几种类型：

（1）简单同族专利（Simple Patent Family）　指一组同族专利中的所有专利都以共同的一个或共同的几个专利为优先权。

（2）复杂同族专利（Complex Patent Family）　指一组同族专利中的专利至少共同具有一个专利申请为优先权，即每个专利都有一个或一个以上的优先权，但不管是一个，还是多个，它们中的至少一个优先权是共同的。

（3）扩展同族专利（Extended Patent Family　指一组同族专利中的每个专利与该组中的至少一个其他专利共同具有一个专利申请为优先权，即每个专利都有一个或一个以上的优先权，但不管是一个，还是多个，每两个专利之间至少有一个优先权是共同的。

（4）国内同族专利（National Patent Family）　指由于增补、后续、部分后续、分案申请等原因产生的由一个国家出版的一组专利文献，但不包括同一专利申请在不同审批阶段出版的专利文献。

（5）仿同族专利（Artificial Patent Family）　也叫智能同族专利、技术性同族专利或人为同族专利。即内容基本相同，但并非以共同的一个或几个专利申请为优先权，而是通过智能调查归类组成的一组由不同国家出版的专利文献，即根据文献的技术内容进行审核，发现这些专利申请的内容基本相同，人为地把它们确定为一种同族专利，但实际上在这些专利文献之间没有任何优先权联系。在同族专利检索服务中，仿同族专利通常作为其他类型的同族专利出现。

2. 同族专利的作用

（1）判断专利的市场覆盖率。

通过对同族专利的检索，可以得知申请人就该相同发明主题在哪些国家申请了专利，这些专利的审批情况况和法律状态如何。另外，通过同族专利之何的相互比较，可以获悉那些在基本专利中没有记载的最新技术进展。通常情况下，越是重要的发明创造，申请的国家越多，技术发展也越活跃。所以对于从事技术创新的企业和科研机构来说，不论是在开题准备阶段，还是在技术研发过程中，都应当在检索或跟踪专利文献时，对同族专利的作用予以特别关注。

（2）为经济与技术贸易提供专利法律状态信息。在当今经济、技术贸易全球化的环境下，企业的经济行为必须符合知识产权保护规则，对同族专利信息的获取可帮助企业在制定进出口业务策略时根据专利权的法律状态，制定相应的对策，以避免产生专利纠纷。特别是同一专利在不同国家或地区的申请、审查、授权、撤销、失效、延长等信息，与各国或地区的专利法内容及申请人的专利策略有关，同族专利的法律状态不尽相同，其差异往往大于专利技术本身，更值得企业关注。

（3）有助于对专利技术的理解、消化与吸收。同族专利虽然内容基本相同，但同一专利在不同国家或地区的申请因专利法的差别及申请人专利策略的不同，其说明书内容有一定差别，通过同族专利中各国说明书的描述差别，可分析其技术或权利要求上的差别，全面了解专利的技术内容和权利要求。特别是对接续专利、部分接续专利、分案专利、增补专利、再颁专利、相关专利等信息的分析，可了解该专利的技术演变过程，特别是对需要分案申请的系列专利的技术内容能有全面的了解。

五、PCT 国际检索单位与 PCT 最低文献量

国际申请是指依据《专利合作条约》提出的申请，又称 PCT 申请。PCT 是专利合作条约（PATENT COOPERATION TREATY）的简称，是专利领域进行合作的一个国际性条约。其产生是为了解决就同一发明向多个国家申请专利时，如何减少申请人和各个专利局的重复劳动，在此背景下，于 1970 年 6 月在华盛顿签订，1978 年 1 月生效，同年 6 月实施。PCT 是在巴黎公约下只对巴黎公约成员国开放的一个特殊协议，并非与巴黎公约竞争，事实上是其补充。

我国于 1994 年 1 月 1 日加入 PCT，同时中国国家知识产权局作为受理局、国际检索单位、国际初步审查单位，承担 PCT 中所规定的义务，并行使其权利，接受中国公民、居民、单位提出的国际申请。

应当注意是，专利申请人只能通过 PCT 申请专利，不能直接通过 PCT 得到专利。要想获得某个国家的专利，专利申请人还必须履行进入该国家的手续，由该国的专利局对该专利申请进行审查，符合该国专利法规定的，授予专利权。

1. PCT 指定的国际检索和初审单位：

澳大利亚知识产权局 IP Australia

奥地利专利局 Austrian Patent Office

俄罗斯专利局 RUSSIAN PATENT & TRADEMARK OFFICE

瑞典专利注册局 Swedish Patent and Registration Office

美国专利商标局 United States Patent and Trademark Office（USPTO）

日本特许厅 Japan Patent Office（JPO）

欧洲专利局 European Patent Office（EPO）

中国国家知识产权局 State Intellectual Property Office of P. R. China（SIPO）（1994 年成为 PCT 条约规定的国际申请的受理局、国际检索局单位和国际初步审查单位。）

韩国知识产权局 korean intellectual property office（KIPO）（1999 年被 WIPO 指定为国际检索和国际初审单位。）

加拿大知识产权局 Canadian Intellectual Property Office（2002 年被指定为国际检索和初审单位）

西班牙专利商标局 Spanish Patent and Trade Mark Office（SPTO）（2003 年作为 PCT 国际初审单位）

芬兰国家专利和注册委员会 National Board of Patents and Registration of Finland（NB-PR）（第 12 个国际检索和初审单位）

北欧专利机构 Nordic Patent Institute（NPI）（第 13 个国际检索和初审单位，2008 年 1 月指定生效。NPI 是政府间组织，由荷兰，冰岛和挪威于 2006 年 7 月组成。）

巴西国家工业产权局 Instituto Nacional da Propriedade Industrial（2007 年被指定为国际检索单位和国际初步审查单位。）

印度专利局 Office of the Controller General of Patents（2007 年被指定为国际检索单位和国际初步审查单位。）

2. PCT 最低文献量

对专利申请的审查，将广泛检索相关文献，通过对相关文献的对比分析来判断某件申请是否具有新颖性和创造性。

按照世界知识产权组织专利合作条约（PCT）及其实施细则的要求，PCT 国际专利申请的检索与审查，必需有一定数量的专利文献和非专利文献作为检索对象，即 PCT 最低文献要求。必需的专利文献是指 1920 年以来美国、英国、法国、德国、瑞士、日本、俄罗斯（包括前苏联）、欧洲专利局（EPO）和专利合作条约组织官方出版的专利文献；必需的非专利文献时有调整，由国际局公布文献清单，一般是上述七国两组织的 100 多种科技期刊。随着信息技术的发展，专利审查中所利用的信息源在不断增加，各种科技领域的电子和数字文献数据库得到了越来越多的利用。

截止到 2007 年 12 月 27 日，全世界共有 138 个国家加入 PCT。

2007 年 11 月 13 日，国家知识产权局发布公告，参照《专利合作条约实施细则》34 条第 1（B）（Ⅲ）有关非专利最低文献量的规定，根据业务工作需要，确定 162 种期刊（含 17 种英文版期刊）作为我国非专利最低文献量。

我国非专利最低文献量期刊列表（国家知识产权局 2007 年 11 月 13 日公布）

序号	刊　名	对应的国际专利分类（IPC）
1	北京大学学报（医学版）	A 部
2	动物学报	A 部
3	海洋学报	A 部
4	海洋与湖沼	A 部
5	湖南农业大学学报（自然科学版）	A 部
6	华西口腔医学杂志	A 部
7	华中农业大学学报	A 部
8	解剖学报	A 部
9	昆虫学报	A 部
10	昆虫知识	A 部
11	林业科学	A 部
12	临床皮肤科杂志	A 部
13	沈阳药科大学学报	A 部
14	生理学报	A 部
15	世界胃肠病学杂志（英文版）	A 部
16	天津医药	A 部

序号	刊　名	对应的国际专利分类（IPC）
17	土壤学报	A 部
18	微生物学报	A 部
19	药学学报	A 部
20	遗传学报	A 部
21	郑州大学学报（医学版）	A 部
22	植物分类学报	A 部
23	中草药	A 部
24	中国海洋湖沼学报（英文版）	A 部
25	中国农业科学	A 部
26	中国兽医学报	A 部
27	中国蔬菜	A 部
28	中国水稻科学	A 部
29	中国药理学报（英文版）	A 部
30	中国药学杂志	A 部
31	中国医学科学院学报	A 部
32	中国医药工业杂志	A 部
33	中华妇产科杂志	A 部
34	中华内科杂志	A 部
35	中华外科杂志	A 部
36	中华医学杂志	A 部
37	中华医学杂志（英文版）	A 部
38	中华肿瘤杂志	A 部
39	船舶工程	B 部
40	焊接学报	B 部
41	汽车工程	B 部
42	上海交通大学学报	B 部
43	中国空间科学技术	B 部
44	北京化工大学学报（自然科学版）	C 部
45	材料保护	C 部
46	材料科学技术（英文版）	C 部
47	材料科学与工程学报	C 部
48	磁性材料及器件	C 部
49	分析化学	C 部
50	感光科学与光化学	C 部
51	钢铁	C 部

序号	刊　　名	对应的国际专利分类（IPC）
52	高等学校化学学报	C 部
53	高分子材料科学与工程	C 部
54	高分子通报	C 部
55	高分子学报	C 部
56	工程塑料应用	C 部
57	功能高分子学报	C 部
58	合成橡胶工业	C 部
59	化学进展	C 部
60	化学通报	C 部
61	化学学报	C 部
62	环境工程	C 部
63	环境科学	C 部
64	金属热处理	C 部
65	金属学报	C 部
66	金属学报（英文版）	C 部
67	精细化工	C 部
68	炼油技术与工程	C 部
69	煤炭学报	C 部
70	人工晶体学报	C 部
71	上海环境科学	C 部
72	生物化学与生物物理进展	C 部
73	生物化学与生物物理学报	C 部
74	石油化工	C 部
75	石油炼制与化工	C 部
76	石油学报	C 部
77	特种铸造及有色合金	C 部
78	天然气工业	C 部
79	涂料工业	C 部
80	稀有金属材料与工程	C 部
81	现代化工	C 部
82	橡胶工业	C 部
83	冶金自动化	C 部
84	中国化学（英文版）	C 部
85	中国科学（B 辑：化学，英文版）	C 部
86	中国科学（C 辑：生命科学，英文版）	C 部

序号	刊　　名	对应的国际专利分类（IPC）
87	中国稀土学报	C 部
88	中国有色金属学报（英文版）	C 部
89	纺织导报	D 部
90	纺织学报	D 部
91	国际纺织导报	D 部
92	合成纤维	D 部
93	合成纤维工业	D 部
94	印染	D 部
95	中国造纸	D 部
96	中国造纸学报	D 部
97	地质与勘探	E 部
98	给水排水	E 部
99	建筑技术	E 部
100	石油地球物理勘探	E 部
101	石油勘探与开发	E 部
102	水利水电技术	E 部
103	机械工程学报	F 部
104	内燃机学报	F 部
105	中国机械工程	F 部
106	测控技术	G 部
107	低温物理学报	G 部
108	高能物理与核物理	G 部
109	光学学报	G 部
110	核技术	G 部
111	红外与毫米波学报	G 部
112	激光技术	G 部
113	计量学报	G 部
114	理论物理通讯（英文版）	G 部
115	力学学报	G 部
116	力学学报（英文版）	G 部
117	通信学报	G 部
118	物理学报	G 部
119	中国激光	G 部
120	中国科学（G辑：物理学、力学、天文学，英文版）	G 部
121	中国物理（英文版）	G 部

序号	刊 名	对应的国际专利分类（IPC）
122	中国物理快报（英文版）	G 部
123	半导体学报	H 部
124	变压器	H 部
125	低压电器	H 部
126	电池	H 部
127	电镀与涂饰	H 部
128	电工电能新技术	H 部
129	电工技术学报	H 部
130	电力系统自动化	H 部
131	电声技术	H 部
132	电视技术	H 部
133	电子技术	H 部
134	电子科技大学学报	H 部
135	电子学报	H 部
136	电子元件与材料	H 部
137	高电压技术	H 部
138	固体电子学研究与进展	H 部
139	继电器	H 部
140	软件学报	H 部
141	微电子学	H 部
142	系统工程与电子技术	H 部
143	中国电机工程学报	H 部
144	中国科学（F辑：信息科学，英文版）	H 部
145	自动化学报	H 部
146	北京大学学报（自然科学版）	A 部、C 部、E 部、G 部、H 部
147	北京科技大学学报	B 部、C 部、F 部、G 部、H 部
148	北京师范大学学报（自然科学版）	A 部、C 部、G 部、H 部
149	大连理工大学学报	B 部、C 部、E 部、F 部、G 部、H 部
150	东北大学学报（自然科学版）	B 部、C 部、E 部、F 部、G 部、H 部
151	东华大学学报（自然科学版）	A 部、B 部、C 部、D 部、G 部、H 部
152	东南大学学报（自然科学版）	C 部、E 部、F 部、G 部、H 部
153	复旦学报（自然科学版）	A 部、C 部、G 部、H 部
154	湖南大学学报（自然科学版）	A 部、B 部、C 部、E 部、F 部、G 部、H 部
155	湖南师范大学自然科学学报	A 部、C 部、G 部、H 部
156	华中科技大学学报（自然科学版）	C 部、E 部、F 部、G 部、H 部

序号	刊　名	对应的国际专利分类（IPC）
157	吉林大学学报（理学版）	A 部、C 部、G 部、H 部
158	江西师范大学学报（自然科学版）	A 部、C 部、G 部、H 部
159	清华大学学报（自然科学版）	A 部、B 部、C 部、E 部、F 部、G 部、H 部
160	同济大学学报（自然科学版）	B 部、C 部、E 部、F 部、G 部、H 部
161	湘潭大学自然科学学报	B 部、C 部、E 部、F 部、G 部、H 部
162	中国科学（E 辑：技术科学，英文版）	B 部、C 部、F 部、H 部

六、专利文献的信息化发展趋势

最初，专利文献的载体以纸质为主，但是收藏与利用很不方便。接着，为了克服纸质文献的不足，出现了缩微胶卷、胶片，使其体积大大缩减。

从 60 年代中期到 70 年代初，又进入了联机检索时代，联机检索是在局域网环境下获取信息，利用计算机终端，通过通讯网络与主机系统以直接对话的方式进行数据互传，在联机检索系统的数据库中查找用户所需文献资料的方法和过程。美国的 DIALOG 系统（DIALOG 对话系统）、ORBIT 系统（书目情报分析联机检索系统）、BRS 系统（存贮和信息检索系统）、欧洲的 ESA – IRS 系统（欧洲航天局信息检索系统）等是其典型代表。

欧洲专利局（EPO）于 1989 年开创了专利文献使用 CD – ROM 作为载体的先河，从而引发了专利文献载体的一场革命。自此，从 90 年代兴起的以 CD – ROM 为代表的电子化专利文献经过 10 多年的发展成为了各国专利文献出版和进行国际交换的首选载体，CD – ROM 已取代了传统的纸件、缩微品文献的统治地位，后来又升级换代到 DVD – ROM。

1994 年美国、巴西专利局最早在因特网上建立主页。1995 年，加拿大、奥地利、西班牙等国家专利局开展网上服务，掀开了专利文献利用的历史新篇章。随着 Internet 的迅速发展和普及，20 世纪末，各国专利局和专利性国际组织纷纷利用因特网免费传播专利信息，因特网专利文献检索系统逐渐形成体系，为世界各地的用户快捷地获取专利信息提供了非常有益的工具。Internet 专利数据库的突出优点在于数据量大，更新及时，使用方便，很多数据库能够直接浏览全文，供人们实时、免费地进行检索。

与传统的联机检索系统相比，网络信息检索环境和检索方式已经发生了巨大变化，使公众对专利信息的获取手段发生质的飞跃。以自动化和资源共享为特征的信息网络化服务必将使专利信息最大限度地为人类生产生活服务。

在我国"十五"期间，我国信息化建设取得了巨大的突破和显著的成绩。电子申请于 2004 年 3 月 12 日正式开通，专利审批流程管理系统（CPMS）已经由基于纸件、计算机辅助的 CPMSII 升级至以电子件为主、纸件为辅的 CPMSIII 系统。初步建成专利审查辅助系统和电子文档、电子出版系统，改善了审查员的工作环境，缩短了审查的周期，提高了工作效率和审查质量。中国专利检索系统进行了全面升级，同时建立了美、日全文数据查询系统，弥补了已有系统中缺少美、日数据的缺陷。

进一步完善政府网站，基本满足了公众查询、检索专利文献和法律状态的需求，提高了为公众服务的水平；在结合地方经济特色的基础上，分步建设了国家重点领域内的专利信息专题数据库；在全国大部分省、自治区和直辖市建立了地方专利信息网点和部分专业的信息中心，扶持了地方专利信息服务体系的建设，为地方经济发展提供了支持。

为了适应电子数据量的迅速增长，截止到 2005 年底，国家专利局的存储容量已达 100 TB，与 2001 年初期相比增长近 7 倍。国家专利局的服务器数量比 2001 年初期增长 4 倍多。

收集了大量的数据资源，不同载体形式的专利说明书 4 000 多万件，已拥有电子数据总量近 30 TB，有效地支持了现有系统的运行。实现了自 1985 年以来全部中国专利数据全文的代码化；完成了将 1999 年 1 月 1 日以来申请文档纸件扫描成为电子件的工作，为将来的检索系统和电子专利审批系统打下了坚实的基础。

中国专利检索系统涵盖我国自 1985 年以来全部专利文献代码化数据和目前国家专利局所拥有的全部国外专利信息文摘、全文图形数据，实现跨平台、多数据库检索。系统将充分利用现有的专利文献馆藏数据，经过对原始数据的加工、处理，在整合已有各类数据库之后，利用门户检索技术，实现信息的智能检索，并逐步建成审查员知识库管理系统和特殊业务领域的专题数据库。

专利信息服务平台在中国专利文摘数据库、中国专利全文代码化数据库、中国专利全文扫描图形数据库、世界专利文摘数据库、世界专利全文数据库和若干个对专利数据深度加工的行业专利数据库基础之上，设计具有初级和高级检索、统计分析、专利预警、专家咨询评估和支持多语言访问等功能的平台。

我们有理由相信，随着新科技的不断发生、发展与完善；新手段的应用、普及和提高，今后大众在获取、利用专利文献时，将会更加快捷便利、更加优质高效，从而更加有力地推动人类的发明创造活动。

第二节　国际专利组织简介

一、世界知识产权组织

1967 年 7 月 14 日，"国际保护工业产权联盟"（巴黎联盟）和"国际保护文学艺术作品联盟"（伯尔尼联盟）的 51 个成员在瑞典首都斯德哥尔摩共同建立了世界知识产权组织（World Intellectual Property Organization—WIPO），以便进一步促进全世界对知识产权的保护，加强各国和各知识产权组织间的合作。1970 年 4 月 26 日，《建立世界知识产权组织公约》生效。1974 年 12 月，该组织成为联合国系统的一个知识产权专门机构。世界知识产权组织、世界贸易组织、联合国教科文组织是现今三个最主要的管理知识产权条约的国际组织（后两个国际组织不是知识产权专门机构）。世界知识产权组织的总部设在瑞士日内瓦，在美国纽约联合国大厦设有联络处。

世界知识产权组织的宗旨是：（1）通过国家之间的合作，必要时通过与其他国际组织的协作，促进全世界对知识产权的保护。（2）确保各知识产权联盟之间的行政合作。该组织管理着一系列知识产权条约，其中包括《保护文学和艺术作品伯尔尼公约》《保护录音制品制作者防止未经许可复制其录音制品公约》等条约。

中国于 1980 年 6 月 3 日加入该组织，目前共有 161 个国家参加。中国 1985 年加入保护工作产权的巴黎公约，1989 年加入商标国际注册的马德里协定，1992 年 10 月加入保护文学艺术品伯尔尼公约，1994 年 1 月 1 日加入专利合作条约。1999 年 1 月，中国共加入了该组织管辖的 12 个条约。

二、专利合作条约（PCT）

PCT 是继保护工业产权巴黎公约之后专利领域的最重要的国际条约，是国际专利制度发展史上的又一个里程碑。该条约于 1970 年 6 月 19 日由 35 个国家在华盛顿签订。1978 年 6 月 1 日开始实施，由总部设在日内瓦的世界知识产权组织管辖。

专利合作条约对专利申请的受理和审查标准作了国际性统一规定，在成员国的范围内，申请人只要使用一种规定的语言在一个国家提交一件国际申请，在申请中指定要取得专利保护的国家，就产生了分别向各国提交了国家专利申请的效力，条约规定的申请程序简化了申请人就同样内容的发明向多国申请专利的手续，也减少了各国专利局的重复劳动。

国际申请程序分为"国际阶段"和"国家阶段"。在"国际阶段"受理局受理国际申请，国际检察单位检索已有技术并提出国际检索报告。申请人要求初步审查的，国际初步审查单位审查发明是否具备新颖性、创造性、实用性，并提出国际初步审查报告。申请人在规定的期限内没有要求国际初步审查的，国际申请自优先权日起 20 个月内进入"国家阶段"。要求了国际初步审查的，自优先权日起 30 个月内进入"国家阶段"，在"国家阶段"各国专利局按照本国法律规定的条件和程序审查和批准专利。

我国是 1994 年 1 月 1 日正式成为专利合作条约成员国的，按照条约规定，一个国家在加入条约的同时，这个国家的专利局自动成为受理局。条约还规定了成为国际检索单位和国际初步审查单位的条件，一个国家的专利局必须符合条件并经条约联盟大会指定才能作为国际检索和国际初步审查单位。目前，中国专利局已成为 PCT 的受理局、国际检索的国际审查单位。中文成为 PCT 的工作语言，我国加入 PCT，加速了我国知识产权制度与国际接轨，标志着我国知识产权制度向国际标准迈出了重要的一步，对我国专利制度不断完善和发展，对深化改革、扩大开放，发展与各国间的科技、经济贸易往来将产生积极的影响。

三、欧洲专利公约（EPC）

欧洲专利公约是西欧七国于 1973 年 10 月 15 日在慕尼黑签订的，1977 年 10 月生效。它是根据巴黎公约（斯德哥尔摩文件）第 19 条签订的一个专门公约组织，也是专利合作条约指定的国际检索单位和初步审查单位，欧洲专利公约有 11 个成员国，它们是奥地利、比利时、联邦德国、法国、意大利、列支敦士登、卢森堡、荷兰、瑞典、瑞士和英国。根据条约建立了欧洲专利局（PPO），负责办理欧洲专利的申请、审查和公布。现已发展为

20 个国家。

欧洲专利条约规定只受理发明专利申请，申请文件必须按规定格式向慕尼黑欧洲专利局或海关专利分局提出。申请人应指定要求专利保护的国家，并提交用英文、法文或德文撰写的说明书等文件一式三份，成员国国民可以用本国文字撰写说明书，但应在申请后的 20 个月内提交翻译文本。要求优先权的，应在第一次申请日期起 12 个月内提出声明，并在优先权日起 16 个月内提交申请号和经证明的原申请文件副本，自优先权日起 20 个月内提交英文，法文或德文译文。

欧洲专利条约采用"早期公开，延迟审查制"。在专利局初步审查后进行欧洲专利检索，在检索报告公布后 6 个月内，申请人必须请求实质审查，否则视为撤回申请。从申请日或优先权日起 18 个月专利局将申请予以公布。在审查后出版专利说明书，并在"专利公报"上公告，公告之日起 9 个月内可以提出异议，若无异议或异议不成立，则正式授予专利权，专利权的期限为自申请日起 20 年。

欧洲专利条约专利保护对象很宽，几乎包括了所有的技术领域，如化学物质、食品、药品及制造方法。但其对专利申请的要求较高，如在新颖性方面要求绝对新颖。

四、保护工业产权巴黎公约

保护工业产权巴黎公约（简称巴黎公约），是国际工业产权领域的第一个公约，也是最基本的公约。巴黎公约的缔结，标志着专利制度走向国际化的开端。1883 年，法国等 11 个国家在巴黎签订了巴黎公约，并成立了"保护工业产权巴黎联盟"。一百多年来，巴黎公约的原则对国际经济技术合作和专利制度的发展和完善，起了重要的作用。

从现有的其他工业产权方面的国际公约来看，绝大多数也都是在巴黎公约的原则指导下缔结的。我国已于 1985 年 3 月 19 日正式加入巴黎公约，但根据我国不接受国际法院强制管辖的一贯立场，对该公约第二十八条第一款提出保留，不受其约束。迄今为止，巴黎公约的缔结国已达 97 个。

巴黎公约规定的工业产权保护范围是：发明专利、实用新型、外观设计、商标、服务标志、厂商名称、货源标记、原产地名称，以及制止不正当竞争。巴黎公约并未制订一个统一的专利法，也没有制订一个在缔约国均有效的统一专利标准。因此，一个发明人在一个缔约国取得的专利权，并不意味着在其他缔约国也发生效力。受其法律保护。

但是，巴黎公约规定了一些实质性条款和互惠原则，包括国家待遇原则，优先权原则，专利商标的独立原则，强制许可原则等。

国民待遇原则是指缔约国之间，根据各自国内法有义务给予对方国民在保护工业产权方面与本国公民相同的待遇。

优先权原则，是指各缔约国有义务给予对方国民以优先权，即缔约国的国民向一个缔约国提出专利申请或注册商标申请后，在一定期限内向其他缔约国又提出同样申请的，可以享有第一次申请的优先权，后一次申请就可以被认为是在第一次申请的日期提出的。

专利，商标的独立原则，是指各缔约国相互独立地依照其本国的法律授予专利权和商标专用权，并只保护本国授予的这些权利。任何缔约国不能以同一发明的专利在其他国家已被驳回或宣告无效为理由，对该专利也采取驳回，宣告无效或以其他方式终止。

强制许可原则，是巴黎公约为防止滥用专利权所作出的规定，即赋予缔约国国家主管机关在专利权人自己不实施其专利，也不允许其他人实施的情况下，向申请实施的人颁发强制许可证的权利。取得强制许可证的一方，应给予专利人合理的报酬。

巴黎公约还规定了某些使用专利的例外情况，不属于专利权的侵犯。如某缔约国的交通或运输工具的部件上使用了另一缔约国境内的一项专利，但只要是临时进入该国领土、领空或领水的，就不能视为对专利的侵犯。

五、非洲知识产权组织（OAPI）

1962年9月13日中非共和国、乍得、刚果、贝宁、喀麦隆等12个使用法语的非洲国家在利伯维尔签订了《非洲——马尔加什工业产权协定》，也叫做利伯维尔协议。根据协议成立了非洲与马尔加什工业产权局（后改名为非洲知识产权组织），统一管理有关工业产权工作。其办事机构设在喀麦隆首都雅温得。

该组织制订了一个统一的专利法。规定了授予专利权的类别有发明、增补专利和实用新型，并规定申请必须委托代理人办理，对专利申请不作实质性审查，但要求提交检索报告，保证以前没有过同样的申请，并肯定发明具有新颖性、创造性和实用性，即可授予专利权，因而从申请到批准的时间较短，一般只需要几个月。该组织规定专利权的期限为自批准之日起4年。如果专利已经实施，还可以续展5年。在批准专利后，任何有利害关系的人均可提出异议。

参加非洲知识产权的国家不需要再单独制定其专利法和建立专利机构。这可以精简机构、减少人员和节省开支，同时因申请人只要通过一次申请就可以获得12个国家的专利权，故对申请人来说也是一个很大的便利。

六、斯特拉斯堡协定

斯特拉斯堡协定是国际专利分类斯特拉斯堡协定（International Patent classification Agreement，IPCA）的简称，是巴黎公约成员国间缔结的有关建立专利国际分类的专门协定之一。1971年3月24日在法国斯特拉斯堡签订。

《斯特拉斯堡协定》共17条。其主要内容包括：专门联盟的建立；国际分类法的采用；分类法的定义、语言、使用；专家委员会；专门联盟的大会；国际局；财务；修订；缔约国；生效；有效期；退出；签字、语言、通知、保存职责；过渡条款。该协定目的是为了普遍采用一种统一的专利、发明人证书、实用新型和实用证书的分类系统，在工业产权领域建立较为密切的国际合作，协调各国在该领域的立法工作。该协定建立了国际专利分类系统，把技术分为8个部和69，000个小类。每1个小类有1个标志符，由各国或地区工业产权局标注。

《斯特拉斯堡协定》是根据1954年的发明专利国际分类欧洲公约创建的发明专利国际分类法制订的。这一分类法普遍的价值不但对保护工业产权巴黎公约的全体缔约国的重要，而且对发展中国家同样重要。该协定由世界知识产权组织管理，并向《保护工业产权巴黎公约》的所有成员国开放。协定规定缔约国对一切专利文件都应标注适当的国际专利符号。任何国家，不论是否协定的缔约国，均可使用该分类法。国际专利分类系统每 5 年修订一次。只有参加《斯特拉斯堡》的巴黎联盟成员国才有权参与国际专利分类系统的修订工作。

1996 年 6 月 17 日，中国政府向世界知识产权组织递交加入书，1997 年 6 月 19 日中国成为该协定成员国。

七、布达佩斯条约

《布达佩斯条约》是《国际承认用于专利程序的微生物保存布达佩斯条约》（Budapest Treaty on the International Recognition of the Deposit of Microorganisms for the Purposes of Patent Procedure）的简称，巴黎公约成员国缔结的专门协定之一。1977 年 4 月 27 日，由布达佩斯外交会议通过，1980 年 9 月 26 日修正。

《布达佩斯条约》由绪则、4 章，20 条构成。其主要内容包括：绪则（第 1 – 20 条）；第 1 章，实质性条款（第 3 – 9 条）；第 2 章，行政性条款（第 10 – 12 条）；第 3 章，修订和修正（第 13 – 14 条）；第 4 章，最终条款（第 15 – 20 条）。该条约明确规定，"专利"应解释为发明专利、发明人证书、实用证书、实用新型、增补专利或增补证书、增补发明人证书和增补实用证书；"微生物保存"按照使用该用语的上下文，指按照该条约以及施行细则发生的下列行为：向接收与受理微生物的国际保存单位送交微生物或由国际保存单位贮存此种微生物，或兼有上述送交与贮存两种行为；"专利程序"指与专利申请或专利有关的任何行政的或司法的程序；"用于专利程序的公布"指专利申请文件或专利说明书的官方公布或官方公开供公众查阅。

《布达佩斯条约》的主要特征是为专利程序的目的允许或要求微生物寄存的缔约国必须承认向任何"国际保存单位"，提交的微生物寄存。这种承认应包括承认由该国际保存单位说明的保存事实和交存日期，以及承认作为样品提供的是所保存的微生物样品。各缔约国根据条约组成"布达佩斯联盟"。联盟的行政工作委托世界知识产权组织国际局办理。联盟的成员国必须是巴黎公约的成员国。

八、海牙协定

《工业品外观设计国际保存海牙协定》（The Hague Agreement concerning the International Deposit of Industrial Designs）的简称，巴黎公约成员国缔结的专门协定之一。1925 年 11 月 6 日在海牙缔结，于 1928 年生效，并成立了"海牙联盟"。该协定自签订后做过多次修订，有 1925 年海牙文本、1934 年伦敦文本、1960 年海牙文本、1967 年斯德哥尔摩文本（1979 年经修订补充），1999 年的日内瓦文本。

《海牙协定》并不是一部国际法。根据《海牙协定》提出国际保存，只不过是一项请求外观设计专利保护的国际申请声明。该协定只是对外观设计国际保存的程序、手续、保存人的权利和义务等方面作出了规定，对外观设计的定义、保护范围、外观设计专利权的内容等实质性的内容并没有作出规定，只是对外观设计国际保存的保护期间和失效作出了统一的规定。外观设计专利申请还是按指定国国家法来审定，并授予专利权。

《海牙协定》共分5部分。包括：第1部分，1934年6月2日伦敦议定书，（1-23条）；第2部分，1960年11月28日海牙议定书，（1-33条）；第3部分，1961年11月18日摩纳哥附加议定书，（1-8条）；第4部分，1967年7月14日斯德哥尔摩补充议定书（1-12条）；第5部分，1975年8月29日日内瓦议定书（1-12条）。《海牙协定》其主要内容为：具有任何一个海牙联盟成员国国籍或在该国有住所或经营所的个人或单位都可以申请"国际保存"。申请人只要向世界知识产权组织国际局进行一次申请，就可以在要想得到保护的成员国内获得工业品设计专利保护。申请国际保存时，不需要先在一个国家的专利局得到外观设计的专利的批准，只通过一次保存，可以同时在几个国家取得保护。国际保存的期限为5年，期满后可以延长5年。

1999年《海牙协定》日内瓦文本的缔结，目的是为了使这一制度更加符合用户的需求，为那些由于其工业品外观设计制度而不能加入1960年海牙文本的国家，加入该协定提供便利。截止2004年12月31日，前4种文本的缔约方总数为31个国家；日内瓦文本的缔约方总数为16个国家。

第二章　专利文献信息的类型

第一节　专利的类型

查找专利信息首先要了解专利的类型，世界各国都是依据本国的实际情况来制定专利法和专利类型的，例如美国专利保护的类型包括发明专利、外观设计专利、植物专利三种；日本保护的类型有发明专利、实用新型和外观设计，多数国家只保护发明和工业品外观设计。保护的主题常见的有方法、机器、产品、物质组合物等，但随着科技和社会的发展，事实上的保护主题不断扩展，几乎是无所不包。

我国专利法保护的客体有三类：发明专利、实用新型专利、外观设计专利。本章主要介绍我国专利类型。

一、发明专利

中华人民共和国专利法实施细则对以上三种类型作出了解释：

发明是指是指对产品、方法或者其改进所提出的新的技术方案。

产品发明应是经人工制造或机器制造的具有特定功能或性质的有形或无形物。如机器、设备、仪表、药品、化学品、合成气体等。但是未经加工的天然产品不能作为发明给予专利保护，如天然宝石、矿石、石油等。

方法发明是指生产加工制造某种产品的方法。这里所说的方法可以是化学方法、通讯方法、机械方法及工艺流程等，可以是一种新产品的制造方法，也可以是一种已有产品的新的制造方法。发明可以是首创发明，亦可以是改进发明，还可以是组合发明、用途发明等。

二、实用新型

实用新型是指对产品的形状、构造或者其结合所提出的适于实用的新的技术方案。

实用新型实际上是结构发明，也就是通过特定的结构达到某种功能的产品发明。这种结构与功能密切关联的产品发明，可以申请发明专利保护，也可以申请实用新型专利保护，同时还可以申请外观设计专利保护，亦可三者同时都申请。具体申请哪种专利保护，往往从发明的创造性、市场及技术本身的各种因素综合加以考虑。

三、外观设计

外观设计是指对产品的形状、图案或者其结合以及色彩与形状、图案的结合所作出的富有美感并适于工业应用的新设计。

外观设计专利必须是一种产品，而且这种产品是可视的，具有一定的形状、图案、色彩或者其结合的设计。这种产品不是精雕细琢的、不能形成工业化批量生产的工艺品。可以是产品的本身，也可以是产品的包装、装潢，产品的标贴等，可以是完整的产品，也可以是产品的某个零部件。可以是专门为某种产品的外观所进行的设计，也可以是结合产品的结构所进行的设计，因此外观设计专利在一定程度上亦对某些产品的结构起到类似实用新型的保护作用，即间接保护了产品的结构。

除了以上三种类型，还有植物专利、增补专利、再公告专利、分案专利等类型。

第二节　授予专利权的条件

我国《专利法》第22条规定，授予专利权的发明和实用新型，应当具备新颖性、创造性和实用性。因此，新颖性、创造性、实用性通常是取得发明专利的三个必备条件。同发明专利相比，实用新型专利技术水平较低，因之，有的国家称之为"小专利"。对于外观设计专利通常只需具备新颖性即可。

一、新颖性

我国专利法规定，新颖性是指在申请日以前没有同样的发明或者实用新型在国内外出版物上公开发表过、在国内公开使用过或者以其他方式为公众所知，也没有同样的发明或者实用新型由他人向国务院专利行政部门提出过申请并且记载在申请日以后公布的专利申请文件中。

虽然各国专利法对新颖性的规定或解释不尽相同，但其含义基本一致。而且，各国专利法都把新颖性作为获得专利权的首要条件。

1. 新颖性的时间界限

绝大多数国家，如中国、前苏联、日本等均是以专利申请日或优先权日作为确定新颖性的时间界限。一项发明或实用新型，在申请日或优先权日之前没有与其相同的发明创造被公开表或被公知公用，就认为该发明或实用新型具备新颖性。但是，有极少数国家，如美国是以该发明日作为确定新颖性的时间界限的，可是，在美国以发明日作为新颖性的时间界限也仅仅适用于美国人，其他外国人在美国申请专利，仍以申请日或优先权日作为确定新颖性的时间界限。

a. 申请日

是指向专利局递交专利申请文件之日。若是邮寄的，则以寄出专利申请文件的邮戳日为申请日。

b. 优先权日

按照《巴黎公约》有关优先权的规定，一项发明创造在某一缔约国申请专利后，即使内容已公开了，只要在优先权期限内就同一发明创造向其他缔约国提出专利申请，则完全不影响其新颖性。

2. 新颖性的地域

对新颖性的地域，世界各国专利法的规定不完全相同，大致有如下三种类型：

a. 绝对新颖性

它是指提出专利申请的发明创造必须在申请日或优先权日之前在世界各国范围内均未被公开发表过或均未被公知公用。也就是说，在申请日或 优先权日前没有同样的发明创造在世界各国出版物上公开发表过，公开使用过或以其他方式为公众所知。世界上绝大多数国家，如英、法、德等均采用绝对新颖性界限。

b. 相对新颖性

它是指提出专利申请的发明创造需在申请日或优先权日这前在该申请国范围内未被公开发表过或未被公知公用。世界上有少数国家，如新西兰、澳大利亚、希腊等采用相对新颖性界限。

c. 绝对新颖性与相对新颖性的结合

绝对新颖性与相对新颖性之间的新颖性地域，是绝对新颖性与相对新颖性的结合，它是指一项发明创造在申请日或优先权日前在世界各国未被公开发表过，在该申请国内未被公知公用，就被认为具备新颖性。世界上有部分国家，如中国、美国、日本、加拿大、印度等采用混合新颖性界限。

判断新颖性必须用单独对比方法，即把该发明创造与一项现有技术进行比较，而不是把它与多项现有技术结合起来进行比较。但是，应将其与现有技术逐一进行比较。与现有技术同属一个技术领域，发明目的相同或相似，解决方案基本一致的发明创造不具备新颖性；同一技术领域中，一般性概念的公开不影响具体概念的发明创造的新颖性，而具体概念的公开则使一般性概念的发明创造丧失新颖性；由现有技术领域的普通技术人员能从现有技术中直接明确地推论出来的发明创造不具备新颖性；凡是所属技术领域的普通技术人员能从现有技术中直接明确地推论出来的发明创造不具备新颖性；只将现有技术进行简单变换而未导致实质性的发明创造不具备新颖性；组合以明、应用发明、选择发明均是具有新颖性的发明创造。

但有些情况下的公开不丧失新颖性。如在某些特定情况下，已向公众公开的发明创造，在一定期限内向专利局提出专利申请，不视为丧失新颖性，这就是新颖性的宽限期。我国《专利法》第24条规定，新颖性的宽限期为6个月。不丧失新颖性的公开情形有三种：

——在中国政府主办或者承认的国际展览会上首次展出的发明创造。

——在规定的学术会议或技术会议上首次发表的发明创造。这些会议是指国务院有关部
门或全国性学术团体组织召开的学术会议或技术会议。

——他人未经申请人同意而泄露其内容的。

二、创造性

对于创造性，各国说法不一。例如，美国称之为"非显而易见性"，日本称之为"进步性"，西欧一些国家以及我国则称之为"创造性"。这表明各国对于创造性的含义理解

不同 和评价创造性的标准不同。总的来说，它是指申请专利的发明创造与现有技术相比，具有本质上的差异，这种差异对所属技术领域的普通技术人员来说是显而易见的。

我国《专利法》第22条规定："创造性是指同申请日以前已有的技术相比，该发明有突出的实质性特点和显著的进步，该实用新型有实质性特点和进步"。

1. 突出的实质性特点。

突出的实质性特点是指该发明的技术特征与现有技术相比具有明显的本质上的差异，即有新的本质性突破，这种"差异"和"突破"并非所属技术领域的普通技术人员能够料想到的，即"非显而易见"的。所谓"显而易见"就是不需花费创造性劳动，只通过一般性逻辑推理、判断、分析、运用经验，即可从现有技术中很容易推出的技术方案。因此，凡是所谓技术领域的普通技术人员的专业业务能力所能料想得到的，就应被认为是"显而易见"，因而不具有突出的实质性特点。

判断一项发明是否具备创造性是比较困难的。由于技术水平和经验不同，对同一发明创造是否具备创造性，可能会得出不相同的结论。因此，需要一个较为客观的参考基准，这就是上面已引用的设想中的"所属技术领域的普通技术人员"，这是指具有中等专业知识和技能、有一定的实践经验，并对相邻技术领域的现有技术也有所了解、能承担并完成该技术领域的一般任务的中级专业技术人员。

2. 显著进步

显著进步是指该发明与现有技术相比不是一般的进步，而是有足够的明显的进步。即该发明与现有技术相比能产生更好的技术效果，克服了现有技术的缺点和不足，有明显的优点和经济、社会效益。

开拓性（又称首创性）发明具有创造性。它是指全新的技术解决方案，在技术史上未曾有过先例。例如，举世闻名的中国四大发明－指南针、造纸术、活字印刷术、火药，以及世界上的电灯、电话、电视、蒸汽机、激光、原子反应堆等，在发明创造的当时均属首创发明。

解决了人们一直渴望解决、而长期未能解决的技术难题，或者满足了人们长期需求的发明具有创造性。

克服了技术偏见的发明具有创造性。所谓"技术偏见"是在某段较长时期内、某技术领域中技术人员对某个技术问题普遍存在的偏见，若某发明克服了技术偏见，则认为具备创造性。

能取得预料不到的技术效果的发明具有创造性。这是指发明与现有技术相比产生了"质"的变化，具有新的优越性能，或者其产生"量"的变化而超出人们的预料。这种"质"或"量"的变化，对所属技术领域的普通技术人员来说，事先无法预测或推想出来，因此该发明便被认为具备创造性。

三、实用性

1. 实用性的定义

我国《专利法》第22条规定："实用性，是指该发明或实用新型能够制造或者使用，并且能够产生积极效果。"在此，"能够制造或者使用"是指发明创造若是一种产品发明，该产品能够在工业上制造或使用；若是一种方法发明，则该方法应能够在生产实践中以工业方式予以实施和应用。"工业"一词应作广义解释，它包括工业、农业、手工业、畜牧业、交通运输业、商业等。但是，"能够制造或使用"并不是要立即制造或使用，则是要求通过分析预料能够制造或使用就可以。

"能够产生积极效果"是对实用性的进一步要求。积极效果应包括技术效果、社会、经济效果。积极效果是指发明在技术上能推动科学技术进步；在应用中能有良好积极的社会效果；在经济上有相当高的经济效益。

2. 实用性的判断方法

对实用性的判断应客观，应以事实为依据。具备实用性的发明或实用新型必须同时具备

可实施性、再现性和有益性。

可实施性。一项专利申请，必须是已经完成了的发明创造，并且应是所属技术领域的普通技术人员能够按照说明书加以实现的发明创造。无论是产品还是方法发明的专利申请，均不能与自然规律相违背。因为违背自然规律法则的发明创造是无法在工业上制造或者使用的，是不可能实现的。例如，永动机的"发明"就属于这种情况。

再现性。发明应当具有多次再现的可能性。不具备再现性的发明创造无法利用工业手段制造，也不可能在工业上得到广泛应用，因而不具备实用性。例如，桥梁设计，因地质条件、自然条件等不同，所以不能完全照搬，因而，桥梁设计不具备再现性，即被认为不具备实用性。只利用主体的特殊条件方能实现的发明创造不具备实用性，如精细的牙雕，手工绣花等是无法完全重复的，它不具备再现性，因此被认为不具备实用性。

有益性。有益性即指能产生积极效果。只有对社会有益，能够满足社会需要，即对发展生产和提高人民生活水平能产生积极效果的专利申请才被认为具备有益性。

有益性与进步性既相互联系而又不等同，前者侧重于社会、经济效果，后者侧重于技术效果。

有时，一种专利申请的内容不一定是针对现有技术的改进，其并不具有进步性。但是其可能具有有益性。例如，手摇球式洗衣罐，相对于现有半自动、全自动洗衣机而言，显然不具有进步性，然而，它在无电的偏僻山区或停电时也可使用，能满足社会不同的需求，并且价廉，因而认为具有有益性。

"产生积极效果"必须是客观的，即与现有技术相比，采用该发明后，社会将会得到更新、更高、更准的效益。其具体表现可以是：改善产品质量、提高产品可靠性或适应环境稳定性、简化或者加速生产过程、提高产量、节约原材料及能源、降低成本、提高劳动生产率，给人类提供崭新产品等。

第三节　专利文献信息的类型

按照一般文献信息的类型划分，依次分为一次文献、二次文献和三次文献。而对专利文献的划分，则通常分为一次专利文献信息、二次专利文献信息和三次专利文献信息。

下面分别对上述三种类型简单加以介绍：

一、一次专利文献信息

一次专利文献指各国专利局和国际专利组织出版的各种形式的专利说明书。专利说明书是专利文献的主体，其作用一是公开新的发明技术信息，二是限定专利权的范围，用以寻求法律的保护。

从广义上讲，一次专利文献也包括那些不公开出版发行的专利说明书。大多数的国家都公开出版申请说明书或审定说明书或公告说明书。但也有不少国家并不公开出版发行专利说明书，而只提供公众阅览和复制。南非、阿根廷、智利、希腊、葡萄牙、新加坡等都不出版专利说明书。

二、二次专利文献信息

专利公报、专利索引、专利文摘、专利题录是常见的二次专利文献。

二次专利文献并不是专利局出版一次专利文献后，由其他部门或机构加工、整理、出版的文献，而是由专利局来出版发行的，也是一种法律性出版物，它通常与一次专利文献同步出版。不仅对一次专利文献进行内容上的概括，同时也是对一次专利文献内容的补充。

二次专利文献不但方便用户检索专利信息，也起着公告有关专利事务的作用。

三、三次专利文献信息

专利分类资料、诉讼类专利文献一般称为三次专利文献信息。

专利文献是如此浩繁，每年的出版量约为 100 万件以上，再把之前的文献累加，其数量则更为庞大。要对海量的专利文献及其信息进行检索利用，不依靠科学的技术和手段是不可能办到的。

人们对同样浩如烟海的纸质文献进行管理和利用的时候，通常采用分类的方法来标引和检索，使得我们利用图书和期刊变得方便和快捷。

对专利文献的管理借鉴了其他文献类型的管理方法，也根据发明的技术特征用分类的方法予以揭示。

最初，各个国家都根据本国的情况，编制了自己的分类表。如美国、德国、日本、英国、法国等都有自己的分类表。之后，随着各国科技交流和贸易往来的增多，分类法不统一的弊端日益显现，给专利审查和技术交流带来了很大的不便。编制一部国际通用的、各国共同使用的分类表便成为一种必然的要求。

《国际专利分类表》（International Patent Classification 简称 Int. cl 或 IPC）就应运而生，成为国际化和统一化的产物。于 1968 年 9 月 1 日正式公布生效。它由专门的机构负责维护和修订，每 5 年左右出版新的版本。现在已出至第 8 版。

我国自 1985 年实施专利法以来，就采用 IPC 对发明专利和实用新型专利来进行分类管理。

四、中国专利的编号制度

在我们检索中国专利或世界各国专利时，总是要利用各种专利号码，通过不同的专利号，往往就能检索到我们所需要的专利文献。自中国实行专利制度以来，由于专利申请量的大幅度增加和专利法的两次修改，中国专利文献的编号经历了四个编号阶段。

检索中国专利，就需要了解中国专利的编号体系，了解了中国专利文献号的编号体系，对识别中国专利文献和查阅中国专利文献将会起到非常积极的作用。

专利编号是专利局为每件专利申请案或专利编制的各种序号的总称。对中国专利而言，则是指国家知识产权局按照法定程序，在专利申请公布、专利申请审定公告（在1993年1月1日前）和专利授权公告时给予的文献标识号码。

在中国专利文献的查阅和使用过程中，遇到的中国专利文献编号体系包括六种专利文献号，即：

申请号—国家知识产权局受理一件专利申请时给予该专利申请的号码；

专利号—在授予专利权时给予该专利的号码；

公开号—在发明专利申请公开时给予出版的发明专利申请文献的号码；

审定号—在发明专利申请审定公告时给予公告的发明专利申请文献的号码；

公告号—在实用新型专利申请公告时给予出版的实用新型申请文献的号码；

在外观设计专利申请公告时给予出版的外观设计申请文献的号码。

授权公告号—在发明专利授权时给予出版的发明专利文献的号码；

在实用新型专利授权时给予出版的实用新型专利文献的号码；

在外观设计专利授权时给予出版的外观设计专利文献的号码；

中国专利文献的编号体系由于1989年、1993年和2004年的三次调整而分为四个阶段：1985年—1988年为第一阶段；1989年—1992年为第二阶段；1993年—2004年6月30日为第三阶段；2004年7月1日以后为第四阶段。现说明如下。

1. 第 一 阶 段

1985年4月1日，《中华人民共和国专利法》付诸实施。1985年9月开始出版各类专利文献。1985年~1988年的专利文献编号基本上采用的是"一号制"。即：各种标识号码均以申请号作为主体号码，然后，以文献种类标识代码标识各种文献标号。具体编号如表一所示。

表一 第一阶段：1985年—1988年的编号制度

专利申请类型	申请号	公开号	公告号	审定号	专利号
发　明	88100001	CN88100001A		CN88100001B	ZL 88100001
实用新型	87200048		CN87200048U		ZL 87200048
外观设计	86301487		CN86301487S		ZL86301487

需要说明的是：

（1）三种专利申请号均由 8 位数字组成，按年编排。例如：88100001，前两位数字表示申请的年份，第三位数字表示专利申请的种类，其中：1—发明、2—实用新型、3—外观设计，后五位数字表示当年申请顺序号。

（2）一号多用，所有文献号均沿用申请号。专利号的前面冠以字母串"ZL"，ZL 为"专利"的汉语拼音的声母组合，表明该专利申请已经获得了专利权。公开号、公告号、审定号前面的字母"CN"为中国的国别代码，表示该专利由中国国家知识产权局（前为中国专利局）出版。公开号、公告号、审定号后面的字母是文献种类标识代码，其含义为：A—发明公开、B—发明审定、U—实用新型公告、S—外观设计公告。

（3）由于中国专利局在 1985 年 - 1987 年受理专利申请时没有使用校验码，所以，那时的专利申请号不带圆点和圆点后面的校验码。也由于当时的公开号、公告号、审定号、和专利号均沿用申请号，因此当时的这些专利文献号均不带圆点和圆点后面的校验码。

第一阶段的编号体系的特点是一个专利申请在不同的时期（如：申请、公开、公告、授权等）共用一套号码，共用一套号码的编号方式的突出的优点是方便查阅，易于检索。不足之处是：由于专利审查过程中的撤回、驳回、修改或补正，使申请文件不可能全部公开或按申请号的顺序依次公开，从而造成专利文献的缺号和跳号（号码不连贯）现象，不便于专利文献的收藏与管理。鉴于此，1989 年，中国专利文献编号体系作了调整。自 1989 年起中国专利文献编号体系开始了第二阶段。

2. 第二阶段

为了克服"一号制"的出版文献的缺号和跳号的现象，便于专利文献的查找和专利文献的收藏和管理，从 1989 年起，采用"三号制"的编号体系。即：申请号、公开号（发明）、审定号（发明）、公告号（实用新型和外观设计）各用一套编码，专利号沿用申请号。异议程序以后的授权公告不再另行出版专利文献。具体编号如表二所示。

表二　第二阶段：1989 年—1992 年的编号制度

专利申请类型	申请号	公开号	公告号	审定号	专利号
发　　明	89100002. X	CN1044155A		CN1014821B	ZL 89100002. X
实用新型	89200001.5		CN2043111U		ZL 89200001.5
外观设计	89300001.9		CN3005104S		ZL 89300001.9

该阶段的编号说明：

（1）自 1989 年开始出版的专利文献中，三种专利申请号由 8 位数字、1 个圆点和 1 个校验码组成，按年编排。如 89103229.2。

（2）自 1989 年开始出版的所有专利说明书文献号均由 7 位数字组成，按各自流水号顺序编排。起始号分别为：

发明专利申请公开号自 CN1030001A 开始，

发明专利申请审定号自 CN1003001B 开始，

实用新型申请公告号自 CN2030001U 开始，

外观设计申请公告号自 CN3003001S 开始。

其中的字母如：CN、A、B、U、S，其含义与第一阶段相同。

字母串 CN 后面的第一位数字表示专利申请的种类：1—发明，2—实用新型，3—外观设计。第二位数字到第七位数字为流水号。

1993 年 1 月 1 日起，实施第一次修改后的专利法，中国专利文献编号体系又有了新的变化，即自 1993 年 1 月 1 日起，进入了第三阶段。

3. 第三阶段

1992 年 9 月 4 日第七届全国人民代表大会常务委员会第二十七次会议通过了《关于修改＜中华人民共和国专利法＞的决定》。由此，从 1993 年 1 月 1 日起开始实施第一次修改的专利法。修改后的专利法取消了发明、实用新型、外观设计三种专利授权前的异议程序，因此，取消了发明专利申请的审定公告，取消了实用新型和外观设计的申请公告，并且，均用授权公告来加以代替。第三阶段的具体编号如表三所示。

表三　第三阶段：1993 年 – 2004 年 6 月 30 日的编号体系

专利申请类型	申请号	公开号	授权公告号	专利号
发　　明	93100001.7	CN1089067A	CN1033297C	ZL 93100001.7
指定中国的发明专利的国际申请	98800001.6	CN1098901A	CN1088067C	ZL 98800001.6
实用新型	93200001.0		CN2144896Y	ZL 93200001.0
指定中国的实用新型专利的国际申请	98900001.X		CN2151896Y	ZL 98900001.X
外观设计	93300001.4		CN3021827D	ZL 93300001.4

对此阶段的编号说明：

（1）由于 1992 年修改的专利法取消了"异议期"，取消了"审定公告"（发明）和"公告"（实用新型和外观设计），因此，自 1993 年 1 月 1 日起出版发明专利授权公告（含发明专利说明书）、实用新型专利授权公告（含实用新型专利说明书）、外观设计专利授权公告时授予的编号都称为授权公告号，分别沿用原审定号（发明）或原公告号（实用新型和外观设计）的序列，文献种类标识代码相应改为 C—发明、Y—实用新型、D—外观设计。

（2）自 1994 年 4 月 1 日起，中国专利局开始受理 PCT 国际申请。指定中国的 PCT 国际申请进入中国国家阶段的申请号经历了下面几个历程：

a. 在开始受理指定中国的 PCT 国际申请进入中国国家阶段的申请时，为了把 PCT 国际申请和国家申请加以区分，因此，指定中国的发明的 PCT 国际申请进入中国国家阶段的申请号的第四位用数字 9 表示，指定中国的实用新型的 PCT 国际申请进入中国国家阶段的申请号的第四位也用数字 9 表示，例如：941 90001.0 或者 942 90001.4。

b. 由于指定中国的发明的 PCT 国际申请进入中国国家阶段的数量的急剧增长，容量仅为一万件的流水号很快就不能够满足需求。于是，1996 年和 1997 年的发明的 PCT 国际申请进入中国国家阶段的申请号除了第四位用数字 9 表示以外还用数字 8 表示，例如 97180001.6。

c. 为了从根本上解决指定中国的 PCT 国际申请进入中国国家阶段的申请号的容量不足问题，于是，从 1998 年开始，就把指定中国的 PCT 国际申请进入中国国家阶段的申请当做新的专利申请类型看待。自 1998 年起，指定中国的发明的 PCT 国际申请进入中国国家阶段的申请号的第三位用数字 8 表示，指定中国的实用新型的 PCT 国际申请进入中国国家阶段的申请号的第三位用数字 9 表示，例如：98800001.6 或者 98900001.X。这样，从根本上解决了 PCT 国际申请进入中国国家阶段的申请号的容量不足问题。

（3）指定中国的 PCT 国际申请进入中国国家阶段的公开号、授权公告号、专利号不再另行编号。即：与发明或实用新型的编号方法一致。PCT 国际申请无外观设计专利申请。

（4）对确定为保密的发明专利申请和实用新型专利申请，授权后解密的，出版解密的发明或实用新型专利说明书，同时在专利公报上予以公告。关于解密专利文献的编号为：在一般的授权公告号的前面冠以"解密"二字，对发明专利申请公开号的表示如：解密 CN1××××××C；对实用新型专利申请公告号的表示如：解密 CN2××××××Y。

4. 第四阶段

为了满足专利申请量的急剧增长的需要和适应专利申请号升位的变化，国家知识产权局从 2004 年 7 月 1 日起启用新标准的专利文献号。第四阶段的具体编号如表四所示。

表四　第四阶段：2004 年 7 月 1 日以后的编号体系

专利申请类型	申请号	公开号	授权公告号	专利号
发　明	200310102344.5	CN 1 00378905 A	CN 1 00378905 B	ZL201410030778.7
指定中国的发明专利的国际申请	200380100001.3	CN 1 00378906 A	CN 1 00378906 B	ZL200380100001.3
实用新型	200320100001.1		CN 2 00364512 U	ZL200320100001.1
指定中国的实用新型专利的国际申请	200390100001.9		CN 2 00364513 U	ZL200390100001.9
外观设计	200330100001.6		CN 3 00123456 S	ZL200330100001.6

对该阶段的编号说明：

由于中国专利申请量的急剧增长，原来申请号中的当年申请的顺序号部分只有 5 位数字，最多只能表示 99999 件专利申请，在申请量超过十万件时，就无法满足要求。于是，国家知识产权局不得不自 2003 年 10 月 1 日起，开始启用包括校验码在内的共有 13 位（其中当年申请的顺序号部分有 7 位数字）的新的专利申请号及其专利号。事实上，2003 年发明和实用新型的年申请量就超过了十万件。

为了满足专利申请量的急剧增长的需要和适应专利申请号升位的变化，国家知识产权局制定了新的专利文献号标准，并且从 2004 年 7 月 1 日起启用新标准的专利文献号。对此阶段的编号说明如下：

（1）三种专利的申请号由 12 位数字和 1 个圆点以及 1 个校验码组成，按年编排，如 200310102344.5。其前四位表示申请年代，第五位数字表示要求保护的专利申请类型：1—发明、2—实用新型、3—外观设计、8—指定中国的发明专利的 PCT 国际申请、9—指定中国的实用新型专利的 PCT 国际申请，第六位至十二位数字（共 7 位数字）表示当年申请的顺序号，然后用一个圆点分隔专利申请号和校验码，最后一位是校验码。

（2）自 2004 年 7 月 1 日开始出版的所有专利说明书文献号均由表示中国国别代码的字母串 CN 和 9 位数字以及 1 个字母或 1 个字母加 1 个数字组成。其中，字母串 CN 以后的第一位数字表示要求保护的专利申请类型：1—发明、2—实用新型、3—外观设计，在此应该指出的是"指定中国的发明专利的 PCT 国际申请"和"指定中国的实用新型专利的 PCT 国际申请"的文献号不再另行编排，而是分别归入发明或实用新型一起编排；第二位至第九位为流水号，三种专利按各自的流水号顺序编排；最后一个字母或 1 个字母加 1 个数字表示专利文献种类标识代码，三种专利的文献种类标识代码如下所示：

发明专利文献种类标识代码

A	发明专利申请公布说明书
A8	发明专利申请公布说明书（扉页再版）
A9	发明专利申请公布说明书（全文再版）
B	发明专利说明书
B8	发明专利说明书（扉页再版）
B9	发明专利说明书（全文再版）
C1 – C7	发明专利权部分无效宣告的公告

实用新型专利文献种类标识代码

U	实用新型专利说明书
U8	实用新型专利说明书（扉页再版）
U9	实用新型专利说明书（全文再版）
Y1 – Y7	实用新型专利权部分无效宣告的公告

外观设计专利文献种类标识代码

S	外观设计专利授权公告
S9	外观设计专利授权公告（全部再版）
S1 – S7	外观设计专利权部分无效宣告的公告
S8	预留给外观设计专利授权公告单行本的扉页再版

第三章 专利文献信息分类体系

第一节 国际专利分类法

国际专利分类法（International Patent Classification，简称 IPC）是目前国际上占主导作用的专利文献分类法。我国专利制度起步较晚，采用的是国际专利分类法。

一、概况

国际专利分类系统于 1968 年诞生于欧洲。创建国际专利分类系统的准备工作最早始于 50 年代初。1951 年，欧洲理事会专利专家委员会决定设立一个分类系统工作组，专门负责拟订国际专利分类表。该工作组于 1954 年正式提出了 IPC 分类草案，后来对该草案几经讨论和修改，历经十余年。1966 年，该工作组提出了分类系统的最后方案，并提交专利专家委员会通过。第一版国际专利分类法终于 1968 年 9 月 1 日正式生效。国际专利分类系统的管理工作，最初由欧洲理事会负责。后来，根据 1975 年生效的关于国际专利分类的"斯特拉斯堡协定"，由世界知识产权组织（WIPO）接替欧洲理事会对国际专利分类系统的管理工作。WIPO 成了管理国际分类法的唯一机构，而国际专利分类法就成了在国际组织管理之下的一套供世界范围使用的专利分类法，从而具有了真正的国际性。

国际专利分类表分别用英法两种文字出版，每 5 年修订一次。目前使用的第 8 版国际专利分类表，从 2006 年起生效使用，共 8 个部、128 个大类、640 个小类，小类之下还分有大组和小组，类目总数达 6 万 4 千余个。由于国际专利分类系统结合了功能分类原则及应用分类原则，兼顾了各个国家对专利分类的要求，因此适用面较广。目前世界上已有 50 多个国家及 2 个国际组织采用 IPC 对专利文献进行分类。

二、国际专利分类（IPC）的编排

IPC 采用以功能为主，功能和应用相结合的分类原则。IPC 采用等级结构形式，将内容逐级分类，分为部（Section）、分部（Subsection）、大类（Class）、小类（Subclass）、主组（Main group）、分组（Subgroup）6 个级别，形成完整的分类体系。

1. 部（Section）IPC 的第一个分类等级。在 IPC 中，首先将与发明专利有关的全部技术领域划分为 8 个部，并分别用 A – H 中的一个大写字母进行标记。这 8 个部分别是：

A 部：生活必需品（农、轻、医）

B 部：技术操作、交通运输

C 部：化学、冶金

D 部：纺织、造纸

E 部：固定建筑物

F 部：机械工程、照明、采暖、武器、爆破

G 部：物理（仪器、原子能）

H 部：电学

2. 分部（Subsection）分部只有标题，没有类号。

如，A 部：人类生活必需品，可分为以下几个分部：农业；食品、烟草；个人和家庭用品；保健与娱乐。

在 IPC 的 8 个部中，除 H 部电学之下未设分部外，其他部下均设有不同的分部。

3. 大类（Class）IPC 的第二级类目，是对部的进一步细分。大类类号用一个二位数进行标记，其完整的表示形式为：部号 + 类号。例如：

部　B　　作业、运输

大类 B64　　飞行器、航空、宇宙飞船

4. 小类（Subclass）IPC 的第三级类目，是对大类的进一步细分。小类类号用一个大写字母进行标记，其完整的表示形式为：部号 + 大类号 + 小类号。例如：

B64C　　飞行

5. 主组（Main Group）或大组 IPC 的第四级类目，是对小类的进一步细分。类号用 1－3 位数加/00 表示，其完整的表示形式为：部号 + 大类号 + 小类号 + 主组类号。例如：

B64 C 25/00　　起落装置

6. 分组（Subgroup）或小组 IPC 的第五级类目，是在主组的基础上进一步细分出来的类目。其类号标记是将主组类号中"/"后的 00 改为其他数字。小组之内还可继续划分出更低的等级，并在小组文字标题前加注"·"的方法来标示小组之内的等级划分，标题前的"·"数目越多其类目等级越低。这种小组内的等级划分在分类号中是表现不出来的。例如：

B　　作业、运输

B64　　飞行器、航空、宇宙飞船

B64C　　飞行、直升机

B6425/00　　起落装置

　　25/02　　·起落架

　　25/08　　··非固定的，如：可抛弃的

　　25/10　　··可快放的，可折叠的或其他的

　　25/18　　····操作机构

　　25/26　　·····操纵或锁定系统

　　25/30　　······应急动作的

其中，从 B64C25/02 到 B64C/30，其在小组内的等级是依次降低的，但从分类号上是看不出来的，只能根据分类表中小类文字标题前的圆点数目加以判别。IPC 类号的完整书写形式为：Int. Cl^8 B64C25/08。其中，Int. Cl^8 表示国际专利分类第八版。

利用 IPC 分类时，有以下几点需要注意：

（1）IPC 类目的划分，从部到大组均为完全划分，即每一上级类目所含的技术内容完全划分为下一级类目所含的技术项目。换句话说，就是从部到大组，每一下级类目的全体等于上一级类目的全部技术内容。但是，从大组划分为小组，或小组内不同等级分组的划分，则为不完全划分，即组以下的划分，是从组或分组所包含的技术项目中抽出特定的技术项目，将其作为分组或更下一级的分组。分组的技术内容属于上一级类目的范围，但分组类目的总和并不等于上一级类目（组或分组）的全部技术内容，其结果是：一个上级组包括的内容是：a. 任何一个下级组均不包括的项目；b. 与下一级之一有关，但因其范围过大不能全部列入该下级组。例如：

..... A42C 3/00　　制帽用的其他设备
.... 3/02　　·保持帽子形状的用具
.... 3/04　　·女帽加工台
.... 3/06　　·测量帽子尺寸的装置

在 A42C 3/00 这个主组内，有 3 个下级分组的展开项目，即 3/02、3/04、3/06，除了这 3 个下级分组所揭示的技术项目外，其他的制帽设备应分入主组 3/00。例如，专门用于加工女帽的加工台可入 3/04 分组，既用于女帽又用于男帽的加工台，即虽与 3/04 有关，但又超出了它的范围，无合适的分组可入，故应入大组 3/00 中，其完整分类号为 A42C 3/00。对于任何一项技术，在主组以上的类目划分中，绝对不会出现类似上述的找不到合适下级类可入的情况，因为组以上类目的划分为完全划分。

（2）IPC 为混合式分类表，既有功能性类目又有应用性类目，其中以功能性类目为主。当我们检索某项技术时，应同时考虑该项技术可能涉及的功能性类目及应用性类目。例如：分离装置，IPC 中专门设有功能性类目——分离。但是，专门用于分离牛奶、咖啡的装置又分别作为应用类目入到生活部中。因此在检索时，应同时兼顾两种类目。特别是在查新工作中，忽略任何一种相关类目都可能造成漏检。

3. IPC 关键词索引

IPC 关键词索引（Official Catchword Index）是为了帮助用户从主题词入手，确定发明的 IPC 类号而设置的辅助性检索工具。索引按关键词字顺排列，每个关键词条目后标有 IPC 分类号。检索者在不熟悉所查找技术领域分类的情况下，可以先确定所查技术领域的关键词，借助《IPC 关键词索引》找出 IPC 分类号（应注意表中给出的是比较粗的分类号），若要找到确切的分类号，还需根据分类表索引给出的初级分类号到 IPC 分类表中进一步进行查找。该索引共收入 6 000 多个关键词，下面举例说明该表的使用方法及步骤。

检索：皱纹纸的加工。

（1）根据课题确定关键词——纸 paper.

（2）按字顺到关键词索引中查 paper 一词的一级标题：

　　　　paper

在此一级标目下，又找到下属关键词——加工

　　　　paper

　　　　·

      ·
      ·

working   ········· B31

（3）根据分类表索引提供的初级分类号 B31 类目查到：

  B31F 纸或纸板的机械加工或变形

  B31F 1/12 皱纹纸

  在 B31F 1/12 之下，又有三个下一级分组：

  1/14，1/16，1/18

  故该课题完整的 IPC 类号应为：

  B31F 1/12

  B31F 1/14

  B31F 1/16

  B31F 1/18

第二节　美国专利分类法简介

  1830 年前，美国的专利文献按年代顺序排列，1831 年首次颁布了专利分类法。当时只是将不同的技术领域分成 16 个组，将所有的专利文献按 16 组分类，并在文献上标上分类号，直到 1837 年才制定了新的分类表，设置 22 个大类。100 多年来，随着技术的发展，分类表不断修改完善，逐渐形成了一套仅用于美国专利与商标局内部使用的分类体系。按照该分类体系，编排分类检索文档，供审查检索使用。1969 年 1 月 7 日，美国专利与商标局在其出版的专利说明书及公报上标注与本国专利分类相对应的国际专利分类号。

  美国专利分类法是按照发明的技术作用或功能进行分类的。检索美国专利，采用美国专利分类法更为方便。检索美国专利分类号，通常需要利用三种工具书：《美国专利分类表》，《美国专利分类表索引》和《分类表修正页》。

一、《美国专利分类表》

  分类表的设置在实践中得到不断地发展，形成按技术功能分类的分类系统。以前，曾经根据应用技术行业和设备的用途划分技术主题的分类位置，将一定技术领域的全部相关设备分类到一个合适的分类位置。一些最早的大类就基于这个原理，那些大类号一直沿用至今，例如养蜂业、屠宰业等。

  随着技术的发展，技术内容的增加，美国的分类原则逐渐改为优先考虑"最接近的功能"的分类原则。"最接近的"表示基本的、直接的、或必要的功能。因此"最接近的功能"意味着通过类似的自然法则，作用于类似的物质或物体，可以获得类似的效果的工艺方法、产品装置等集中在同一类目中。也就是说，这种分类原则不管被分类的对象的用法如何，只要能得到一个相似结果的装置或工艺过程，都分在同一类中。例如，将热交换装置设置成一个分类位置，牛奶冷却器、啤酒冷却器等都在这个类目中。在这个热交换技术范围内，再根据热交换的其他技术特征再进行进一步的细分类。在这样的功能分类位置就可对该技术主题本身进行完整的检索。

目前的分类表有 450 个大类，设定大类序号从 002 至 987，其中有许多空缺号码。全部小类约 15 万个，是目前世界上较详细的分类系统之一。

《美国专利分类表》经常做一些局部性修改。美国专利与商标局每隔三个月修改一次分类表，印发一些替换页（Replacement Pages），用以替换相应的某些旧类表。替换页标记有修订的年月，查阅分类表时可以随时查核。使用《美国专利分类表》最好是查某一年的专利，采用同一年的分类表。查找分类表时，首先应该确定课题所包含的大类号，然后再查小类号。

大类——将类似的技术范围设置成大类，有大类类名和类目。

小类——在大类下的继续细分，即根据不同的技术主题又划分成不同级别的小类，并以缩位点表示，在每一个大类中，小类的排列由大类表确定。在其下的任何小类的类目和定义进一步地被大类标题和定义所限定。

美国分类号的等级：美国分类号为"大类号/小类号"形式，单从这种形式看不出分类等级和上下位关系，而分类等级和上下位关系只有通过查看详细分类表才能了解，现举例说明。

大类 2 服饰

……

二级小类 455 防护或保护

三级小类 456·身体遮盖物

……

三级小类 410·用于穿戴者头部

四级小类 4··防虫的

四级小类 5··消防队员头盔

四级小类 6.1··飞行员头盔

五级小类 6.2···有附件的物品

五级小类 6.3···有眼罩的（例如护目镜、遮护物件等）

六级小类 6.4····有多个护罩

六级小类 6.5····有特殊护罩

在大类 2 "服饰"下面的细分是小类，其中没有圆点的称为二级小类，如 455，有一个圆点的称为三级小类，有两个圆点的称为四级小类，依次类推。

下位类从属于离它最近的上位类，下位类的含义要结合离它最近的上位类的类名来考虑。小类 6.2 从属于小类 6.1，而小类 6.1 从属于小类 410，小类 410 又属于小类 455。如美国专利分类号 2/6.3 的完整含义应该是 2（大类）＋455（二级小类）＋410（三级小类）＋6.1（四级小类）＋6.3（五级小类）共五级组成，应理解的类名是"飞行员用的带有眼罩头盔的防护服"。

二、《分类表索引》

为了帮助使用者尽快地查阅分类表，在分类表的相关位置准确地确定分类号，美国出版了《分类表索引》该索引起到了辅助分类工具的作用。

分类表索引由大类表和分类索引组成。在索引的前部有一个按英文 26 个字母顺序排列的大类表，正文部分是分类索引。分类索引有 65 000 多个按英文字母顺序排列的技术名词，在这些技术名词之下，将有关的类目列出。分类表索引只起引导作用，使用者根据主题词尽快查到相关技术主题的分类位置，然后再查阅美国专利分类表，确定准确的分类号。索引将相关的技术主题类号归结在一起，以便使用者了解相关技术主题的所有类号，便于选择。《分类表索引》用词通俗化。

三、《分类表修正页》

《分类表的修正页》在一年中随时都可以公布，它是一个关于 US 分类系统修改变化的报告，其报告内容如下：

（1）报告分类表的变化情况，修改的部分如删除、转走的大类、小类，新建立的大类等；

（2）小类分类定义的变化，以支持大类、小类的变化所引起的分类位置的变化，如建立新的分类定义，或者对原有分类定义作进一步修改、补充、完善；

（3）告知删除小类的文献已经转入新建立的小类或已有的小类中，列出新建立的小类和 IPC 与相关小类的对照表。

第三节　日本专利分类法简介

日本专利分类法是日本专利局的内部分类系统。审查员用其分类系统对专利申请分类或检索，也将其分类号公布在日本的专利文献上。公众可以从因特网上进入日本专利局数字图书馆，用日本专利分类检索日本专利文献。日本专利早年采用自己的分类号，后来采用国际通用的 IPC 分类号。为了适应日本专利的特点，在 IPC 分类号基础上，还添加了日本专利细分号。

以下简要介绍日本专利分类体系的三种形式。

一、Facet 分类

一个 facet 分类号由三个英文字母组成。第一个字母通常与相应的 IPC 部分类号相一致。另外，还有一些 Broad – Facet 分类号，它们用字母"Z"作为分类号的第一个字母。这些分类号用于对包含多个技术领域的技术进行横向检索，可以提高检索效率。第二和第三个字母使用除去"I""O"以外的其他英文字母，对应于 IPC 中的某个小类号或若干个大组号的内容。

Facet 分类号是在 IPC 分类表的整体或特定的范围内（例如一个小类或多个大组的范围内）以不同于 IPC 分类系统的角度指定而成。

二、FI 分类

FI 系统是基于在 IPC 分类下的继续细分类系统，它的分类号标记采用直至小组号的完整的 IPC 分类号 + ［三位数字（或）一个英文字母构成］。其中方括号中的部分不是必须包括的部分。括号中的"三位数字"代表日本专利 IPC 细分号；"一个英文字母"代表文档识别号。

FI 分类号的标记格式举例如下：

① IPC 分类号：

G	11	B	5	/10
部	大类	小类	大组	小组

②IPC 分类号 + 文档识别号：

G	11	B	5	/10	A
部	大类	小类	大组	小组	文档识别号

③IPC 分类号 + IPC 细分号：

G	11	B	20	/12,	103
部	大类	小类	大组	小组	IPC 细分号

④IPC 分类号 + IPC 细分号 + 文档识别号：

G	11	B	20	/18,	540	D
部	大类	小类	大组	小组	IPC 细分号	文档识别号

FI 用于扩展 IPC 在某些技术领域的功能。它作为一种辅助 IPC 检索的手段仅在日本使用，因此它不能作为在国际上使用的分类体系。FI 基本上是对 IPC 第六版的细分体系。但其中有一部分也是在 IPC 第四版及第五版的基础上细分的。

三、F – term 分类

F – term 分类系统是专门用于计算机检索的分类系统，是从技术主题的多个角度考虑分类类目，也从多个角度限定需检索单位的文献量。例如，从技术主题的多个技术观点，如用途、结构、材料、方法等考虑分类类目。至今 F – term 分类系统已归类约有 2 900 个左右技术主题范围，这些技术主题对应于 IPC 分类中相同的技术领域，并设置一个主题属于 F – term 的一个组，称为 F – term 主题表。

F – term 的应用是从专利文献中取出有关的词语输入计算机系统中，检索时再用 F – term 的检索词进行检索，得到命中的所需文献信息。

第四节 德温特分类

英国德温特（Derwent）公司是英国一家专门从事专利文献的私人出版公司。该公司编辑出版了各种各样的专利文献检索刊物。在刊物中，使用了德温特专利分类号。其中的 CPI（化工专利索引）、EPI（电气专利索引）和 GMPI（一般与机械专利索引）等是按照德温特公司编辑的分类号系统进行报道的。由于德温特出版物是经常使用的检索工具，因此有必要了解德温特专利分类法。

一、简介

德温特分类是从应用性角度编制的，它将所有的技术领域分为三个大类，分别是：化学（Chemical）、工程（Engineering）、电子电气（Electronic and Electrical）。

大类之下又分为部（section），总共有 33 个部，其中 A – N 为化学，P1 – Q7 工程，S – X 电子电气。

部又进一步分为小类（classes），总共有 288 个小类。

德温特分类表附在 CPI，GMPI，EPI 等文摘周报和 WPIG 目录周报各个分册的封二、封三页上，每个德温特分类号后面附有相应的国际专利分类号。

如果被报道的某项专利的发明主题涉及德温特分类不同的部，那么在报道时这些不同的部中都应当包括该专利。例如一种聚合纤维新染料专利，该专利将被包括在 A、E 和 F 部中。又如一项电视机的输出变压器专利，应当在 V02 和 W03 中都报导。

二、分类体系

1. 化学（Chemical）大类

化学大类包括 12 个部，135 个小类。12 个部分别是：

A 聚合物、塑料（Polymers and Plastics）

B 药物（Pharmaceuticals）

C 农业（Agricultural）

D 食品、洗涤剂、水处理、生物技术（Food, Detergents, Water Treatment and Biotechnology）

E 一般化学（General Chemicals）

F 纺织和造纸（Textiles and Paper – Making）

G 印刷、涂料、照相（Printing, Coating, Photographic）

H 石油（Petroleum）

J 化学工程（Chemical Engineering）

K 核子能、爆破、防护（Nucleonics, Explosives, and Protection）

L 耐火材料、陶瓷、水泥、电化学（Refractories, Ceramics, Cement and Electro（in）organics）

M 冶金（Metallurgy）

N 催化剂（Catalyst）

2. 工程（Engineering）大类

工程大类包括 P（General）一般和 Q（Mechanical）机械两部分。

P（General）包括 8 个部 46 个小类。8 个部分别是：

P1　农业、食品、烟草（Agriculture, Food, Tobacco）

P2　个人和家庭物品（Personal, Domestic）

P3 保健、娱乐（Health, Amusement）

P4 分离、混合（Separating, Mixing）

P5 金属成型（Shaping Metal）

P6 非金属成型（Shaping No – metal）

P7 加压、印刷（Pressing, Printing）

P8 光学、照相、一般（Optical, Photography, General）

Q（Mechanical）包括 7 个部 57 个小类。7 个部分别是：

Q1 一般车辆（Vehicles General）

Q2 特殊车辆（Special Vehicles）

Q3 运输、包装、储存（Conveying Packing, Storing）

Q4 建筑、建筑物（Building, Construction）

Q5 电机、泵（Engines, Pumps）

Q6 工程部件（Engineering Elements）

Q7 照明、加热（Lighting, Heating）

3. 电子和电器（Electronic and Electrical）大类

电子和电器（Electronic and Electrical）大类包括 6 个部 50 个小类。6 个部分别是：

S 仪器、测量和测试（Instrumentation, Measuring and Testing）

T 计算机和控制（Computing and Control）

U 半导体和电路（Semiconductors and Electronic Circuitry）

V 电子元件（Electronic Components）

W 通讯（Communications）

X 电力工程（Electric Power Engineering）

德温特分类法，是用一个英文字母加两个数字来代表一定得的技术内容的。例如：
A23 代表聚酰胺；聚酯；Q23 代表脚踏车；X27 代表家用电器设备。

此外各国家大都有自己的分类体系，因对其他国来说使用率不高，因此不再赘述。

第四章　专利信息检索概述

第一节　专利信息检索种类及应用

一、专利信息检索种类

专利信息检索就是根据一项或数项特征，从大量的专利文献或专利数据库中查找符合某一特定要求的文献或信息的过程。

在确立科研课题、解决技术难题、新产品的研发、申请最新专利、技术引进、专利侵权纠纷处理、了解竞争对手的情况，都离不开对专利文献的检索。搞清楚专利检索类型及其检索方法，对于我们利用专利文献有着重要的意义。

按照检索目的来划分有如下几种类型：专利技术信息检索、新颖性检索、专利性检索、侵权检索、专利法律状态检索、同族专利检索和技术引进检索等种类。

1. 专利技术信息检索

专利技术信息检索是指从任意一个技术主题对专利文献进行检索，从而找出一批参考文献的过程。专利技术信息检索又可分为：追溯检索和定题检索。

追溯检索是指人们利用检索工具，由近而远地查找专利技术信息的工作。根据检索顺序追溯检索还可分为：初步检索和扩大检索。当人们进行专利技术信息的追溯检索时，利用检索工具由近而远地完成一个检索过程，再根据第一个检索过程的结果进一步检索，前一个检索过程称为初步检索，后一个检索过程称为扩大检索。两种检索是相对而言的，并非在任何情况下都要进行扩大检索。

定题检索是指在追溯检索的基础上，定期从专利数据库中检索出追溯检索日之后出现的新的专利文献的工作。

2. 新颖性检索

专利申请人、专利审查员、专利代理人及有关人员在申请专利、审批专利及申报国家各类奖项等活动之前，为判断该发明创造是否具有新颖性，对各种公开出版物上刊登的有关现有技术进行的检索。该类检索的目的是为判断新颖性提供依据。

3. 侵权检索

侵权检索是防止侵权检索和被动侵权检索的总称。防止侵权检索和被动侵权检索在一般情况下是指两种完全不同目的的检索。

防止侵权检索是指为避免发生专利纠纷而主动对某一新技术新产品进行的专利检索，其目的是要找出可能受到其侵害的专利。

被动侵权检索则是指被别人指控侵权时进行的专利检索，其目的是要找出对受到侵害的专利提无效诉讼的依据。

4. 专利法律状态检索

专利法律状态检索是指对专利的时间性和地域性进行的检索，它分为：专利有效性检索和专利地域性检索。

专利有效性检索是指对一项专利或专利申请当前所处的法律状态进行的检索，其目的是了解该项专利是否其目的是了解专利申请是否被授权，授权专利是否有效。

专利地域性检索是指对一项发明创造都在哪些国家和地区申请了专利进行的检索，其目的是确定该项专利申请的国家范围。

其他专利法律状态信息检索是指对专利或专利申请的著录事项、变更信息、专利申请、审查或复审过程中的信息、授权后的专利权转移、许可、异议等法律活动信息等的检索。

5. 同族专利检索

同族专利检索是指对一项专利或专利申请在其他国家申请专利并被公布等有关情况进行的检索，该检索的目的是找出该专利或专利申请在其他国家公布的文献（专利）号。

6. 专利技术引进检索

技术引进检索是一种综合性检索，它是指把专家检索中的专利技术信息检索和专利法律状态检索结合到一起交叉进行的专利信息检索，其目的是为对引进的技术做综合性评价提供依据。

二、检索种类的应用

划分专利检索种类的目的是便于人们根据现有条件和检索目的查找所需专利信息。

现在计算机已成为我们工作和学习须臾不可或缺的工具，利用计算机检索专利文献方便快捷。检索人可以从任意检索词去查找所需专利信息。如：专利名称、专利号、国际专利分类号、从申请人、申请日等。

如果不具备计算机检索的条件，我们通常选择手工检索方式。选择手工检索方式仅仅确定了专利信息检索的大目标，检索人还应根据已掌握的检索线索确定手工检索方式中应采用的更具体的方法。

如果我们掌握的是一件专利的申请号，而要索取该专利的说明书，应选择申请号检索，其目的是找到该专利的文献号，以便于最终找到该件专利的说明书。

如果我们掌握的是一件专利的名称，应选择手工检索方式中的主题检索，特别是选择分类检索。

当一个初次涉足专利信息检索的人掌握的是一件专利的申请人或所有人时，应选择手工检索方式中的专利权人途径检索。

作为专利信息专业检索人员，更多的是选择专家检索。

在为科研开题收集技术信息时，应选择专利技术信息检索。人们不仅要进行专利技术信息的追溯检索，还要进行定题检索，追溯检索可以帮助人们尽可能多地获取与科研课题相关的专利技术资料，有助于形成决策，减少重复劳动，提高研究起点；而定题检索可以帮助研究人员在科研开题后随时监视国内外与其科研课题相关的新科技动态。当然，追溯检索过程中的初步检索和扩大检索都是必不可少的。

如果是解决技术攻关中的难题而查找参考资料时，应选择专利技术信息追溯检索。追溯检索可以帮助人们找到前人在同一技术领域解决难题的具体方案。

在开发新产品、新技术而查找技术信息或专利项目作为参考时，可选择专利技术信息的追溯检索或基本检索方法中的名字检索。在这里，追溯检索有助于人们从某一具体技术领域寻找到好的专利项目；而名字检索则可从某一发明人、设计人、专利申请人的名称找到特定的技术。

当人们开发出新产品、准备投放市场时，为避免新产品侵犯别人的专利权，应选择防止侵权检索。

有了发明构思或获得新的发明创造时，为保护自身的权益准备申请专利时，为保证能够获得专利权，应选择新颖性检索。

在进行技术贸易、引进专利技术时，还应进行专利有效性检索或技术引进检索。专利有效性检索可以为引进技术的单位提供引进的专利技术是否是有效专利的信息；而技术引进检索不仅提供专利有效性信息，还可提供用以判断引进技术的水平的信息。

出口产品时，应选择防止侵权检索和专利地域效力检索。防止侵权检索可提供所要出口的产品是否与已存在的专利申请或专利雷同；而专利地域效力检索可提供已存在的雷同的专利申请或专利保护地域信息，以避免其产品出口到专利保护地区。

在自己被告侵权时，为保护自己的利益反诉专利无效时，应选择被动侵权检索，其目的是查找提出专利无效的依据。

在企业竞争中，及时了解对手的情况是非常必要的，为此，应选择专利申请人、专利权人、专利受让人检索，可随时做到知己知彼，百战不殆。

第二节　专利信息检索运用

一、专利技术信息检索

1. 专利技术信息检索的步骤：

（1）分析检索课题

检索课题确定之后，首先需要对检索的技术主题进行分析，看其是否属于专利技术信息检索；区别检索主题是关于产品、方法还是生产某产品的设备等。

通常是否属于专利技术信息检索的方法是考察检索课题的特征。其基本特征是：有明确的检索技术主题，但没有明确的技术解决方案。

发明创造的技术主题涉及三个方面的问题：一是产品发明还是方法发明，二是功能性的发明还是应用性的发明，三是发明创造的具体结构或内容如何。

a. 对产品和方法进行分析

发明创造的技术主题包括两大类型：产品发明和方法发明。产品发明又分为：物品（如仪器、设备、元器件等）、材料（如金属、玻璃、水泥等）。方法发明又分为：产品的制造方法和其他方法（如测试方法、计量方法、使用方法等）。

根据发明创造的技术主题，国际专利分类法（IPC）对产品发明和方法发明设立了不同的分类号。

b. 对功能性和应用性进行分析

发明创造有功能性与应用性之分。发明重要涉及到事物内在的性质或功能，而不依赖于具体的应用，我们称之为功能性发明。对于面向应用的发明，由于这种发明涉及一种产品或方法的特殊使用领域，我们称之为应用性发明。

国际专利分类表中采取以功能分类为主，功能分类与应用分类相结合的分类原则。

因此，分析检索的技术主题就要清楚是检索具有某种结构或功能而不考虑在某些领域的具体的应用，抑或是检索具有特殊用途或在特殊领域内使用的专利技术。

c. 对具体结构或内容进行分析

我们进行一般的专利检索时，通常只知道所要检索的产品或方法的名称，但并不知道它内在的结构，而我们有时又需要了解这种产品或方法的结构、内容。这就需要进行专利技术信息检索，相对其他检索方法而言，对专利技术信息检索的结构或内容的分析与检索要相对困难些。我们只能从其所属技术领域来查对应的国际专利分类号，并尽可能准确地把检索技术主题概括在一个最小的范围内。

（2）确定检索主题的名称和 IPC 分类号

在确定检索主题的名称时，要注意选取最能反应技术主题本身的通用名称或专业名称，尤其是同一种产品有多个名称如俗称时，更应注意。也不要选用较宽泛的、无实质检索意义的词，如"技术"、"方法"等。

在利用计算机检索时，如一个检索主题包含多个主题词，我们可以利用其高级检索功能来进行组配检索，如布尔逻辑检索。

在确定 IPC 分类号时，如技术主题明确时，尽量选取最适合的类号。由于某种产品在应用领域上的不同，在 IPC 中都有其相应的分类号与之对应，我们就要根据检索对象，选取相应的分类号。如果检索效果不理想，即检出文献量过小时，可适当选取其上位类号，也应选取类目相近的类号来进行检索，以扩大检索范围，提高检出率。

（3）选择检索方式

在计算机还没有普及的时候，人们检索文献还只能局限于手工检索和缩微平片、缩微胶卷等传统手段，检索效率不高、检全率和检准率都很低。

随着计算机及其网络化在全世界的普及和提高，利用计算机网络进行专利文献的检索便日益普遍，成为检索专利文献的最主要的手段。具有检索效率高，检全率和检准率都有了极大的提高，并且不受时间、地域、空间等的限制。

在检索方式的选择上，只要具备网络条件，利用计算机进行检索应该是我们的第一选择，必要时，才用手工检索方式来做补充。

（4）选择检索系统

主要看检索课题的要求，如果只对中国专利进行检索，则中华人民共和国国家知识产权局提供的面向公众的专利检索系统（http：//www. sipo. gov. cn/sipo2008/zljs/）是为首选。

国家知识产权局网站是国家知识产权局建立的政府性官方网站。该网站提供与专利相关的多种信息服务，如专利申请、专利审查的相关信息，近期专利公报、年报的查询，专利证书发文信息、法律状态、收费信息的查询等。此外，还可以直接链接到国外主要国家和地区的专利数据库、国外知识产权组织或管理机构的官方网站、国内地方知识产权局网站等。

国家知识产权局网站主页上设有中国专利检索功能。该检索系统收录了自 1985 年 9 月 10 日以来已公布的全部专利信息，包括著录项目、摘要、各种说明书全文及外观设计图形。

如果检索美国专利，则可利用美国专利商标局政府提供的专利检索系统。网站的网址为：http：//www. uspto. gov/。美国专利商标局网站是美国专利商标局建立的政府性官方网站，该网站向公众提供全方位的专利信息服务。美国专利商标局已将 1790 年以来的美国各种专利的数据在其政府网站上免费提供给世界上的公众查询。该网站针对不同信息用户设置了：专利授权数据库、专利申请公布数据库、法律状态检索、专利权转移检索、专利基因序列表检索、撤回专利检索、延长专利保护期检索、专利公报检索及专利分类等。数据内容每周更新一次。

如果检索欧洲专利，可利用 esp@ cenet 数据检索系统。自 1998 年开始，欧洲专利局在 Internet 网上建立了 esp@ cenet 数据检索系统，建立 esp@ cenet 数据检索系统的主要目的是使用户便捷、有效地获取免费的专利信息资源，提高整个国际社会获取专利信息的意识。

欧洲专利检索网站还提供一些专利信息，如专利公报、INPADOC 数据库信息及专利文献的修正等。

欧洲专利局的检索界面可以使用英文、德文、法文和日文（注：日文仅在 esp@ cenet 数据检索系统中使用）四种语言。

从 1998 年开始，esp@ cenet 用户可以检索欧洲专利组织任何成员国、欧洲专利局和世界知识产权组织公开的专利的题录数据。

世界知识产权组织官方网站（http：//www. wipo. int/portal/index. html. en）提供了可供检索的网上免费数据库，通过该数据库可以检索 PCT 申请公开、工业品外观设计、商标和版权的相关数据。

值得一提的是，2006 年 10 月我国开发完成的"专利信息服务平台试验系统"向全国正式推出。它是由国家知识产权局主办，知识产权出版社开发建设的一个试验性专利信息检索系统，于 2007 年 4 月 26 日向社会公众全面开放试运行。2013 年国家知识产权局又对专利检索系统进行了更新，增加了不同功能的检索界面，其中的"专利检索及分析"平台数据范围：收录了 103 个国家、地区和组织的专利数据，以及引文、同族、法律状态等数据信息，其中涵盖了中国、美国、日本、韩国、英国、法国、德国、瑞士、俄罗斯、欧洲专利局和世界知识产权组织等。

数据更新：中外专利数据，每周三；同族、法律状态数据，每周二；引文数据，每月更新。实现了在一个检索平台上检索各国和有关专利组织的专利文献。从而，大大方便了用户特别是国内用户对外国专利的检索利用。

二、新颖性检索

专利新颖性检索和专利技术信息检索都属于主题检索范畴，都具有主题检索的基本特征。但两种检索又具有许多不同特征：

（1）专利新颖性检索不仅有明确的技术主题，而且还有具体的用于检索对比的技术特征；而专利技术信息检索只有明确的技术主题，没有明确的用于检索对比的技术特征。

（2）专利新颖性检索是在发明创造完成之后进行；而专利技术信息检索应在发明创造开始之前进行。

（3）专利新颖性检索的要求是查准率，找到一两篇专利文献即可；而专利技术信息检索的要求是查全率，尽可能找到更多的专利文献。

（4）专利新颖性检索是要找技术特征特别相关的专利文献；而专利技术信息检索是要找技术主题相关的专利文献。

专利发明人在完成一项发明后，即要准备进行专利申请阶段，在提交申请前，要对本案的权利要求进行文献检索，以判断该专利申请是否具有新颖性及创造性。所谓"知己知彼，百战不殆"。只有符合专利申请的新颖性要求，才有可能被授予专利权，进而受到法律的保护。

通过文献检索后，如果发现就同一主题或事物在此前已有别人在出版物上公开发表过、或公开使用过或以其他方式为公众所知，则失去了新颖性，而不必提交申请。也可以通过查阅已有的文献和自己的发明作对比，如果有突出的实质性特点和显著的进步，仍然可以提出新的申请。

理论上讲，在申请日以前的所有文献（专利文献和非专利文献）都属于新颖性检索的范畴。

根据 PCT 最低限度文献量的规定，主要检索应有专利文献和非专利文献。专利文献是指 1920 年以来美国、英国、法国、德国、瑞士、日本、俄罗斯（包括前苏联）、欧洲专利局（EPO）和专利合作条约组织官方出版的专利文献，此外，讲英语、法语、德语、西班牙语的国家不要求优先权的专利文献。非专利文献由国际局公布文献清单，一般是上述七国两组织的 100 多种科技期刊。

在我国，除了应检索 PCT 最低限度的文献量外，还应检索中国专利文献和我国规定的科技期刊。

一般地，应先检索专利文献，而后再检索非专利文献；先检索中国的文献，再去检索其他国家的文献。

三、侵权检索

侵权检索有两种：防止侵权检索和被动侵权检索。

防止侵权检索是指为避免发生专利纠纷而主动对某一新技术新产品进行的专利检索，其目的是要找出可能受到其侵害的专利。

被动侵权检索是指被别人指控侵权时进行的专利检索，其目的是要找出对受到侵害的专利提无效诉讼的依据。

根据专利法的规定，任何单位或个人未经专利权人许可，不得为生产经营目的的制造、使用、许诺销售、销售、进口其专利产品，或者使用其专利方法以及使用、许诺销售、销售、进口依照该专利方法直接获得的产品。

在实际的生产活动中，由于有意或无意，总是有大量的专利侵权事件发生，从而大量地耗费了当事双方的时间、金钱。

当某个新产品在生产和销售过程中，在理论上讲，都存在着侵权和被侵权的可能。当侵权人不知道其生产的产品或工艺或外观设计是有效专利而被别人指控侵权是，为证实自己确属侵权与否，以及为寻求被动侵权的自我保护，这时，就需要我们在事前或其后进行侵权专利检索，防止侵犯别人专利权和被侵权的发生，以免引起侵权诉讼和造成经济损失。

在实际中，一般有直接侵权和间接侵权行为两种形式。

直接侵权主要有下列行为：

制造专利产品的行为；使用专利产品的行为；许诺销售专利产品的行为；销售专利产品的行为；进口专利产品的行为；使用专利方法的行为；使用、许诺销售、销售或进口依该方法直接所得到的产品的行为；假冒他人专利的行为；制造、销售或者进口外观设计专利产品的行为等不当行为。

其中许诺销售是指行为人明确表示愿意出售一种特定的专利产品的行为。它可以是书面形式，也可以是口头形式；可以通过柜台展示或演示的形式，也可以是通过广告、传真、网上发布信息等途径转播。

间接侵权的表现形式则主要是制造、销售专利产品的零部件（包括销售未组装的配套专利产品），或者专门用于实施专利产品的模具，或者用于实施专利方法的机器、设备等。

侵权检索需要注意以下几点：

a. 检索对象应为在专利法规定的保护期内，也就是有效专利。只有有效专利才会产生侵权的发生。

b. 侵权检索的时间范围

各个国家都有自己的专利保护期限，且各不相同。如美国在 1995 年 6 月 8 日之前，是从专利授权之日起 17 年，1995 年 6 月 8 日之后申请的专利，有效期自申请日起 20 年。英国、法国、德国及欧洲专利，自申请日算起为 20 年。目前，我国发明专利自申请日起为 20 年，实用新型专利和外观设计专利均为 10 年。

c. 侵权检索的地域范围

要根据欲生产、销售产品的国家、区域来确定。如计划销往欧美各国，则须对欧美的专利文献进行检索。

d. 侵权检索结果的判断依据

权利要求书是申请专利的重要的法律文书，应当说明发明或者实用新型的技术特征，清楚和简要地表述请求保护的范围。当发明创造被授予专利权之后，权利要求书就是确定该发明创造专利权范围的依据，也是判断他人是否侵权的依据，权利要求书具有直接的法律效力。

因此，对于侵权检索结果的判断，主要依据专利的权利要求书。

1. 防止侵权检索的步骤大体思路应根据检索主题的技术特征来确定国际专利分类号；再根据具体情况，选择手工检索或计算机检索，进而根据说明书和权利要求书进行分析和判断，确定是否构成侵权。

2. 被动侵权检索方法

被动侵权检索和防止侵权检索的方法略有不同。由于专利权人在提起指控与诉讼时，都会列出专利权人所主张的专利信息，如专利权人名称、申请号、专利号和发明创造名称等事项。因此，这种检索就有了很强的针对性。可遵循如下思路进行被动侵权检索：

首先，根据对方提供的线索如专利权人名称、申请号、专利号和发明创造名称等作为检索入口，可以选取一种，也可以逐一检索，可以得到详细的专利文献信息。

其次，分析是否侵权。对专利说明书中的权利要求书和被指控侵权的产品或方法的技术特征进行仔细的分析、比较。

再次，如果确定不属侵权，检索即可终止，如果确属侵权，则继续检索，如果检索到被侵权者在申请日之前，已有其他专利申请或授权，或已在公开出版物发表，或其他方式为公众所公知、公用，或实用新型专利因不进行实质性审查，而不具备新颖性和独有性，或该专利有效期届满、申请撤回、驳回、专利权终止等情形，就可以向审理机关提出无效诉讼请求。

下面介绍中国企业应对美国公司诉讼侵权的案例：

中国通领科技集团有限公司作为一家具有高新技术自主知识产权的外向型企业，依靠自主创新，打造了以 GFCI 为主的 6 个系列产品，构建了一条融研发、制造、贸易为一体的新兴产业链，其产品全部销往美国、加拿大等北美国家，在全球独家采用永磁式电磁机构原理的漏电保护技术，符合并超越美国国家安全实验室 UL 认证机构 2006 年的最新标准，其多项核心专利技术填补了国内外空白。

GFCI 产品是美国政府为保护公民人身安全而强制推行的安全装置，在美国形成每年 30 亿美元的巨大市场。4 家著名的美国企业——莱伏顿、库柏、帕西西姆和哈卜公司利用其专利技术垄断这个市场长达 20 多年，其生产的 GFCI 产品均采用机电一体化的漏电保护技术。

由于技术含量远远领先于美国同行业产品，通领科技的 GFCI 产品冲破了美国企业的技术封锁与垄断，深受美国消费者青睐并迅速占领美国主流市场。这引起了美国巨头莱伏顿公司的恐慌。从 2004 年 4 月起，莱伏顿公司针对通领科技发起了攻击，分别在美国新墨西哥州、佛罗里达州、加州等地方法院起诉通领科技的 4 家重要客户，用 1 件 GFCI 母专利陆续发起涉及 4 件专利的 5 起侵权诉讼。

拿到诉讼书后，经过讨论，认为公司确实没有侵犯莱伏顿公司的知识产权，最后公司坚持在美国本土法院依法维权。为维护美国客户的合法权益，通领科技赴美主动以制造商身份加入诉讼案，要求承担被告全部诉讼费用和侵权担保，并成功把全部案件移送到新墨西哥州的美国联邦地方分区法院。

事实上，早在进军美国市场前，为避免惹上官司而陷于被动，通领科技就将产品送到美国两家著名律师事务所进行侵权检索和分析，并取得了非侵权的法律评定文书。经过检索分析发现，美国 4 家企业的同类产品均采用机电一体化的漏电保护技术，而通领科技采用的是全球独有的永磁式电磁机构原理漏电保护技术。由此，确保了企业在可能遭遇的专利纠纷中立于不败之地。

经过长达 3 年的不懈努力，2007 年 7 月 10 日，美国新墨西哥州联邦分区法院布朗宁法官就美国莱伏顿公司起诉通领集团侵犯其美国号专利专利案作出判决，判定由中国通领科技集团制造的销往美国的 GFCI 产品不侵犯莱伏顿公司的 6246558 号专利。这表明这场历时 3 年多，耗费 300 多万美元的中美知识产权官司第一案尘埃落定。

通领科技坚持自主创新，大力部署高新技术领域知识产权，积极开拓美国市场，顽强抵制恶意诉讼并取得最终胜利，是中国企业运用知识产权参与国际竞争的一个典型案例，在中美知识产权诉讼史上树立了一座里程碑，极大地鼓舞了国内企业在海外依法维权的信心与斗志。

四、专利法律状态检索

专利法律状态检索在专利检索中有很重要的地位，尤其在企业的经营活动中如此。生产产品、出口产品、引进技术、侵权诉讼等，都需要借助与法律状态检索。

在手工检索阶段，专利法律状态查找起来比较费时费力，还有遗漏到重要信息的可能。现在借助于各国和国际组织的大型专利法律状态检索系统，就可轻松检索到所需专利的法律方面的信息。

为了便于为社会公众提供专利法律状态检索服务，国外许多国家与相关国际专利组织纷纷建立了专利法律状态数据库及其检索系统。如美国专利商标局推出的专利法律状态检索系统，就包括多个查询系统，如美国专利申请信息查询系统、美国专利撤回查询系统、美国延长专利保护期查询系统、美国专利权转移查询系统等；欧洲专利局除了 esp@cenet 专利检索系统中的 INPADOC 专利族和法律状态系统外，又在其另一个专利检索系统 Epo-line 系统中，推出了对各种专利法律状态信息经过整理的 Register Plus 检索系统；日本、加拿大、英国等国也推出其本国专利法律状态检索系统，以满足社会在技术活动中的需求。

通过专利法律状态检索可以得到如下的信息：是否有效、专利权有效期是否届满、专利授权与否、专利申请撤回、专利申请驳回、专利权终止、专利权无效、专利权转移等。

而中国专利法律状态信息主要有：公开、实质审查请求生效、审定、授权、专利权的主动放弃、专利权的自动放弃、专利权的视为放弃、专利权的终止、专利权的无效、专利权的撤销、专利权的恢复、权利的恢复、保护期延长、专利申请的驳回、专利申请的撤回、专利权的继承或转让、变更、更正等。

目前国内外专利法律状态检索数据库的检索入口主要涉及申请号、专利号、优先申请号、发明人、申请人、出让人、让与人、异议人、法律状态公开日、申请日、优先权日、公开日、指定国家、申请国、优先权国、复审异议号、诉讼案件号、法律状态等。

特别需要注意的是：由于专利申请（专利）的法律状态发生变化时，专利公报的公布及数据库更新滞后等原因。因此，网络检索系统的法律状态信息只能仅供参考。如需准确查询该件专利最新法律状态信息时，建议向有关该专利申请国家专利局查询专利登记簿副本，以获取准确的法律状态信息。

检索实例：

检索中国专利申请号200410012207.7 的法律状态

因是中国专利，故选择中国国家知识产权局的专利法律状态查询数据库。以专利申请号200410012207.7 为检索入口，得出如下结果：

申请号	法律状态公告日	法律状态
200410012207.7	2005.01.12	公开
200410012207.7	2005.06.29	实质审查的生效
200410012207.7	2007.06.27	发明专利的申请公布后的驳回

五、同族专利检索

同前面几种专利检索类型相比，同族专利检索相对简单一些，其检索入口不外乎专利申请号、专利号、公开号、公告号等号码。

同族专利检索也有两种检索手段：手工检索和计算机检索。在计算机检索应用之前，对同族专利的检索主要依靠英国德温特公司（Derwent）出版的《世界专利索引》（WPI）中的《优先案对照索引》和《入藏专利号索引》。如果查找化学、化工方面的专利利用美国《化学文摘》（CA）中的《专利号索引》，也能查到同族专利。

现在，借助计算机网络数据库，就可以很快捷地查到全部同族专利。

常用的同族专利检索系统有欧洲专利局的 esp@cenet，德温特公司的 DWPI，印度国家信息中心专利检索系统。

其中，欧洲专利局的 esp@cenet 最为常用，它可以检索欧洲专利组织任何成员国、欧洲专利局和世界知识产权组织公开的专利的题录数据。该数据库检索同族专利非常方便，其显示结果中的相同专利（Equivalents）信息将每一专利在世界范围内的相同专利集中显示，并通过链接可显示相应专利的题录信息，有全文信息的，如部分欧洲专利和 PCT 专利可链接到专利说明书全文。该数据库是检索任一专利在世界范围内的同族专利的最佳选择。

六、专利技术引进中的检索

从实际应用的角度看，技术引进检索不是单一的检索技术，它常常是多种检索技术的综合。尤其是在改革开放的初期，我国的企业引进技术时，外商会把根本不是自己的专利技术冒充自己的技术，有的把已经失效的专利冒充有效专利，有的把没在我国申请的专利也当作有效专利。而由于企业还没有知识产权的相关知识，不进行技术引进检索。企业忽视知识产权，给我国造成了巨大的损失。

对于技术引进检索，要确定对方提供的技术是否专利，其有效性如何，专利的保护范围（或申请指定国家和地区），其法律状态如何。另外，要特别注意鉴别技术的先进性怎样，如想引进最先进的技术，要予以鉴别，不要盲目轻信对方。

技术引进案例：

齐鲁石化公司氯碱厂的 20 万 t/a 隔膜电解烧碱装置，是我国氯碱生产史上的首次成套技术引进，这是在 70 年末来我国财力非常紧张的条件下，用巨额外汇成套引进的生产装置（合同总价 10 150 万美元，与当时 30 万 t/a 乙烯装置的引进价相当）。1988 年投产后，虽为我国氯碱工业的发展作出了一定的贡献，但却因这一技术引进工作的决策失误，使它一投产就进入了步履蹒跚的艰难历程。

1978 年底确定成套引进这一生产装置时，世界氯碱行业正在发生重大的变革——离子膜电解工艺实现了工业化（1975 年 4 月，日本旭化成公司建成了世界第一套离子膜电解烧碱生产装置，美国杜邦公司的离子膜烧碱装置也已试运成功）。由于未能敏锐地正确估价这一变革，才使这一隔膜电解烧碱装置从引进合同签订之时起，就注定了其生产工艺的技术落后性，也就必然失去它在我国氯碱行业的全面示范作用。当时也只是弥补了我国对高纯烧碱的需求。对这套装置进行技术嫁接，增设隔膜碱精制系统，使原本并不复杂的传统生产工艺，因生产过程的延伸而变得过于庞杂，装置由 12 个主要生产工序和 7 个辅助生产系统构成。由于合同承包商并不拥有与该装置相同生产过程的同规模生产工厂，只是将来自美国、瑞士与日本等国的生产技术组合后再转让，也就难以有效承担投产前后的各项技术服务工作，这就决定了该装置投产后必然要经历一段艰难曲折的生产历程。

主要的技术落后，造成了生产长期被动。如该装置的关键设备——扩张金属阳极隔膜电解槽，设备投资 2 558 万美元，约占装置设备总投资的 30 %。由国外承包商提供给我们的电槽配套技术——SM - 1 加拿大石棉纤维改性隔膜，经过 7 年多实际运行，却被验证为"在实际生产中不适应连续高负荷运行需要，电解液中 $NaClO_3$ 含量长期超标、电流效率低、使用周期短等诸多内在缺陷的生产技术"。这一改性隔膜技术早在这套装置建成投产前国外就已淘汰。

总之，这一成套引进的生产装置，不仅总体工艺落后于离子膜电解工艺，而且其配套的关键技术——改性隔膜技术也不先进，造成了这套生产装置投运后的长期生产被动。

第五章 中国专利的检索

第一节 中国国家知识产权局专利检索系统

一、概述

中华人民共和国国家知识产权局网站是由国家知识产权局支持建立的政府性官方网站（http：//www. sipo. gov. cn），是国家知识产权局对国内外公众进行信息报道、信息宣传、信息服务的窗口。该网站（如图5－16）提供中文简体、中文繁体和英文三种版本，主要包括政务、服务和互动等栏目，其中中文版提供的中国专利数据库由国家知识产权局知识产权出版社开发建立维护，向公众提供免费检索服务。此外，该网站还与中国知识产权报、国内政府网站、知识产权（专利）地方管理机构网站、知识产权服务网站及国外知识产权机构网站实现链接，为用户查阅相关信息提供了方便。

图5－1 国家知识产权局网站首页

国家知识产权局网站中的中国专利数据库收录了1985年9月10日以来公布的全部中国专利信息，包括发明、实用新型和外观设计三种专利的著录项目及摘要，并可浏览到各种说明书全文及外观设计图形。

二、检索方法及实例

在国家知识产权局的主页上方点击"专利检索与查询"链接，可进入国家知识产权局的专利检索与查询系统，其主要检索内容分为四项，分别为专利检索及分析、中国专利公布公告查询、中国及多国专利审查信息查询以及中国专利事务信息查询，如图 5 - 2。其各项检索的内容及数据范围等如下：

专利检索及分析

检索功能：常规检索、表格检索、药物专题检索、检索历史、检索结果浏览、文献浏览、批量下载等。

分析功能：快速分析、定制分析、高级分析、生成分析报告等。

数据范围：收录了 103 个国家、地区和组织的专利数据，以及引文、同族、法律状态等数据信息，其中涵盖了中国、美国、日本、韩国、英国、法国、德国、瑞士、俄罗斯、欧洲专利局和世界知识产权组织等。

数据更新：中外专利数据，每周三；同族、法律状态数据，每周二；引文数据，每月更新。

中国专利公布公告查询

时间范围：1985 年 9 月 10 日至今

服务内容：中国专利公布公告

检索功能：可以按照发明公布、发明授权、实用新型和外观设计四种公布公告数据进行查询。

数据范围：中国专利公布公告信息，以及实质审查生效、专利权终止、专利权转移、著录事项变更等事务数据信息

数据更新：每周三

中国及多国专利审查信息查询

电子申请注册用户：每日更新的注册用户的案件基本信息、费用信息、审查信息（提供图形文件的查阅、下载）、公布公告信息、专利授权证书信息；

公众用户：每周更新的公众用户（申请人、专利权利人、代理机构等）的案件基本信息、审查信息、公布公告信息。

多国发明专利审查信息查询：

中国国家知识产权局、欧洲专利局、日本特许厅、韩国特许厅、美国专利商标局受理的发明专利申请及审查信息。

中国专利事务信息查询

服务内容：提供收费信息、代理机构、专利证书发文信息、通知书发文、退信信息、事务性公告的网上查询功能及专利年费计算功能。

数据范围：收费信息（2002 年至今）、专利证书发文信息（2006 年至今）、通知书发文信息（2006 年至今）、退信信息（2002 年至今）、事务性公告信息（1985 年至今）

图 5-2　国家知识产权局专利检索与查询页面

1. 专利检索及分析

专利检索及分析系统是集专利检索与专利分析于一身的综合性专利服务系统。本系统依托于丰富的数据资源，提供了简单、方便、快捷、丰富的专利检索与分析功能，丰富的接口服务和工具性功能也为检索和分析业务提供了强有力的支撑。这里将着重介绍常规检索及表格检索功能。

a. 常规检索：常规检索主要提供了一种方便、快捷的检索模式，帮助检索者快速定位检索对象（如一篇专利文献或一个专利申请人等）。如果检索的目的十分明确，或者初次接触专利检索，可以以常规检索作为检索入口进行检索。

为了便于检索操作，在常规检索中提供了基础的、智能的检索入口，主要包括自动识别、检索要素、申请号、公开（公告）号、申请（专利权）人、发明人以及发明名称。关于各个入口的详细说明如下表。

表 5-1　常规检索检索入口介绍

		常规检索 – 检索字段介绍
序号	字段名称	字段介绍
1	自动识别	选择该字段进行检索，系统将自动识别输入的检索要素类型，并自动完成检索式的构建，识别的类型包括号码类型（申请号、公开号），日期类型（申请日、公开日），分类号类型（IPC、ECLA、UC、FI \ FT），申请人类型、发明人类型、文本类型。
2	检索要素	选择该字段进行检索，系统将自动在标题、摘要、权利要求和分类号中进行检索。

常规检索 - 检索字段介绍

序号	字段名称	字段介绍
3	申请号	选择该字段进行检索，系统自动在申请号字段进行检索，该字段支持带校验位的申请号或者专利号进行检索。该字段支持模糊检索。并自动联想提示国别代码信息。
4	公开（公告）号	选择该字段进行检索，系统自动在公开号字段进行检索，该字段支持模糊检索。并自动联想提示国别代码信息。
5	申请（专利权）人	选择该字段进行检索，系统自动在申请人字段进行检索，该字段根据输入的关键词自动联想推荐申请量较高的相关申请人信息。
6	发明人	选择该字段进行检索，系统自动在发明人字段进行检索，该字段根据输入的关键词自动联想推荐申请量较高的相关发明人信息。
7	发明名称	选择该字段进行检索，系统自动在发明名称字段进行检索，该字段根据输入的关键词自动联想推荐相关的发明名称信息。

常规检索的操作步骤：

（1）首先在浏览器的地址栏中输入国家知识产权局的网站地址 http：//www. sipo. gov. cn／，点击回车键进入国家知识产权局网站。

（2）在页面上部点击"专利检索与查询"链接，可进入国家知识产权局的专利检索与查询系统，如图5－2。

（3）点击"专利检索与分析"按钮，点击"同意"按钮跳过使用声明后进入专利检索与分析页面，如图5－3所示。

图5－3 专利检索与分析页面

（4）点击 专利检索 Patent Search 按钮进入专利检索页面，如图5-4所示。

图5-4　专利检索界面

（5）在检索框中输入要查询的关键词，在检索框下方选择相应的检索入口选项，之后点击按钮，进入结果列表页面，如图5-5。例如输入关键词"压缩机"。

图5-5　结果列表页面

（6）页面上方的"显示设置"中可以通过各种选项筛选检索结果，使检索结果更加精准。

b. 表格检索：表格检索主要根据收录数据范围提供了丰富的检索入口以及智能辅助的检索功能。您可以根据自身的检索需求，在相应的检索表格项中输入相关的检索要素，并确定这些检索项目之间的逻辑运算，进而拼成检索式进行检索。如果您希望获取更加全面的专利信息，或者您对技术关键词掌握的不够全面，可以利用系统提供的"智能扩展"功能辅助扩展检索要素信息。

为了保证检索的全面性，为了充分体现数据的特点，系统根据专利数据范围的不同提供了不同的检索表格项。关于具体的检索表格项说明如下表所示。

表5-2　检索表格项说明

序号	字段名称	所属数据范围	用户类别
表格检索 - 检索字段介绍			
1	申请号	中外专利联合检索； 中国专利检索； 外国及港澳台专利检索	匿名用户
2	申请日		
3	公开（公告）号		
4	公开（公告）日		
5	发明名称		
6	IPC分类号		
7	申请（专利权）人		
8	发明人		
9	优先权号		
10	优先权日		
11	摘要		
12	权利要求		
13	说明书		
14	关键词		
15	外观设计洛迦诺分类号	中国专利检索；	匿名用户
16	外观设计简要说明		
17	申请（专利权）人所在国（省）		
18	申请人地址		
19	申请人邮编		
20	PCT进入国家阶段日期		注册用户
21	PCT国际申请号		
22	PCT国际申请日期		
23	PCT国际申请公开号		
24	PCT国际申请公开日期		
25	ECLA分类号	外国及港澳台专利检索	注册用户
26	UC分类号		
27	FT分类号		
28	FI分类号		
29	发明名称（英）		
30	发明名称（法）		
31	发明名称（德）		
32	发明名称（其他）		
33	摘要（英）		
34	摘要（法）		
35	摘要（德）		
36	摘要（其他）		

表格检索的操作步骤：

（1）首先在浏览器的地址栏中输入国家知识产权局的网站地址 http：//www. si-po. gov. cn/，点击回车键进入国家知识产权局网站。在页面上部点击"专利检索与查询"链接，可进入国家知识产权局的专利检索与查询系统，如图 5 - 2。点击"专利检索与分析"按钮，点击"同意"按钮跳过使用声明后进入专利检索与分析页面，如图 5 - 3 所示。

（2）点击页面上方的 表格检索 按钮，进入表格检索页面，如图 5 - 6 所示。

图 5 - 6　表格检索页面

在进入"表格检索"页面后，系统默认显示"中外专利联合检索"页面。在该页面中，检索者可以通过将鼠标移动到检索表格项区域查看检索字段的应用说明信息。

（3）例如要检索申请人为"华为"公司，且在 2010 年 1 月 1 日至 2015 年 1 月 1 日间申请的关于"蜂窝网"的专利，即可在申请（专利权）人字段中输入"华为"，在申请日字段中选择"："，然后输入"20100101 20150101"，在发明名称中输入关键词"蜂窝网"，然后点击 检　索 按钮，即可得到结果列表页，如图 5 - 7 所示。

（4）在每个结果下方点击相应按钮，可查看查看文献详细信息、法律状态和申请（专利权）人基本信息等。

2. 中国专利公布公告查询

中国国家知识产权局的中国专利公布公告查询系统主要有快速查询、高级查询、IPC分类查询、LOC 分类查询、事务数据查询等入口，可查询 1985 年 9 月 10 日至今的专利公布公告。

a. 快速查询

快速查询只有一个检索输入框，可快速查询发明公布、发明授权、实用新型及外观设计的公告。

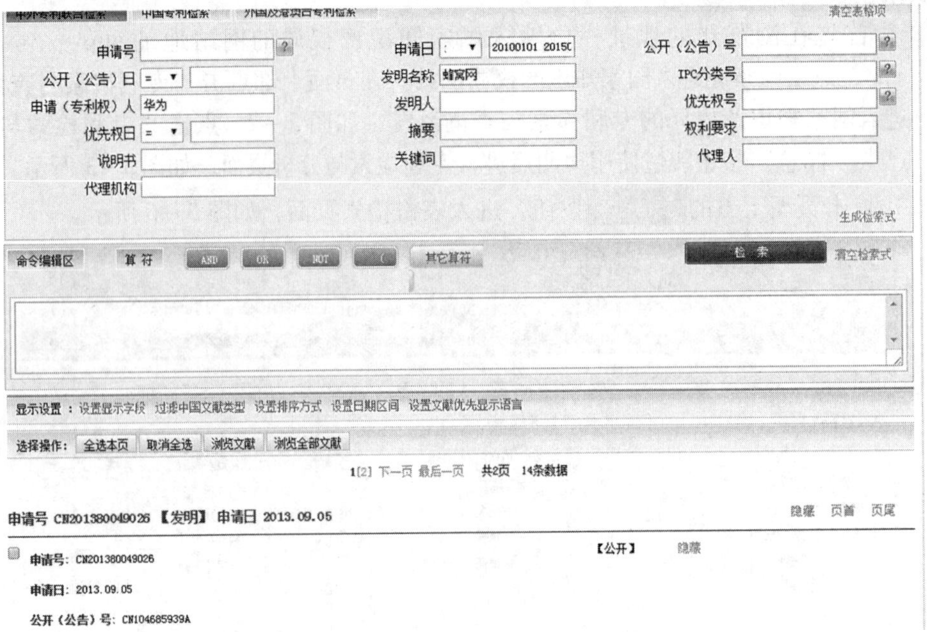

图 5 - 7 表格检索结果列表

快速查询的操作步骤：

（1）打开中国国家知识产权局官方网站（http：//www.sipo.gov.cn/），在页面上方点击"专利检索与查询"，在打开的页面中点击"中国专利公布公告查询"，进入中国专利公布公告查询系统，首页自动进入快速查询页面，如图 5 - 8。

图 5 - 8 快速查询页面

（2）在输入框中输入关键词，在下方勾选检索范围，点击 <kbd>Q</kbd> 按钮，即可进入检索结果列表页，如图5-9。

图5-9 检索结果列表页

（3）点击下方的【发明专利申请】或【实用新型专利】按钮可查看公告全文，点击 <kbd>下载</kbd> 按钮可以下载公告全文，如图5-10所示。

图5-10 公告全文查看页面

b. 高级查询

高级查询提供了详细的检索字段，可以使检索者获得精确的检索结果。各检索字段规则如下：

1. 公布公告号查询

支持？代替 1 个字符，%代替多个字符的查询。

例：102853527、102853527A、10285、%285352%、102？53？27。

自左至右匹配查询。

2. 公布公告日查询

输入 20131002 或通过日历选择，输入 201310 或通过日历选择 20131001 和 20131031。至少应输入完整的年份。

自左至右匹配查询。

3. 申请号

支持？代替 1 个字符，%代替多个字符的查询。

例：2005101185097、2005？0118509、%10118%。

自左至右匹配查询。

4. 申请日

输入 201310301 或通过日历选择，输入 201303 或通过日历选择 20130301 和 20130331。至少应输入完整的年份。

自左至右匹配查询。

5. 申请（专利权）人

支持？代替 1 个字符，%代替多个字符的查询。

如：浙江大学、惠普、董？君、马克%公司。

6. 发明人

支持？代替 1 个字符，%代替多个字符的查询。

例："朱云杰"、"云杰"、"朱？杰"、"A%尔布赖"。

7. 地址

支持？代替 1 个字符，%代替多个字符的查询。

例：北京市海淀区、北京市海？区、北京市%西直门。

8. 分类号

支持？代替 1 个字符，%代替多个字符的查询。

例：B61G3/04、26 - 05、B61G、B61G？/04、%3/04%。

自左至右匹配查询。

还可通过"IPC 分类查询/LOC 分类查询"获得分类号后直接查询。

9. 名称

可进行 and、or、not 运算，且 and、or、not 前后应有空格。

例：计算机、计算机 and 应用。

10. 摘要/简要说明

可进行 and、or、not 运算，且 and、or、not 前后应有空格。

例：计算机、计算机 and 应用。

11. 专利代理机构

支持？代替 1 个字符,%代替多个字符的查询。

例：中国国际贸易促进委员会专利商标事务所、中国国际贸易促进委员会专利商标事务所 11038、中国%委员会。

12. 代理人

支持？代替 1 个字符,%代替多个字符的查询。

例：张华辉、张？辉。

13. 优先权

支持？代替 1 个字符,%代替多个字符的查询。

例：102011008792.3、102011008792、102011008792.3 2011.01.18 DE。

14. 本国优先权

支持？代替 1 个字符,%代替多个字符的查询。

例：2012100663195、201210066319、2012100663195 2012.03.14 CN。

15. 分案原申请

支持？代替 1 个字符,%代替多个字符的查询。

例：2012100840734、201210084073、2012100840734 2012.03.28。

16. 生物保藏

支持？代替 1 个字符,%代替多个字符的查询。

例：%7640%、CGMCC NO.7640、CGMCC NO.7640 2013.05.24。

17. PCT 进入国家阶段日

例：20130709、201307。至少输入完整的年份。

自左至右匹配查询。

18. PCT 申请数据

支持？代替 1 个字符,%代替多个字符的查询。

例：PCT/EP2011/005305、20111021、PCT/EP2011/005305 20111021。

19. PCT 公布数据

支持？代替 1 个字符,%代替多个字符的查询。

例：WO2012/062406、DE、20120518、WO2012/062406 DE 20120518。

高级查询的操作步骤：

（1）打开中国国家知识产权局官方网站（http：//www.sipo.gov.cn/），在页面上方点击"专利检索与查询"，在打开的页面中点击"中国专利公布公告查询"，进入中国专利公布公告查询系统，首页自动进入快速查询页面，之后点击页面上方 **高级查询** 按钮进入高级查询页面，如图 5 – 11。

图 5 - 11　高级查询页面

（2）在检索框中输入相对应的检索关键词。例如要检索华为公司在 2013 年 1 月 1 日至 2015 年 1 月 1 日之间关于"小区"和"基站"的所有专利，就要首先勾选"发明公布""发明授权""实用新型"以及"外观设计"复选框，并在申请日输入框中输入"20130101"至"20150101"；在申请（专利权）人输入框中输入"华为"；在摘要/简要说明输入框中输入"小区 and 基站"（and 前后均有空格），如图 5 - 12 所示。

图 5 - 12　高级查询输入示例

（3）点击  按钮进行查询，得到结果列表页面，如图 5 - 13 所示。

图 5 - 13　检索结果列表页面

（4）点击每个结果下方的【发明专利申请】链接可以查看公告全文，点击 ⬇下载 按钮可以下载公告全文，如图 5 - 14 所示。

图 5 - 14　检索结果详情页面

c. IPC 分类查询

IPC 分类查询可以按照关键词查询相关分类号，也可输入已知分类号查询含义，还可以与高级检索配合使用，按照 IPC 分类来检索某一分类下的专利公告。检索者可通过在分类查询入口输入关键词或分类号获得相关分类号或分类号的含义，也可通过点击分类号树状结构查询需要的分类号。确定分类号后，点击"选择"，则进入"高级查询"界面，直接查询或配合其他条件进行查询。

IPC 分类查询操作步骤：

（1）打开中国国家知识产权局官方网站（http：//www.sipo.gov.cn/），在页面上方点击"专利检索与查询"，在打开的页面中点击"中国专利公布公告查询"，进入中国专利公布公告查询系统，首页自动进入快速查询页面，之后点击页面上方 **IPC分类查询** 按钮进入 IPC 分类查询页面，如图 5 - 15。

图 5 - 15　IPC 分类查询页面

（2）若已知分类号，需要查询该分类号的含义，可按如下步骤操作：

例如要查询 IPC 分类号为 C02F1/00 的含义，已知分类号为 C02F1/00，即可在检索框中直接输入 C02F1/00，在输入框下方选择输入分类号查含义，点击 🔍 按钮进行检索，在该分类号正确无误的情况下即可得到该分类号的含义，如图 5 - 16 所示。

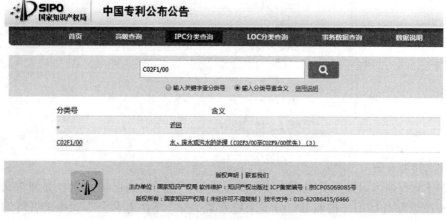

图 5 - 16　查询分类号含义页面

66

（3）若需查询某关键词对应的分类号，可按如下步骤操作：

例如要查询"广播通信"分类所对应的分类号，即可在输入框中输入"广播通信"，在输入框下方勾选"输入关键字差分类号"选项，点击 🔍 按钮进行检索，即可得到该关键词对应的分类号，如图 5 – 17 所示。

图 5 – 17　查询分类号页面

（4）若要检索某一分类下的专利，需要按如下步骤操作：

例如要检索 C02F1/00 分类下 2001 年至 2015 年的专利，需要在 IPC 分类检索页面检索框中输入分类号 C02F1/00，在检索框下方选择输入分类号查含义，然后点击 🔍 按钮。然后在显示的分类号的右方点击"选择"按钮，系统会自动跳转到高级查询页面，并自动在分类号一栏中输入了刚才选择的 C02F1/00 分类。再在申请日一栏中输入"20010101"至"20150101"，如图 5 – 18 所示。

图 5 – 18　分类专利检索

点击 🔍查询 按钮，便得到检索结果列表页面，点击每个结果下方的【**发明专利申请**】链接可以查看公告全文，点击 ⬇下载 按钮可以下载公告全文。

d. LOC 分类查询

LOC 分类（洛迦诺分类）是一种工业品外观设计注册用国际分类，由《洛迦诺协定》（1968 年）建立。洛迦诺分类第十版于 2014 年 1 月 1 日生效。LOC 分类查询主要用途为已知分类号查询分类含义、已知分类关键词查询分类号以及检索特定分类下的外观设计专利。

LOC 分类查询操作步骤：

LOC 分类查询操作与上文中 IPC 分类查询的操作方法基本一致，此处不再赘述，需注意 LOC 分类检索仅适用于外观设计专利公告的检索。

e. 事务数据查询

事务数据查询主要检索内容为专利申请进度、专利权的转移、专利权的无效等事务数据。

事务数据查询操作步骤：

（1）打开中国国家知识产权局官方网站（http：//www.sipo.gov.cn/），在页面上方点击"专利检索与查询"，在打开的页面中点击"中国专利公布公告查询"，进入中国专利公布公告查询系统，首页自动进入快速查询页面，之后点击页面上方 事务数据查询 按钮进入事务数据查询页面，如图 5 - 19。

图 5 - 19　事务数据查询页面

（2）例如查询申请号为 2011800502182 发明专利的事务数据信息，即可在申请号输入框中输入"2011800502182"，点击 🔍查询 按钮，即可得到申请号为 2011800502182 发明专利的事务数据信息，如图 5 - 20 所示。

3. 中国及多国专利审查信息查询

中国及多国专利审查信息查询系统主要包括以下内容：

中国专利审查信息查询：

1）电子申请注册用户：每日更新的注册用户的案件基本信息、费用信息、审查信息

图 5 – 20　事务数据查询结果页面

（提供图形文件的查阅、下载）、公布公告信息、专利授权证书信息；

2）公众用户：每周更新的公众用户（申请人、专利权利人、代理机构等）的案件基本信息、审查信息、公布公告信息。

多国发明专利审查信息查询：

中国国家知识产权局、欧洲专利局、日本特许厅、韩国特许厅、美国专利商标局受理的发明专利申请及审查信息。

中国专利审查信息查询操作步骤：

（1）首先在浏览器的地址栏中输入国家知识产权局的网站地址 http：//www. sipo. gov. cn/，点击回车键进入国家知识产权局网站。在页面上部点击"专利检索与查询"链接，可进入国家知识产权局的专利检索与查询系统。点击"中国及多国专利审查信息查询"链接进入中国及多国专利审查信息查询系统，如图 5 – 21 所示。

图 5 – 21　中国及多国专利审查信息查询页面

电子申请注册用户登录后可查询电子申请相关信息；其他检索者可点击"公众查询"，在弹出界面中选择同意使用说明后进入公众查询页面，如图 5 – 22 所示。

图 5 – 22　公众查询界面

输入申请号/专利号、发明名称、申请人、专利类型等信息后可精确查询中国专利审查信息。

多国发明专利审查信息查询步骤：

在中国及多国专利审查信息查询公众查询页面中，点击页面上方的 🔍查询 按钮，可进入多国发明专利审查信息查询页面，如图 5 – 23 所示。

图 5 – 23　多国发明专利审查信息查询页面

在对应输入框中选择输入号码类型、国别、申请号等信息后即可查询多国发明专利审查信息。

4. 中国专利事务信息查询

中国专利事务信息查询页面提供收费信息、代理机构、专利证书发文信息、通知书发文、退信信息、事务性公告的网上查询功能及专利年费计算功能。

中国专利事务信息查询操作步骤：

（1）首先在浏览器的地址栏中输入国家知识产权局的网站地址 http：//www. sipo. gov. cn/，点击回车键进入国家知识产权局网站。在页面上部点击"专利检索与查询"链接，可进入国家知识产权局的专利检索与查询系统。点击"中国专利事务信息查询"链接进入中国专利事务信息查询系统，如图 5 - 24 所示。

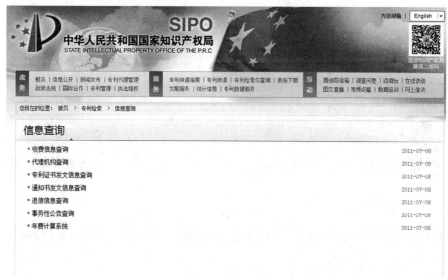

图 5 - 24　中国专利事务信息查询页面

由于该页面下各个功能操作较为简单且功能单一，其各自的检索方法此处不再赘述。

第二节　中国知识产权网专利数据库

一、概述

中国知识产权网（www. cnipr. com）是国家知识产权局知识产权出版社在国家的支持下于 1999 年 6 月创建的知识产权综合性服务网站（如图 5 - 30）。其宗旨是通过互联网宣传知识产权知识，传播知识产权信息，促进专利技术的推广与应用，树立知名品牌，打击、防范盗版行为，从整体上提高国内公众的知识产权保护意识、树立企业自主知识产权形象。多年来，网站通过细致、周到的服务得到了社会公众和政府机构的广泛认可。在完善自身建设和管理的同时，网站目前承担国家知识产权局政府网站（www. sipo. gov. cn 中文版和英文版）的建设开发和日常维护工作。中国知识产权网在创新中求发展，在服务中求生存，不断以崭新的面貌面对世界，为公众带来了全新而完整的知识产权理念。

该网站的中国专利数据库收录了 1985 年 9 月 10 日至今的全部发明公开专利、实用新型专利、外观设计专利和发明授权专利。网站提供中文和英文两种版本。

二、检索方法及实例

中国知识产权网中文专利数据库主要提供以下检索方法：快捷检索、和法律状态检索。每种检索方法还提供辅助检索方法：二次检索、过滤检索。二次检索和过滤检索不能同时进行。二次检索是在前次检索结果的基础上再次进行逻辑与操作，可以多次进行，逐渐缩小检索结果的范围，实现递进检索。过滤检索是在本次检索结果的基础上，过滤掉前次检索结果。

1. 快捷检索

打开中国知识产权网站（http：//www. cnipr. com/）首页（图 5 - 25），在页面上方就可以直接看到快捷检索方法界面（如图 5 - 26）。

图 5 - 25

图 5 - 26

（1）操作步骤

a. 输入关键词。

b. 点击"检索按钮"，得到检索结果。

（2）示例说明

如查找有关 IP 过滤方面的专利信息。可以输入关键词"IP 过滤"，点击"检索"按钮，得到检索结果，如图 5 – 27 所示。

图 5 – 27

2. 高级检索

在网站首页页面图 5 – 26 中，点击"高级检索"链接，即可进入到高级检索界面（如图 5 – 28）。

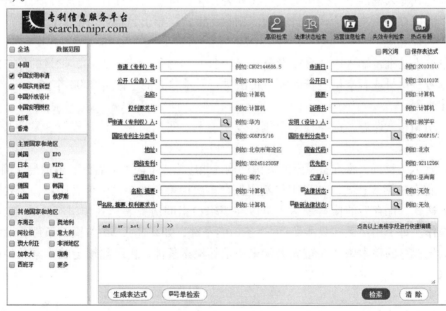

图 5 – 28　高级检索页

高级检索中包括三种检索功能，根本是表格检索、逻辑检索和号单检索。

（1）表格检索

表格检索是系统为用户提供的"最常规检索工具"，表格检索字段主要包括：发明名称、摘要、权利要求、名称，摘要、名称，摘要，权利要求、申请号、公开号、法律状态、优先权号、主分类号、分类号、申请人、发明（设计）人、专利权人、申请（优先权）日、申请日、公开（公告）日等。其中，名称，摘要，名称，摘要，权利要求、法律状态为新增字段。

数据范围：中国专利，主要国家和地区的专利，以及其他国家和地区的专利。其中，中国专利包括中国发明申请、中国实用新型、中国外观设计、中国发明授权、台湾专利、香港专利。默认的检索数据范围为中国发明申请和中国实用新型。

另外，检索同时，可以进行同义词检索，并查询公司代码及 ipc 分类号。

同义词检索是指针对用户在名称或摘要中输入的关键词，系统从后台自动找到其同义词，二者联合起来进行检索，以扩大检索范围，提高查全率。

分类号查询可以实现通过分类号查询相关内容，也可以通过内容查询分类号。

公司代码查询即申请（专利权）人查询，通过对公司组织结构信息的加工，使用户更全面的了解某个申请（专利权）人的专利。

（2）逻辑检索

逻辑检索是一种高级检索方式，用户可以输入一个复杂的表达式，用布尔算符组合连接各个检索选项，构建检索策略。点击表格检索中的检索字段可以辅助快速的编辑表达式（注意当使用逻辑检索框时，上面的表格检索框失效，此时所有检索结果以逻辑检索框里的输入为准）。

在表达式输入框的下方是历史表达式列表，它直接显示已保存过的检索表达式，用户可以对以前保存的历史表达式进行查看、删除、检索、导出、合并历史表达式等操作。

（3）号单检索

号单检索是批量输入申请号或者公开（公告）号进行检索的方式。批量的号单之间可以使用分号、逗号或者空格进行间隔，每次进行号单检索的上限为 2000 个。

操作步骤：

（1）分析检索课题，选择检索范围：发明专利、实用新型、外观设计、发明授权。可多选。

（2）输入关键词。将准备检索的关键词输入相应输入框内，如名称、申请号、摘要等。

（3）保存检索表达式。如果用户希望保存本次检索条件，以供今后使用，需要选中保存检索表达式。保存后的检索表达式可以在逻辑检索的历史表达式中进行重命名、删除、锁定等操作。每个用户最多只能保存 50 条检索条件，如果超过 50 条检索条件，系统将自动删除最先保存的检索条件（按先删除未锁定的检索条件，再删除锁定的检索条件的顺序进行删除）。

检索实例：

例如检索华为公司关于"小区""基站"的所有专利。

首先打开中国知识产权网（http：//www.cnipr.com/）的主页，点击页面上方的"高

74

级检索"链接进入高级检索页面，如图 5 - 28。然后在申请（专利权）人输入框中输入
"华为"；在"摘要"输入框中输入"小区 基站"，点击 检索 按钮进行检索，得到结果列
表页面，如图 5 - 29。

图 5 - 29　高级检索结果列表页面

输入关键词后可进行过滤检索及二次检索；点击"下载"按钮，可下载 EXCEL 格式
的专利信息文件。

3. 法律状态检索

法律状态检索如图 5 - 30 所示。中国知识产权网检索系统的专利申请（专利）的状态
信息主要来源于国家知识产权局出版的发明、实用新型和外观设计专利公报。由于专利申
请（专利）的法律状态发生变化时，专利公报的公布及检索系统登录信息存在滞后性的原
因，该检索系统的法律状态信息仅供参考。

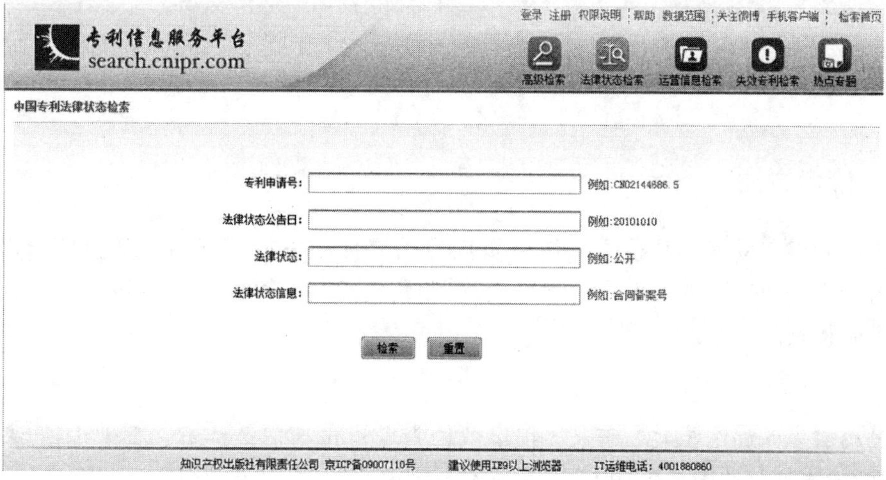

图 5 - 30

法律状态信息项目主要有公开、实质审查请求生效、审定、授权、专利权的主动放弃、专利权的自动放弃、专利权的视为放弃、专利权的终止、专利权的无效、专利权的撤销、专利权的恢复、保护期延长、专利申请的驳回、专利申请的撤回、专利权的继承或转让、变更、更正等。

第三节　香港知识产权署专利检索系统

一、概述

香港知识产权署专利检索系统的网址是 http://ipsearch.ipd.gov.hk/index.html，数据库包含已发表的标准专利申请及已批予的专利的记录，系统提供简体、繁体和英文三种版本，如图 5-31 所示。

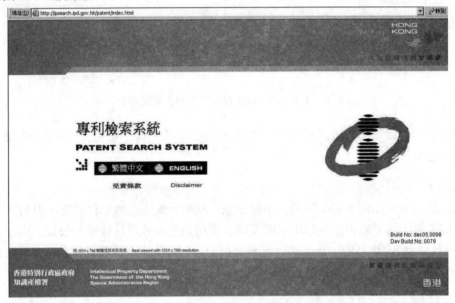

图 5-31　香港知识产权署专利检索系统

二、检索方法

从香港知识产权署专利检索系统首页面点击繁体中文或英文后，弹出免责声明对话框，点击确定按钮后，进入简易检索界面（如图 5-32）。系统提供两种检索方法：简易检索和进阶检索。

1. 简易检索

简易检索界面如图 5-32 所示，提供的检索项目包括记录种类、香港申请编号范围、香港专利/发表编号范围、申请人/专利所有人姓名或名称、发明名称、送达地址（姓名或

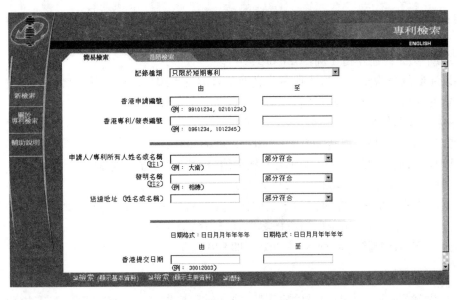

图 5-32

名称)、香港提交日期范围。

（1）字段说明：

记录种类可以通过下拉框选择，有四种：全部、只限于已发表的标准专利申请、只限于已批予的标准专利、只限于短期专利。

检索字段中的香港专利/发表编号范围、申请人/专利所有人姓名或名称、发明名称这三个字段，可以让使用者从下拉式方格内选择检索方法（包含输入字、完全符合及部分相符）。

包含输入字：用以检索包含输入字的文字数据。

完全符合：用以检索完全符合的文字数据。

部分符合：用以检索包含与输入字相符的文字数据

日期书写格式为日日月月年年年年。

（2）注意事项：

a. 在文字数据检索中，此系统仅接受字母 A-Z、a-z、数字 0-9 及中文组成的字眼。如你要寻找的发明名称包含符号（例：α-半乳糖苷酶），应该略去符号作为检索条件直接输入"半乳糖苷酶"。

b. 各检索字段的关系为"与"，此系统将会在所有可检索范畴内，检索出符合全部检索条件的专利记录。

c. 在检索文字数据时，使用者可输入繁体中文或英文的检索条件。然而，此系统仅按照申请人所采用的语言储存数据。因此，若此系统仅储存有关检索项目的英文数据，输入中文的检索条件将不会检索出该项记录。使用者可于同一检索条件下同时输入中文及英文。但若中文及英文的文字并不储存于专利记录的同一位置，在同一检索条件输入两种语言不能得出检索结果。此系统将按照所选择的界面语言以显示检索结果。使用者可在检索页面的右上角，选按"English"或"繁体中文"链接，以检视检索结果的英文或中文版。

d. 在1997年6月27日前注册的专利，其注册编号均以下述方式编排：

注册编号 of 注册年份（例：321 of 1994）。

如以注册编号检索，需将注册编号转换成香港发表编号，然后使用转换后的发表编号作为检索的项目。可以下列方法将注册编号转换成发表编号：

0 + 年份（两位数字）+ 注册编号（四位数字）

例如：321 of 1994 需转为 0 + 94 + 0321 即 0940321

e. 1995年前提交的申请，其申请／档案编号均以下述方式编排：

申请或档案编号／年份（例：233／84）

如以申请编号检索，需将旧的申请或档案编号转换成以下的编排方式：

年份（两位数字）+ 0 + 申请或档案编号（五位数字）

例如：233／84 需转为 84 + 0 + 00233 即 84000233

2. 进阶检索

在简易检索页面中点击"进阶检索"，进入进阶检索页面（如图5 - 33）。进阶检索界面可提供更多检索项目，可以让使用者在检索条件输入下划线符号"_"配对任何单字或输入百分比符号"%"配对任何字符串（字组）。

进阶检索页面提供的检索项目包括：记录种类、香港申请编号、香港专利/发表编号、申请人/专利所有人姓名或名称、发明名称、送达地址（姓名或名称）、指定专利发表编号、国际专利分类号、撮录（只适用于短期专利）、香港提交日期范围、香港记录请求发表日期范围、香港批予专利日期范围、指定专利提交日期范围、优先权日期范围、发明人姓名或名称。

（1）部分字段说明：

a. 指定专利发表编号。它是指定专利当局编配予相应专利申请的发表编号，包括4个选项：全部、CN、GB、EP。

香港标准专利的批予，是以三个专利局（称为指定专利当局）所批予的专利注册为基础的：中国国家知识产权局（CN）、欧洲专利局（EP）（就指定联合王国的专利而言）以及联合王国专利局（GB）。用户你可在指定专利发表编号前输入有关代码，以检索某一指定专利当局的记录。

b. 指定专利提交日期。它是指定专利当局编配予相应专利申请的提交日期。

c. 香港记录请求发表日期。它是指第一阶段的标准专利申请在香港的发表日期。

在香港申请标准专利的程序分为两个阶段，申请人须提交下述两项请求：指定专利申请的记录请求，指定专利申请是指在中国国家知识产权局、欧洲专利局〔指定联合王国〕或联合王国专利局发表的专利申请（第一阶段）。以及就已获中国国家知识产权局、欧洲专利局（指定联合王国）或联合王国专利局批予的专利，在香港提交注册与批予请求（第二阶段）。

d. 当做标准专利。根据已废除的《专利权注册条例》（香港法例第42章）注册的专利，如该专利于1997年6月27日当日在联合王国仍然有效，可被当做为一项标准专利。以下的检索项目并不适用于当做标准专利：优先权日期、发明人姓名或名称。另外，当做

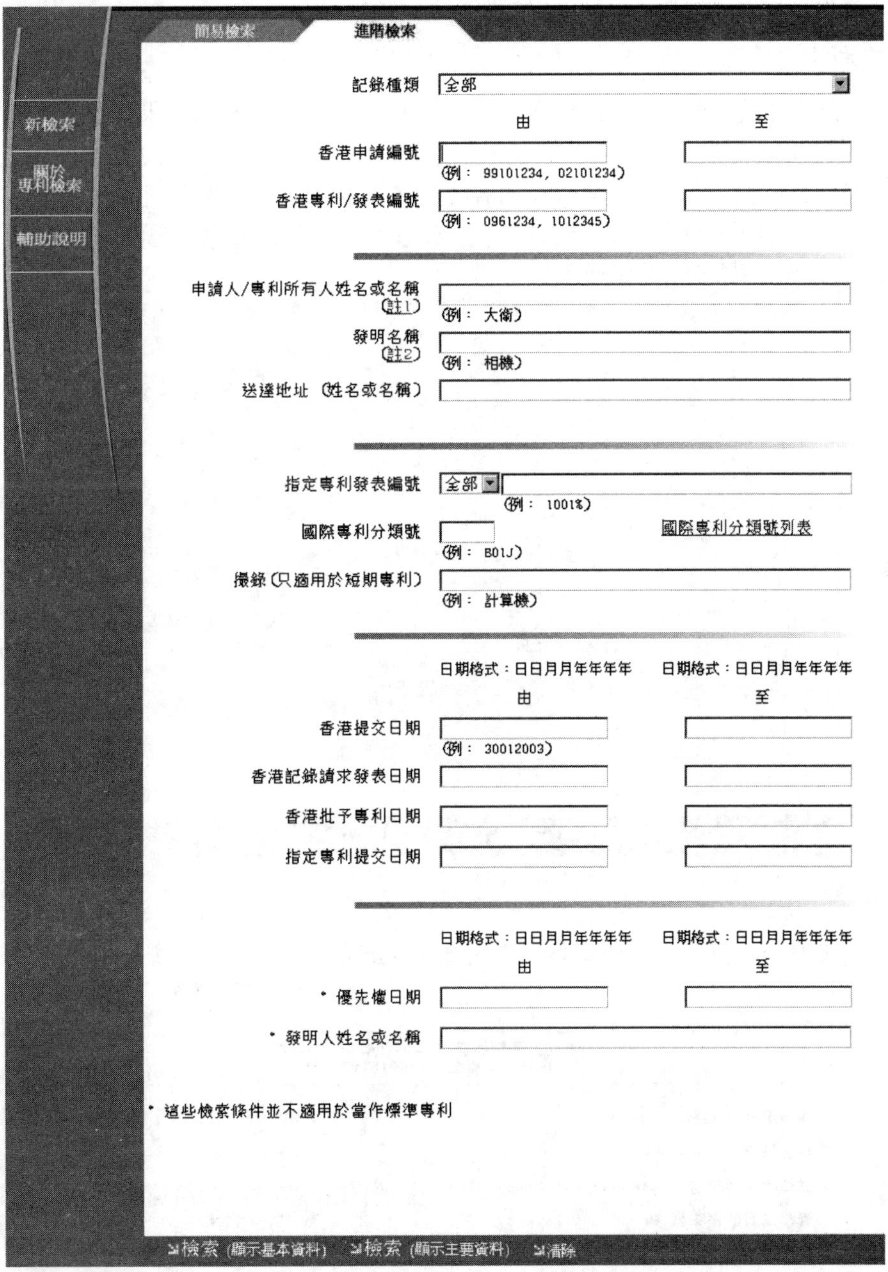

簡易檢索　　進階檢索

記錄種類　全部

由　　　　　　　　　　　至

香港申請編號
（例：99101234, 02101234）

香港專利/發表編號
（例：0961234, 1012345）

申請人/專利所有人姓名或名稱（註1）
（例：大衛）

發明名稱（註2）
（例：相機）

送達地址（姓名或名稱）

指定專利發表編號　全部
（例：1001%）

國際專利分類號　　　　　國際專利分類號列表
（例：B01J）

摘錄（只適用於短期專利）
（例：計算機）

日期格式：日日月月年年年年　日期格式：日日月月年年年年

由　　　　　　　　　　　至

香港提交日期
（例：30012003）

香港記錄請求發表日期

香港批予專利日期

指定專利提交日期

日期格式：日日月月年年年年　日期格式：日日月月年年年年

由　　　　　　　　　　　至

* 優先權日期

* 發明人姓名或名稱

* 這些檢索條件並不適用於當作標準專利

⊠檢索（顯示基本資料）　⊠檢索（顯示主要資料）　⊠清除

新檢索

關於專利檢索

輔助說明

图 5－33

标准专利的记录并没有包含任何中文数据。

（2）注意事项：

进阶检索可以输入下划线符号"＿"配对任何单字及或输入百分比符号"％"配对任何字符串（字组）。不再提供简易检索中的包含输入字、完全符合及部分相符的选项。

在文字数据检索中，输入"％"会取代任何字符。

在文字数据检索中，输入“_”会取代单一字符。

3. 专利全文索取

系统提供两种结果显示界面：检索结果（显示基本数据）、检索结果（显示主要资料）。

（1）检索结果（显示基本数据）（如图5－34）。它包括内容：发表编号（点击可检视专利注册记录册记项）、发明名称（如有提供链接的话，可检视专利说明书）。

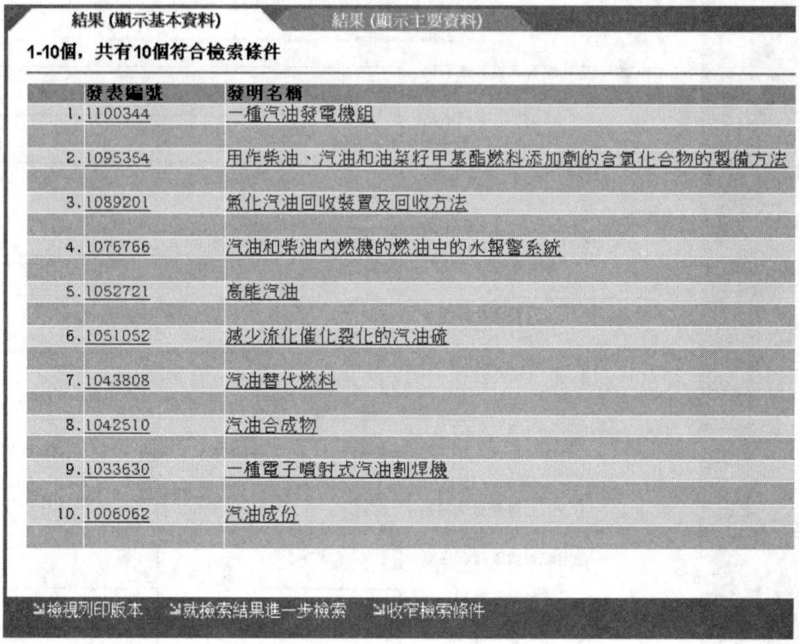
結果 (顯示基本資料)　結果 (顯示主要資料)

1-10個，共有10個符合檢索條件

發表編號	發明名稱
1. 1100344	一種汽油發電機組
2. 1095354	用作柴油、汽油和油菜籽甲基酯燃料添加劑的含氧化合物的製備方法
3. 1089201	氣化汽油回收裝置及回收方法
4. 1076766	汽油和柴油內燃機的燃油中的水報警系統
5. 1052721	高能汽油
6. 1051052	減少流化催化裂化的汽油硫
7. 1043808	汽油替代燃料
8. 1042510	汽油合成物
9. 1033630	一種電子噴射式汽油割焊機
10. 1006062	汽油成份

檢視列印版本　就檢索結果進一步檢索　收窄檢索條件

图5－34

注册记录册记项是以打印版本打印有关专利记录的电子注册记录册（如图5－35）。

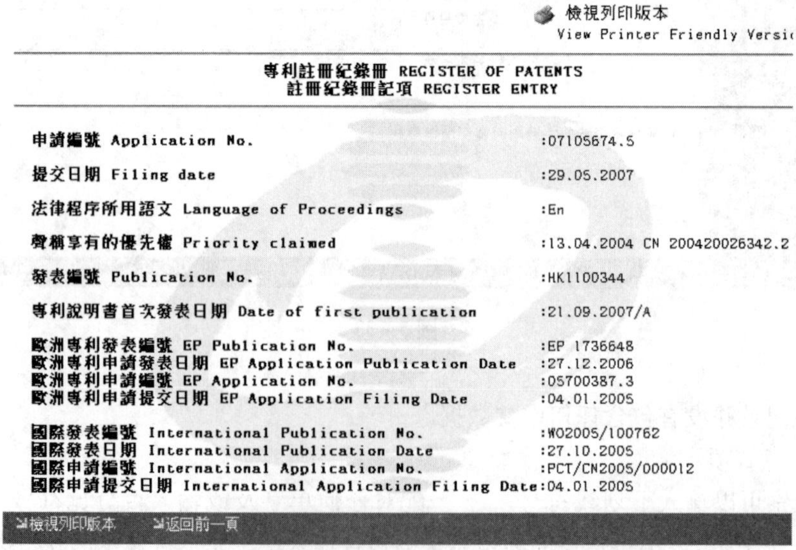
檢視列印版本 View Printer Friendly Versi

專利註冊紀錄冊 REGISTER OF PATENTS
註冊紀錄冊記項 REGISTER ENTRY

申請編號 Application No.	:07105674.5
提交日期 Filing date	:29.05.2007
法律程序所用語文 Language of Proceedings	:En
聲稱享有的優先權 Priority claimed	:13.04.2004 CN 200420026342.2
發表編號 Publication No.	:HK1100344
專利說明書首次發表日期 Date of first publication	:21.09.2007/A
歐洲專利發表編號 EP Publication No.	:EP 1736648
歐洲專利申請發表日期 EP Application Publication Date	:27.12.2006
歐洲專利申請編號 EP Application No.	:05700387.3
歐洲專利申請提交日期 EP Application Filing Date	:04.01.2005
國際發表編號 International Publication No.	:WO2005/100762
國際發表日期 International Publication Date	:27.10.2005
國際申請編號 International Application No.	:PCT/CN2005/000012
國際申請提交日期 International Application Filing Date	:04.01.2005

檢視列印版本　返回前一頁

图5－35

专利说明书只有在 1997 年 6 月 27 日后发表的专利说明书可供网上查阅。浏览说明书一般为 PDF 格式的扫描影像文件，需要使用 Acrobat 软件，其显示如图 5-36 所示。

图 5-36

结果显示页面下有 3 个链接：

检视打印版本，以打印版本打印检索结果。

就检索结果进一步检索，在前次检索出的记录内进行检索。

收窄检索条件，以收窄前次检索所输入的检索条件。

（2）检索结果（显示主要资料）（如图 5-37）。它包括内容：发表编号（点击可检视注册记录册记项）、申请编号、指定专利发表编号、申请人/专利所有人、发明名称、状况、维持到期日/续期到期日、说明书（如有提供链接的话，点击可检视专利说明书）。

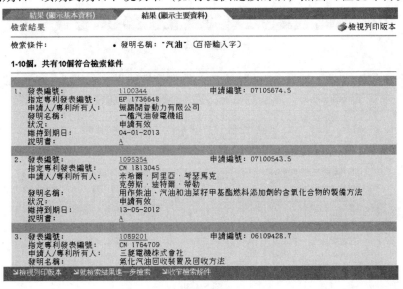

图 5-37

三、检索实例

检索卡西欧计算机株式会社 2007 年在香港申请的全部专利情况。

操作步骤：

1. 分析课题，选择简易检索方法。

2. 选择检索范围，在"記錄種類"下拉框中选择全部。

3. 确定检索字段"申請人/專利所有人姓名或名稱"，检索词输入"卡西歐計算機株式會社"，下拉框选择"完全符合"。

4. 确定检索字段"香港提交日期"，检索词输入"01012007"和"31122007"，步骤 2 - 4 如图 5 - 38 所示。

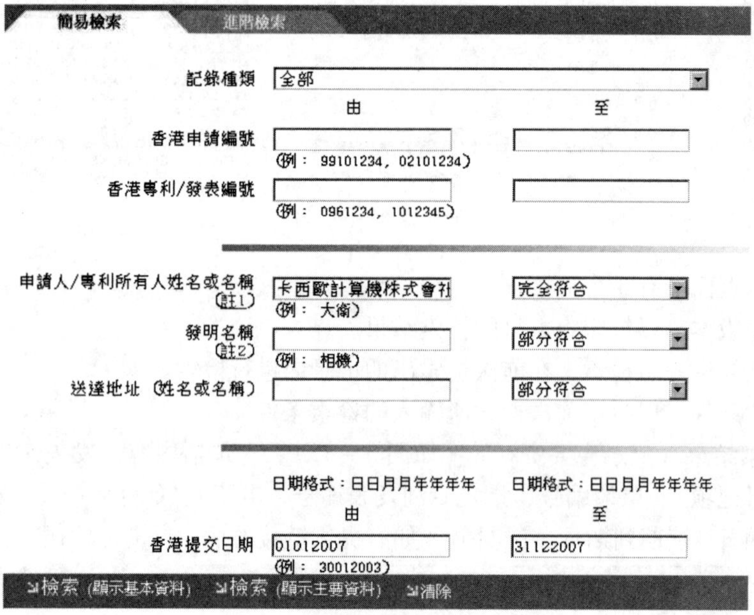

图 5 - 38

5. 点击"检索（显示基本资料）"按钮，得到检索结果（如图 5 - 39），命中 51 条。

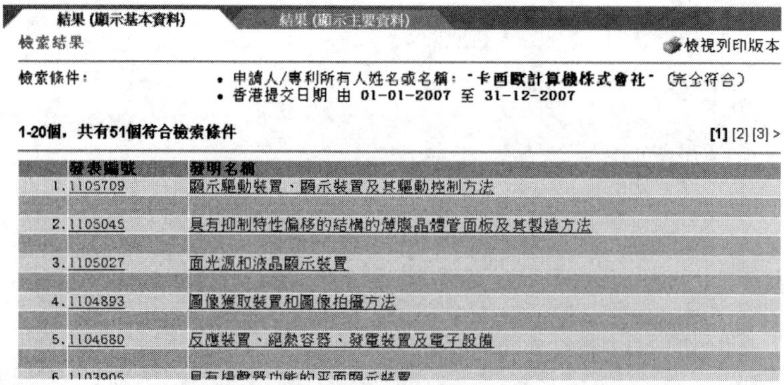

图 5 - 39

第四节　中国台湾专利公报资料库

一、概述

《中国台湾专利公报资料库》（简称 TWP）线上检索服务系统（如图 5 - 40）提供了检索中国台湾专利文献的途径，其网址为 http：//twp. apipa. org. tw/。TWP 由中国台湾经济部"智慧财产局"（简称 IPO）与财团法人亚太智慧财产权发展基金会（简称 APIPA）共同合作建成，其数据由标准局负责提供。TWP 目前只收录中国台湾专利公报本身的内容，不包括专利说明书全文。专利公报包括 1950 年至今的数据，共约 90 多万条。目前是依照智财局的专利公报出版日期为主，为一个月出版三期，约每 10 天一期，数据库以 10 天为一个更新单位。TWP 于 1998 年 7 月 2 日开始上网提供检索服务，设有两种用户账号，一种为试用账号，另一种为付费的正式账号。试用账号与正式账号在使用者接口与数据范围上皆提供相同的服务，差别只在于试用账号每次查询结果最多只显示出前 10 笔符合的资料。

图 5 - 40

二、检索方法

从中国台湾专利公报资料库首页输入账号密码后，进入检索页面（如图 5 - 41）。

系统提供三种检索方法：栏位式查询、一般式查询、指令式查询。

1. 栏位式查询

系统默认检索方法为栏位式查询。该方式可以满足大部分检索的需要，简单、方便、无需记忆及输入复杂的检索指令。可以在不同的"栏位"，即"检索字段"或"检索入口"中输入不同的检索词或检索式，然后指定这些在不同的栏位中输入的检索词（式）

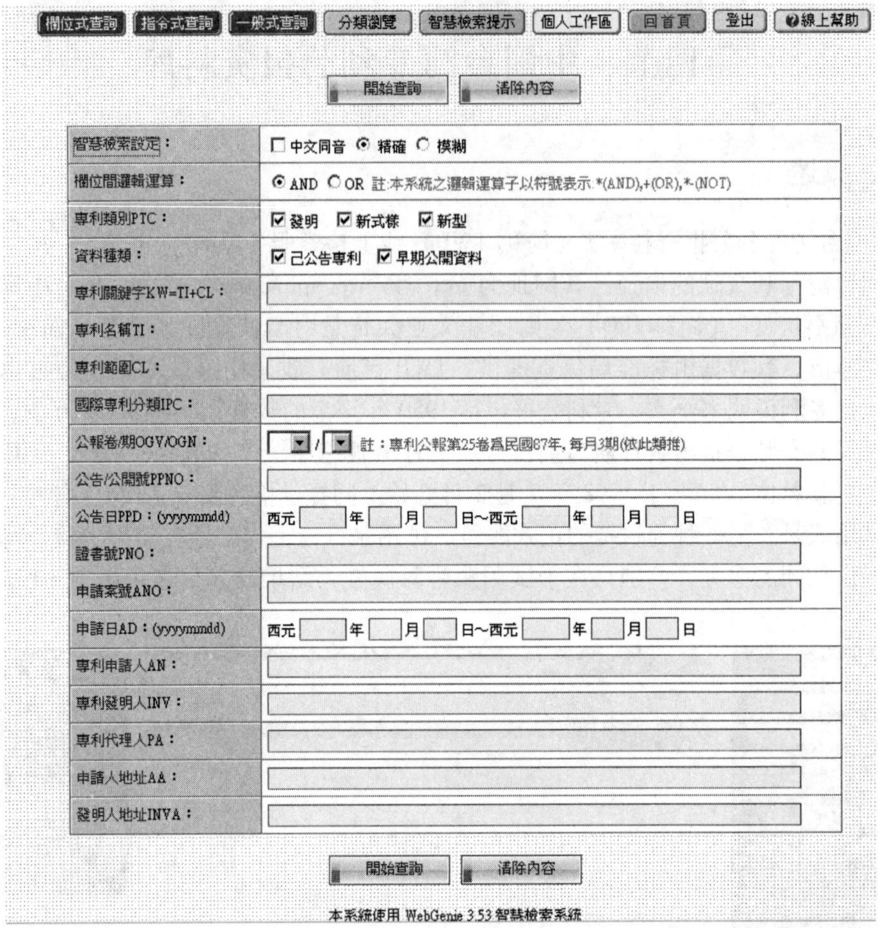

图 5 −41

的逻辑关系为"AND"（逻辑与）或"OR"（逻辑或），但只可指定其中一种，即不同的栏位中输入的检索词或检索式之间只能有一种逻辑关系，不可以使某栏位中的检索词与一些栏位中的检索词是"逻辑与"的关系，而同时又与另一些栏位中的检索词是"逻辑或"的关系。

栏位式查询提供 19 个检索字段，包括：智慧检索设定、栏位间逻辑运算、专利类别、资料种类、专利关键字、专利名称、专利范围、国际专利分类、公报卷/期、公告/公开号、公告日、证书号、申请案号、申请日、专利申请人、专利发明人、专利代理人、申请人地址、发明人地址。点击各检索字段可直接链接到该字段的帮助。

（1）字段说明：

a. 智能检索设定

可选项中文同音，可将使用者输入的查询条件，转换成所有相同发音的字符串一同查询，以达到同音容错的功能，例如：输入"码统"，仍可查到包含"马桶"的专利。

精确：完全精确比对查询字符串。

模糊：模糊比对查询字符串。

84

b. 栏位间逻辑运算

可选择"AND"或"OR"来作为多个字段间的逻辑运算。

c. 专利类别

此字段名称简写为 PTC，可选择要查询的专利种类，预设全选，包括：发明、新式样、新型。

d. 资料种类

可选择要查询的数据类别，预设全选，包括：已公告专利、早期公开资料。

e. 专利关键字

此字段名称简写为 KW = TI + CL，包含专利名称与专利范围两个字段，输入的检索条件只要出现在专利名称或专利范围二个字段其中之一或以上，即被视为符合检索条件的结果。

f. 专利名称

此字段名称简写为 TI，输入检索条件，将会在专利名称字段被搜寻，检索出符合结果。

g. 专利范围

此字段名称简写为 CL，输入检索条件，将会在专利范围字段被搜寻，检索出符合结果。如：查找有关自行车上的挡泥板资料，可在该检索栏输入"自行车 * 挡泥板"。

h. 国际专利分类

此字段名称简写为 IPC，输入检索条件，将会在国际专利分类字段被搜寻，检索出符合结果。非完整五阶 IPC 检索条件，IPC 分类后加"%"，如：A01K%。完整五阶 IPC 检索条件可书写为"前三阶 – 后两阶"，如：A01K – 031/08。

i. 公报卷/期

此字段名称简写为 OGV/OGN，此字段为下拉式选单设计，选择所要查询之公报卷期。

j. 公告/公开号

此字段名称简写为 PPNO，代表专利的公告或公开号。

k. 公告日

此字段名称简写为 PPD，代表每一笔专利的公告日或者是专利之公开日期，格式为年年年年月月日日。区间可输入完整时间或只输入年份或只输入某个时间点之前或之后。

l. 证书号

此字段名称简写为 PNO。

m. 申请案号

此字段名称简写为 ANO。

n. 申请日

此字段名称简写为 AD，代表每一笔专利的申请日期。输入方法同公告日。

o. 专利申请人

此字段名称简写为 AN，代表专利的申请人名称。

p. 专利发明人

此字段名称简写为 INV，代表专利的发明人名称。

q. 专利代理人

此字段名称简写为 PA，代表专利的代理人名称。

r. 申请人地址

此字段名称简写为 AA，专利申请人地址仅记录缩写或公司名称。

s. 发明人地址

此字段名称简写为 INVA，专利发明人地址仅记录缩写或发明人姓名。

（2）逻辑运算符

（ ）表示改变运算的优先顺序，（ ）中的部分先运算。

＊表示逻辑与。

＋表示逻辑或。

＊－表示逻辑非。

－表示数值或日期范围运算。

？表示截词符，代表一个或多个数字或英文字母或汉字。

#表示通配符，代表一位数字或一个英文字母。

（3）操作步骤

a. 分析课题，确定检索词和逻辑关系。

b. 选择智慧检索设定、专利类别和资料种类。

c. 按照格式输入选定的关键词。

d. 点击"开始查询"按钮，得到检索结果。

2. 一般式查询

在栏位式查询页面中，点击"一般式查询"按钮，进入一般式查询页面（如图5-42）。

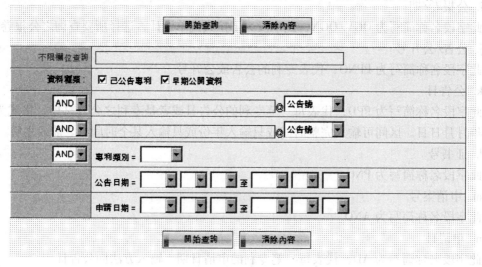

图 5-42

一般式查询提供不限字段查询的字段，可以对一个由检索词和算符组成的检索表达式指定在多个不同字段中检索，使用者可以自由输入，不管是公告公开号、专利关键词、申

86

请人、发明人皆可查询到符合的数据，即对同一个包括多种逻辑关系的复合检索式在多个不同的字段中执行检索。该方式有 14 个字段可供查询，包括：公告号、专利名称、申请案号、证书号、国际分类号、物品类别、公报卷、公报期、发明人、申请人、专利代理人、摘要、专利范围、杂项数据。可选择专利类型包括：发明、新型、新式样。最后可使用公告或申请日期进行数据过滤。

该方法适用于在多个字段中具有相同的检索表达式的检索。检索式由检索词及连接检索词的运算符组成。检索词的格式及算符的介绍见"栏位式查询"部分。

3. 指令式查询

在栏位式查询页面中，点击"指令式查询"按钮，进入指令式查询页面（如图5-43）。

	開始查詢　　　清除內容
查詢指令：	
資料種類：	☑ 已公告專利　☑ 早期公開資料
範例：	(KW=電池*鋰) *- (IPC=H01M?)
運算子：	*　(AND、交集) +　(OR、聯集) * -　(NOT、差集)

欄位代號		
	欄位代號	**範例說明**
	專利類別PTC 發明(1)　新式樣(2)　新型(3)	PTC=1
	專利關鍵字KW	KW=滑鼠
	專利名稱TI	TI=電腦
	專利範圍CL	CL=鍵盤
	國際專利分類IPC	IPC=A01K?
	公報卷/期OGV/OGN	(OGV=32 * OGN=14)
	公告/公開號PPNO	(PPNO=1414) + (PPNO=200531625)
	證書號PNO	PNO=124722
	申請案號ANO	ANO=89101540
	專利申請人AN	AN=南亞光電
	專利發明人INV	INV=鄭維昇
	專利代理人PA	PA=林火泉
	申請人地址AA	AA=日本
	發明人地址INVA	INVA=美國
	公告日PPD	PPD>=20051010
	申請日AD	AD<=20030930

图 5-43

指令式查询可以进行具有非常复杂的逻辑关系和检索要求的检索。使用该方式，可以在不同的字段中检索不同的单个检索词或具有复合逻辑关系的检索式，同时还可以规定这些不同字段中的检索词（式）的逻辑关系，即相同或不同字段中的检索词之间可被同时指定不同的逻辑关系。该方式是三种检索方法中最灵活、功能最强大的，适用于具有最为复杂的检索要求的检索。页面中代码和范例说明。

4. 专利全文索取

检索结果页面如图 5-44 所示。

图 5-44

结果页面包括：下载所有的书目资料、下载勾选的书目资料、本页全选、储存为专案、显示智慧探勘情报以及命中总数。每页显示数量可以选项 20 页、50 页或 100 页。每项命中结果明细包括：序号、公告/公开号、专利名称、申请日期、摘要。

（1）显示智慧探勘情报

点击"显示智慧探勘情报"按钮，会在屏幕左侧显示三个部分（如图 5-45）：技术主题关联图、动态分类主题提示、时间序列分析。

技术主题关联图：系统可自动产生与查询主题相关的联想词供使用者进阶浏览与查询，不需人工建置及维护词库。可依查询字符串提示使用者"字符串不必相近、但主题相近"的词汇，例如：查询汽油，系统自动提示方法、装置、燃料等，使用者可点选"汽油"与"装置"一起再查询，以得知汽油与装置的关联性。

动态分类主题提示：系统可自动产生动态分类目录以供使用者进阶浏览与查询，不需人工建置及维护词库，可依查询字符串提示使用者关于查询字符串的特定词汇或较细的分类，例如：查询汽油，则可自动提示汽油添加剂、汽油泵等来快速缩小查询范围。

时间序列分析：以申请日作为时间纵轴，自动化统计搜寻结果，分析专利技术频率与趋势，协助使用者掌握知识资源概观。可选择年、月或日。

（2）专利细览

点击检索结果页面中命中记录的专利名称链接，进入到专利细览页面（如图 5-46）。

专利细览页面包括：公告/公开号、专利类型、公告/公开日期、公报卷期、申请日期、申请案号、国际分类号、发明人/地址/国家、申请人/地址/国家/专利范围/专利影像。专利影像为 PDF 文件，须要 Adobe reader 浏览器阅读，可以点击浏览或另存下载。

图 5 – 45

三、检索实例

查找联想 2007 年在台湾申请的已公告的发明专利情况。

1. 分析课题，选择一般式查询方法。

2. 选择检索范围，选中"已公告专利"和"早期公开资料"。

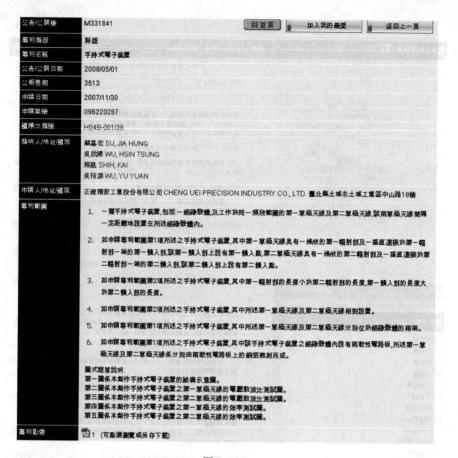

図 5－46

3. 在下拉框中确定检索字段"申请人"，检索词输入"聯想"。

4. 在下拉框中选择逻辑关系"AND"。

5. 选择专利类别为"发明"。

6. 在申请日期框中分别输入"2007"、"1"、"1"、"2007"、"12"、"31"，步骤 2－6
如图 5－47 所示。

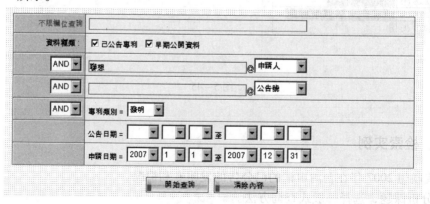

图 5－47

7. 点击"开始查询"按钮，得到检索结果（如图 5 – 48），命中 8 条。

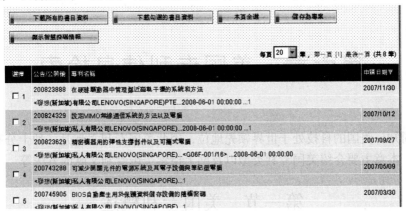

图 5 – 48

第六章 美国专利信息检索

众所周知，美国的科技处于世界领先地位，因此美国专利文献是一种十分有价值的技术信息源，本章主要介绍美国专利类型以及网上检索美国专利文献的方法等。

第一节 美国专利概述

美国于 1790 年颁布本国的第一部专利法（Patent Act）。现行的专利法是 1952 年颁布的，此后，国会几乎每年都对专利法进行一些小的修改。1981 年 1 月 27 日对专利法进行了一次较大的补充修订，设立了专利权保护期延长法，规定对药品和有关产品的专利保护期可适当延长，1994 年又设立了《乌拉圭回合协议法》，将专利保护期限由"自授权之日起 17 年"改为"自申请日起 20 年"，1999 年设立了《美国发明人保护法》（AIPA），不仅将"完全审查制"改为"早期公开、延迟审查制"，还增加了降低专利申请费和维持费、保证发明人专利保护期等内容。总之，美国为了强化专利制度所提供的知识产权保护，进行了一系列制度创新。这些变革使美国的专利制度不断发展完善，并保持极高的灵活性和有效性，为美国技术创新活动产生了巨大的促进作用，创造了美国在国际市场中新的竞争优势。

与大多数国家相比，美国专利制度有其独特之处：

（1）实行先发明制。专利权授予最先做出发明创造的人而不是最先向美国专利商标局提出申请的人。但要注意，这种"发明在先"原则只适用于在美国做出的发明，对于在外国做出的发明向美国专利局提出专利申请的，则实行"申请在先"原则。1994 年美国专利法进行了修改，承认来自美国之外的发明证据。

（2）申请人必须是发明者本人，而不是其所在地单位或受让人。

（3）全审查制及临时申请。美国的正式专利申请，无论是实用专利还是植物专利都要受到实质审查。USPTO 于上世纪末推出一种临时申请。对这种临时申请不进行审查，但在一年内必须转成正式申请，或者以此临时申请为优先权提出新的正式申请。

（4）采用美国本国专利分类法与 CPC 分类。自 2013 年起，美国启用 CPC（Cooperative Patent Classification）联合专利分类体系，原 USPC 美国专利分类沿用至 2015 年。

（5）无强制许可的规定。

（6）任何国家的发明人都可在美国申请专利，无对等条件的限制。

（7）对不能申请专利的技术内容限制极少。除了用于武器的原子核裂变物质的发明不能获得专利之外，其余的发明均可获得专利。美国专利法第 101 条规定：任何人发明或发现任何新的且有用的方法、机器、产品、或物质的组分、或对它们的任何有用的改进，都可以因此而获得专利权，只要其符合授权的条件和要求。包括中国国家知识产权局在内的绝大多数专利局都不保护软件、商业方法和互联网方法，唯独美国专利保护类型中包括这些方法。美国的专利法也保护动植物新品种。

第二节　美国专利类型

美国是世界上拥有专利最多的国家，其专利形式多种多样。目前主要的专利类型主要包括：发明专利、外观设计专利、植物专利三大类。

一、发明专利（Patent Granted）

据报道，美国发明专利占美国专利总量的95%以上，显然发明专利为美国专利的主体部分。在专利数据库中，又将该专利称之为实用专利（Utility）。需要注意的是，此处的实用专利并不是指实用新型专利，美国专利不单独保护实用新型专利。

下面是从美国专利商标局网站下载的一份美国专利说明书（专利号为8671668），须注意美国专利号即为专利说明书号码。如图6－1所示，该全文文本除了著录项、权利要

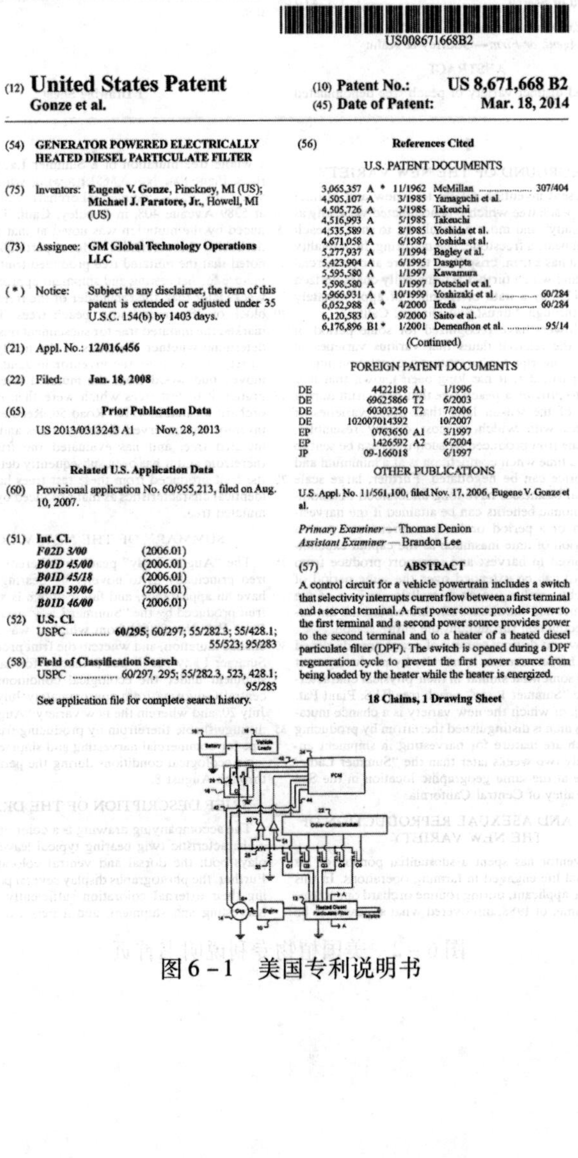

US008671668B2

(12) **United States Patent**
Gonze et al.

(10) **Patent No.:** **US 8,671,668 B2**
(45) **Date of Patent:** **Mar. 18, 2014**

(54) **GENERATOR POWERED ELECTRICALLY HEATED DIESEL PARTICULATE FILTER**

(75) Inventors: **Eugene V. Gonze**, Pinckney, MI (US); **Michael J. Paratore, Jr.**, Howell, MI (US)

(73) Assignee: **GM Global Technology Operations LLC**

(*) Notice: Subject to any disclaimer, the term of this patent is extended or adjusted under 35 U.S.C. 154(b) by 1403 days.

(21) Appl. No.: **12/016,456**

(22) Filed: **Jan. 18, 2008**

(65) **Prior Publication Data**

US 2013/0313243 A1　Nov. 28, 2013

Related U.S. Application Data

(60) Provisional application No. 60/955,213, filed on Aug. 10, 2007.

(51) **Int. Cl.**

F02D 3/00	(2006.01)
B01D 45/00	(2006.01)
B01D 45/18	(2006.01)
B01D 39/06	(2006.01)
B01D 46/00	(2006.01)

(52) **U.S. Cl.**
USPC **60/295**; 60/297; 55/282.3; 55/428.1; 55/523; 95/283

(58) **Field of Classification Search**
USPC 60/297, 295; 55/282.3, 523, 428.1; 95/283
See application file for complete search history.

(56) **References Cited**

U.S. PATENT DOCUMENTS

3,065,357	A	*	11/1962	McMillan	307/404
4,505,107	A		3/1985	Yamaguchi et al.	
4,505,726	A		3/1985	Takeuchi	
4,516,993	A		5/1985	Takeuchi	
4,535,589	A		8/1985	Yoshida et al.	
4,671,058	A		6/1987	Yoshida et al.	
5,277,937	A		1/1994	Bagley et al.	
5,423,904	A		6/1995	Dasgupta	
5,595,580	A		1/1997	Kawamura	
5,598,580	A		1/1997	Detschel et al.	
5,966,931	A	*	10/1999	Yoshizaki et al.	60/284
6,052,988	A	*	4/2000	Ikeda	60/284
6,120,583	A		9/2000	Saito et al.	
6,176,896	B1	*	1/2001	Dementhon et al.	95/14

(Continued)

FOREIGN PATENT DOCUMENTS

DE	4422198	A1	1/1996
DE	69625866	T2	6/2003
DE	60303250	T2	7/2006
DE	102007014392		10/2007
EP	0763650	A1	3/1997
EP	1426592	A2	6/2004
JP	09-166018		6/1997

OTHER PUBLICATIONS

U.S. Appl. No. 11/561,100, filed Nov. 17, 2006, Eugene V. Gonze et al.

Primary Examiner — Thomas Denion
Assistant Examiner — Brandon Lee

(57) **ABSTRACT**

A control circuit for a vehicle powertrain includes a switch that selectivity interrupts current flow between a first terminal and a second terminal. A first power source provides power to the first terminal and a second power source provides power to the second terminal and to a heater of a heated diesel particulate filter (DPF). The switch is opened during a DPF regeneration cycle to prevent the first power source from being loaded by the heater while the heater is energized.

18 Claims, 1 Drawing Sheet

图6－1　美国专利说明书

求书、说明书、摘要外，还提供了相关专利的详细信息，包括美国相关专利、其他国家相关专利，并且给出了其专利号、授权年、发明人、相关分类号等，如图6-1。

二、植物专利（Plant Patent）

美国植物专利的保护对象为用无性繁殖方法培育出来的植物新品种，（例如农作物、果树、花卉等植物品种），该专利保护期为17年。注意该类专利单独编号，其组成为PP+流水号，例如PP8956。其专利文献如图6-2与图6-3所示。

United States Patent [19]

Peters

US00PP08956P

[11] Patent Number: **Plant 8,956**

[45] Date of Patent: **Oct. 25, 1994**

[54] **PEACH TREE "AUGUST LADY"**

[76] Inventor: **Ron D. Peters**, 41018 Road 56, Reedley, Calif. 93654

[21] Appl. No.: **103,191**

[22] Filed: **Aug. 6, 1993**

[51] Int. Cl.⁵ A01H 5/00

[52] U.S. Cl. Plt./43.2

[58] Field of Search .... Plt. 43.2

Primary Examiner—Patricia R. Moody
Attorney, Agent, or Firm—Godfrey & Kahn

[57] **ABSTRACT**

A new and distinct variety of peach tree denominated varietally as "August Lady" and which is somewhat similar to the Summer Lady peach tree [U.S. Plant Pat. No. 5,865] with which it is most closely related, but which is distinguished therefrom and characterized as to novelty by producing fruit which are mature for commercial harvesting and shipment approximately August 2 through August 9 in central California, these dates being approximately 12 days later than that of Summer Lady peach tree at the same geographic location.

1 Drawing Sheet

1

BACKGROUND OF THE NEW VARIETY

The present invention relates to a new and distinct variety of peach tree which is denominated varietally as "August Lady" and more particularly, to such a peach tree which bears a freestone, late maturing, high quality fruit which has a firm, crisp flesh texture at commercial maturity, and which further is principally characterized as to novelty by a date of ripening of approximately August 2 through August 8 at Dinuba, Calif.

Fruit growers have recognized for some period of time that the relative dates that various varieties of peaches become ripe for harvesting is of extreme importance. In particular, it has long been known that it is desirable to provide a peach tree that bears fruit during a portion of the season later than other varieties of peach trees with which it most closely resembles, whereby the fruit produced by such trees can be sent to market at a time when competition is at a minimum and the best price can be negotiated. Further, large scale agricultural businesses have long understood that additional economic benefits can be attained if the harvesting period of a period orchard is spread out over a longer period of time inasmuch as the capital expenditures required to harvest and transport produce from the orchard can be extended over the same period of time thereby resulting in an overall lower cost of the final product and simultaneously increasing the uniformity of production throughout the entire season.

The new and distinct variety of peach tree disclosed herein is characterized as to novelty by producing fruit which are somewhat similar in their physical characteristic to the "Summer Lady" peach tree [U.S. Plant Pat. No. 5,865], of which the new variety is a chance mutation, but which is distinguished therefrom by producing fruit which are mature for harvesting in shipment approximately two weeks later than the "Summer Lady" peach tree at the same geographic location in the San Joaquin Valley of Central California.

ORIGIN AND ASEXUAL REPRODUCTION OF THE NEW VARIETY

The inventor has spent a substantial portion of his professional life engaged in farming operations. In this regard, the applicant, during routine orchard operations in the summer of 1988, discovered what appeared to be

2

a whole tree mutation of a Summer Lady peach tree [U.S. Plant Pat. No. 5,865] growing within the cultivated area of his commercial orchard which is located at 5389 Avenue 408, in Reedley, Calif. The fruit produced by the mutation was noted at that time to have desirable characteristics. More particularly, it was noted that the mutated tree produced fruit which were mature for harvesting and shipment approximately two weeks later than the remainder of the trees in the same block of "Summer Lady" peach trees. The inventor marked the mutated tree for subsequent observation. To determine whether the traits of the newly discovered variety werew true, the inventor in January, 1991 removed bud wood from the mutated trees and had it grafted it to test trees which were then planted in an orchard located at 41166 Road 56, Reedley, Calif. The inventor has observed these test trees and the original mutated tree, and has evaluated the fruit produced therefrom and it has been subsequently determined that the fruit produced from these test trees have the same identical characteristics as that produced by the original mutated tree.

SUMMARY OF THE NEW VARIETY

The "August Lady" peach tree hereof is characterized principally as to novelty by bearing fruit which have an appearance, and favor which is similar to the fruit produced by the "Summer Lady" peach tree [U.S. Plant Pat. No. 5,865] from which it was derived as a chance mutation, and wherein the fruit produced by the Summer Lady peach tree is mature for harvesting and shipment under the ecological conditions existing in central California from approximately July 14 through July 20, and wherein the new variety "August Lady" is distinguishable therefrom by producing fruit which are ripe for commercial harvesting and shipment under the same ecological conditions during the period August 2 through August 8.

BRIEF DESCRIPTION OF THE DRAWINGS

The accompanying drawing is a color photograph of a characteristic twig bearing typical leaves which displays both the dorsal and ventral coloration thereof. Further, the photographs display several peaches showing their external coloration sufficiently matured for harvesting and shipment; and a peach divided in the

图6-2 美国植物专利说明书首页

图6-3　美国植物专利说明书附图

三、外观设计专利（Design Patent）

美国外观设计专利与中国外观设计专利的性质相同，任何人对物品新颖的、独特的装饰性外观设计的发明，可以申请取得外观设计专利权。但是保护期限可以由申请人任意选择，分别为3、5年、7年和14年三种，但专利费用各不相同。该类专利号的组成为 D +流水号，例如 D412568。如图6-4所示。

United States Patent [19]

Ward et al.

[11] Patent Number: **Des. 412,568**

[45] Date of Patent: ** Aug. 3, 1999

[54] **COVER FOR A HOUSING FOR AN AIR CLEANER**

[75] Inventors: **Dennis E. Ward**, Richfield; **Kevin J. Schrage**, Spring Valley, both of Minn.; **Paul R. Coulonvaux**, Brussels; **Johan G. Dewit**, Hamme-Mille, both of Belgium; **Jeffrey J. Ivarson**, San Rafael, Calif.

[73] Assignee: **Donaldson Company, Inc.**, Minneapolis, Minn.

[**] Term: **14 Years**

[21] Appl. No.: **29/076,662**

[22] Filed: **Sep. 12, 1997**

[51] LOC (6) Cl. **23-04**
[52] U.S. Cl. **D23/364**
[58] Field of Search D23/364; 55/510, 55/320, 337, 498, 521, 459.1, 359; 96/97; 210/304

[56] **References Cited**

U.S. PATENT DOCUMENTS

4,491,460	1/1985	Tokar .
5,545,241	8/1996	Vanderauwera et al. .
5,547,480	8/1996	Coulonvaux .
5,755,842	5/1998	Patel et al. .

FOREIGN PATENT DOCUMENTS

93/9129   8/1994   South Africa .

OTHER PUBLICATIONS

Declaration of Stan Koehler with Exhibits A–E.

Primary Examiner—Lisa Lichtenstein
Attorney, Agent, or Firm—Merchant, Gould, Smith, Edell, Welter & Schmidt, P.A.

[57] **CLAIM**

The ornamental design for a cover for a housing for an air cleaner, as shown and described.

DESCRIPTION

FIG. 1 is a front side elevational view of a cover for a housing for an air cleaner, according to the present invention;

FIG. 2 is a back side elevational view of the cover of FIG. 1;

FIG. 3 is a bottom plan view of the cover of FIG. 1;

FIG. 4 is a top plan view of the cover of FIG. 1; and

FIG. 5 is a right side elevational view of the cover of FIG. 1; The left side elevational view of the cover of FIG. 1 not depicted, as it is plain and unornamented;

FIG. 6 is a right side elevational view of a second embodiment of a cover for a housing for an air cleaner, according to the present invention; the back side elevational view of the cover of FIG. 6 being identical in appearance to FIG. 2; the bottom plan view of the cover of FIG. 6 being identical in appearance to FIG. 3; the top plan view of the cover of FIG. 6 being identical in appearance to FIG. 4; the front side elevational view of the cover of FIG. 6 being identical in appearance to FIG. 1; and the left side elevational view of the cover of FIG. 6 not being depicted, as it is plain and unornamented;

FIG. 7 is a right side view of a third embodiment of a cover for a housing for an air cleaner, according to the present invention; the bottom plan view of the cover of FIG. 7 being substantially identical in appearance to FIG. 3; the left side elevational view of the cover of FIG. 7 not being depicted, as it is plain and unornamented;

FIG. 8 is a top plan view of the cover of FIG. 7; and

FIG. 9 is a front side elevational view of the cover of FIG. 7; the back side elevational view being a mirror image thereof;

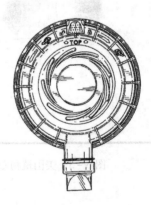

图 6-4　美国外观设计专利说明书

第三节　美国专利的检索方法与实例

美国专利商标局网站是美国专利商标局建立的政府性官方网站，该网站向公众提供全方位的专利信息服务。美国专利商标局已将 1790 年以来的美国各种专利的数据在其政府网站上免费提供给世界上的公众查询。网站的数据内容每周更新一次。其专利检索主界面

如图　　所示，包括授权专利检索、申请专利检索、专利分类号查询等功能。进入方式有两种：

（1）美国专利商标局政府网站的网址为 www. uspto. gov。进行专利检索时，点击左上角的"Patents"，并点击"Patents"下拉菜单中的选项"Patent Search"，即可进入专利检索主界面。

（2）直接输入 http：//patft. uspto. gov/即可。专利检索主界面包括美国授权专利检索、美国申请公布专利检索、美国专利权转移查询、美国专利法律状态查询、美国专利分类查询、基因序列表查询、专利代理机构查询等，如图 6 - 5 所示。下面逐一介绍该网站针对不同信息用户设置的检索数据库及检索方式。

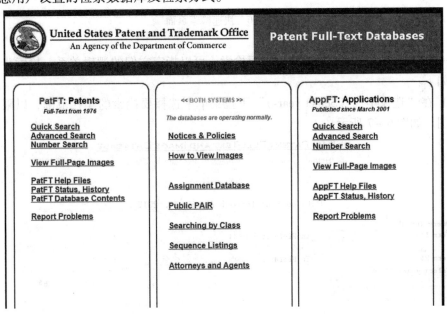

图 6 - 5　美国专利商标局专利检索页面

一、美国授权专利检索

美国专利授权数据库包含的专利文献种类有：发明专利、设计专利、植物专利、再公告专利、防卫性公告和依法注册的发明。其中，1790 年至 1975 年的数据只有图像型全文，可检索的字段只有专利号、美国专利分类号和授权日期 3 个；1976 年 1 月 1 日以后的数据除了图像型全文外，还包括可检索授权专利的文摘、申请日、申请号、申请类型、受让人所在城市、受让人所在国家、受让人姓名、受让人所在州、助理审查员、代理律师或代理机构、权利要求项、说明书全文、外国优先权、外国专利参考文献、国际专利分类号、发明人所在城市、发明人所在国家、发明人姓名、发明人所在州、公告日期、其他参考文献、专利讼案信息、专利号、PCT 信息、主要审查员、再公告数据、相关专利数据、专利名称、美国专利分类号、美国专利参考文献等，可通过最多 31 个字段进行检索。在该检索页面上列出 3 个主要检索途径，它们是：

1. 快速检索（Quick Search） 页面如图6-6所示。

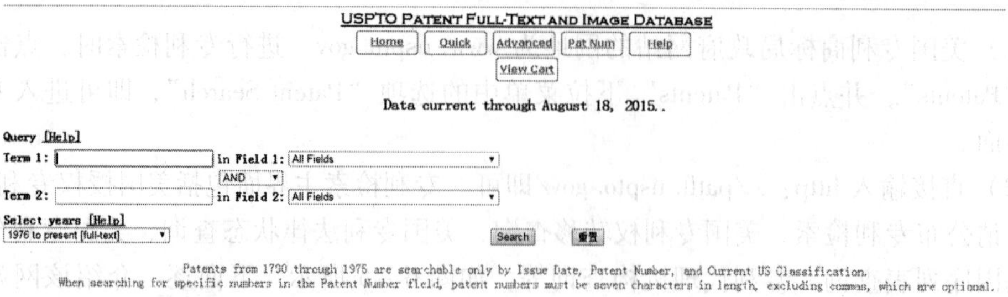

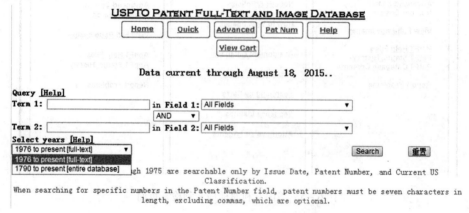

图6-6　快速检索页面

这一检索途径，通过2个检索词进行检索，可以指定它们的逻辑关系。检索步骤及注意事项如下：

（1）在"选择年代（Select years）"下拉菜单中选择要检索的年代范围，以限定检索时间范围，如图6-7所示。

图6-7　快速检索选择年代页面

（2）在"字段1（Term 1）"及"字段2（Term 2）"文本输入框中各输入一个检索词，检索词的字母大小写均可，选择字段检索范围，如图6-8所示。有一些词被列为"停用词（Stop words）"，是一些在专利文本中出现频次很高，不具有检索意义的词。这些词未被标引为检索词，因此也就不可作为检索词输入。在输入框中也可以输入一个词组，但须将词组用""引起，系统将其视为一个单独的检索词进行处理。例如：输入"Vacuum Cleaner"，将检索有关"吸尘器"方面的专利。此处还可以使用"右方截词"检索，在输入的检索词右面（紧跟在检索词后）加一个通配符"＄"用于实现对具有相同开始字符串而词尾不同的词的检索，但应注意，这可能使检索结果命中条数过多。在已指定某"检索字段"情况下，输入的检索词字符串中的字符不得少于3个；未指定"检索字段"时，字符串中的字符不得少于4个。此外，用以""引起的词组作为检索词时，不可使用"右方截词"检索。

98

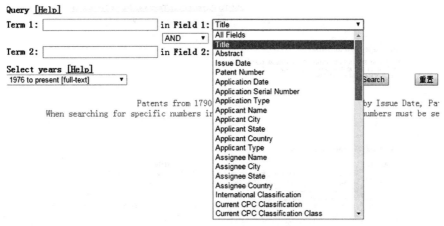

图 6 - 8　字段及字段检索范围演示页面

（3）检索结果输出。美国授权专利检索设置了 3 种检索结果显示：检索结果列表（包括专利号及专利名称）、文本型专利全文显示（包括题录数据、文摘、权利要求及说明书）、图像型专利说明书全文显示。在检索结果列表显示界面，检索结果中的每条记录排序是按照专利文献公布日期由后到前的顺序排列，即最新公布的专利文献排在前面。显示页面一次只能显示 50 条记录。点击所需的一个专利号或发明名称，系统就会进入文本型专利全文显示页面。点击页面上方的红色按钮 Images，即可显示该文件的图像格式文本，值得注意的是有些的 Web 浏览器并不能直接浏览该图像。USPTO 的专利文献扫描格式是PDF，需要安装相关插件并启用后才可在线查看。

（4）实例：利用快速检索，检索 1976 年至今的摘要中含有柴油机和发电机（diesel and generator）关键词的美国授权专利，具体步骤如下：

a. 在快速检索界面下，选择"年代（Select years）"，下拉菜单选择要检索的年代范围，即 1976 年至今。

b. 在"字段 1（Term 1）"及"字段 2（Term 2）"文本输入框中各输入"diesel"和"generator"，并选择各词条的检索范围为"Abstract"，如图 6 - 9 所示。

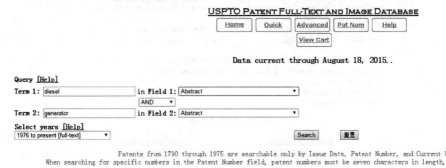

图 6 - 9　输入关键词演示页面

c. 即可检索得到 1976 年至今的摘要中含有柴油机和发电机（diesel and generator）关键词的美国授权专利检索结果列表（包括专利号及专利名称），如图 6 - 10 所示。

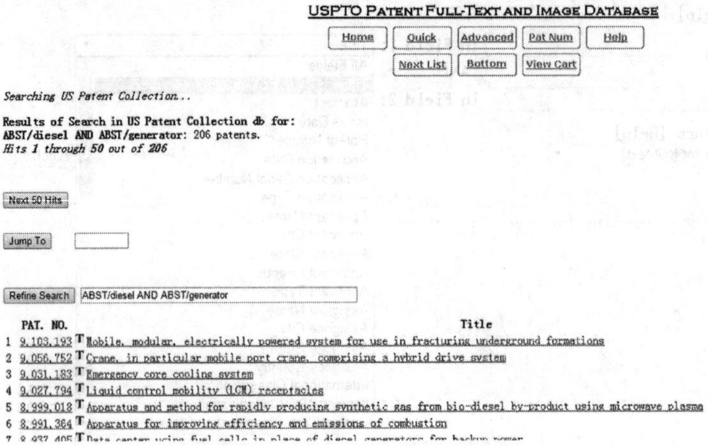

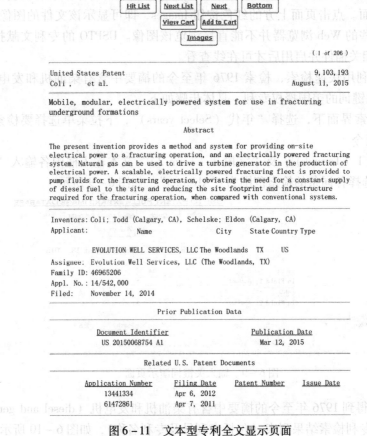

图 6-10 专利检索结果列表页面

d. 在专利检索结果列表中点击所需一个专利号或发明名称，例如点击美国授权专利号为 9103193 的专利，即可得到该专利的文本型专利全文显示（包括题录数据、文摘、权利要求及说明书），如图 6-11 所示。

图 6-11 文本型专利全文显示页面

e. 在文本型专利全文显示页面上，点击页面上方的红色按钮 Images，即可显示该专利的图像格式文本，如图 6 – 12 所示。

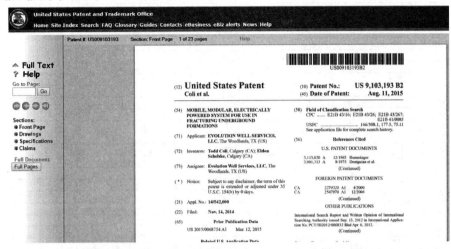

图 6 – 12　专利图像格式文本页面

f. 通过 PDF 浏览器既可打印或保存该美国授权专利。

2. 高级检索

该检索途径可以使用户通过命令方式输入检索式向系统提出检索提问，检索数据库。该方式为复杂检索提供最大的灵活性。

在图 6 – 13 和图 6 – 14 中可见，页面上部为检索式输入框，下部为"字段代码"、"字段名称"的列表，每个"字段名称"上均有链接，点击它们可以调出某字段的检索使用方法等帮助信息。检索字段及检索词的详细输入格式见表 6 – 1。

图 6 – 13　高级检索页面

Field Code	Field Name	Field Code	Field Name
PN	Patent Number	IN	Inventor Name
ISD	Issue Date	IC	Inventor City
TTL	Title	IS	Inventor State
ABST	Abstract	ICN	Inventor Country
ACLM	Claim(s)	AANM	Applicant Name
SPEC	Description/Specification	AACI	Applicant City
CCL	Current US Classification	AAST	Applicant State
CPC	Current CPC Classification	AACO	Applicant Country
CPCL	Current CPC Classification Class	AAAT	Applicant Type
ICL	International Classification	LREP	Attorney or Agent
APN	Application Serial Number	AN	Assignee Name
APD	Application Date	AC	Assignee City
APT	Application Type	AS	Assignee State
GOVT	Government Interest	ACN	Assignee Country
FMID	Patent Family ID	EXP	Primary Examiner
PARN	Parent Case Information	EXA	Assistant Examiner
RLAP	Related US App. Data	REF	Referenced By
RLFD	Related Application Filing Date	FREF	Foreign References
PRIR	Foreign Priority	OREF	Other References
PRAD	Priority Filing Date	COFC	Certificate of Correction
PCT	PCT Information	REEX	Re-Examination Certificate
PTAD	PCT Filing Date	PTAB	PTAB Trial Certificate
PT3D	PCT 371c124 Date	SEC	Supplemental Exam Certificate
PPPD	Prior Published Document Date	ILRN	International Registration Number
REIS	Reissue Data	ILRD	International Registration Date
RPAF	Reissued Patent Application Filing Date	ILPD	International Registration Publication Date
AFFF	130(b) Affirmation Flag	ILFD	Hague International Filing Date
AFFT	130(b) Affirmation Statement		

图 6-14　高级检索中"字段代码"、"字段名称"的列表页面

表 6-1　检索字段及检索词的输入格式

字段中文名	字段英文名	字段代码	使用举例
摘要	Abstract	ABST	fuel；"fuel injection"
申请日期	Application Date	APD	19960103；1-3-1996；Jan-3-1996；January-3-1996；/1/1/1995->2/14/1995.
申请号	Application Serial Number	APN	000458
申请类型	Application Type	APT	专利类型用数字表示，其中 1 = Utility；2 = Reissue；4 = Design； 5 = Defensive Publication；6 = Plant； 7 = Statutory Invention Registration
专利权人所在城市	Assignee City	AC	Los Angeles（快速检索）； "Los Angeles"（高级检索）
专利权人所在国	Assignee Country	ACN	国家名用代码表示。例如 AU 代表 Australia，详见 Help 中的国家代码表
专利权人姓名	Assignee Name	AN	个人： 查 John E. Doe 的专利，检索式为：Doe-John-E；名字不清楚时可用右截断符"$"，如 Doe-$；Doe-John$；Doe-J$ 单位："International Business Machines"
专利权人所在州	Assignee State	AS	州名用代码表示，例如 AK 代表 Alaska，详见 Help 中的州代码表

字段中文名	字段英文名	字段代码	使用举例
助理审查员	Assistant Examiner	EXA	与专利权人为个人时的输入格式相同
律师或代理人	Attorney or Agent	LREP	律师或代理人为 John E. Doe，检索式为："Doe John E"
权利要求	Claim（s）	ACLM	同"Abstract"
说明书	Description/Specification	SPEC	同"Abstract"
外国优先权	Foreign Priority	PRIR	可以是优先号、日期、国家，例如：5－039032
外国参考文献	Foreign References	FREF	可以是号码、日期、国家等
政府利益	Government Interest	GOVT	Army
国际专利分类号	International Classification	ICL	G06F 19/00，检索式为：$G06F019/00$
发明人所在城市	Inventor City	IC	同"Assignee City"
发明人所在国	Inventor Country	ICN	同"Assignee Country"
发明人姓名	Inventor Name	IN	与专利权人为个人时的输入格式相同
发明人所在州	Inventor State	IS	同"Assignee State"
公布日期	Issue Date	ISD	同"Application Date"
其他参考文献	Other References	OREF	
继续在先申请、分案、放弃信息	Parent Case Information	PARN	08/583814 401266
专利号	Patent Number	PN	Utility（实用新型）：5，146，634 Design（外观设计）：D339，456 Plant（植物专利）：PP8，901 Reissue（再版专利）：RE35，312 Def. Pub.（防卫性公告）：T109，201 SIR（依法注册发明）：H1，523
专利类型	Patent Type		同"Application Type"
PCT 信息	PCT Information	PCT	可以是PCT日期、申请号、公开号，如20030505
主要审查员	Primary Examiner	EXP	与专利权人为个人时的输入格式相同
再版数据	Reissue Data	REIS	可以是申请号、申请日、专利号、公布日期等
US 申请相关数据	Related US Application Data	RLAP	8904402 4765323
专利标题	Title	TTL	同"Abstract"
当前美国分类	Current US Classification	CCL	2/5；427/3A；427/2.31；427/ $
被那些专利引用	Referenced By	REF	5096294

（1）检索步骤

a. 在"选择年代（Select Years）"弹出式下菜单中选择所需的检索年限范围；

b. 在"提问（Query）"下的文本输入框中键入检索语句；

c. 点击"检索（Search）"按钮，向系统发出检索指令；

d. 结果输出及处理.

（2）注意事项

该途径的一些检索词输入及检索结果显示方面的注意事项与"快速检索"相同，此处不再详述。这里只介绍不同之处。

a. 检索式中可以使用（），括号内的部分先运算，若不加括号，则运算由左至右顺序进行。例如：①检索式：tennis AND（racquet OR racket），检索包含"tennis"且同时至少包含"racquet"、"racket"之一的专利。②检索式 television OR（cathode AND tube）检索包含"television"或者同时包含"cathode"及"tube"的专利。

b. 可以指定检索字段，方法为在检索词之前加"检索字段代码"和符号"/"，检索字段代码与检索字段名称的对照表如检索页面的下部所示。例如：①输入检索式：IN/Dobbs，指定在"发明人姓名"字段检索，得到的检索结果为：仅在"发明人姓名"字段中出现"Dobbs"一词的专利。②检索式：CLAS/270/31，检索所有"分类号/子分类号"为"270/31"的专利。③检索式：AN/MCNC AND TTL/solder，检索"受让人"字段中包含"MCNC"，同时"专利名称"字段中包含"solder"的专利。由此例可看出，可以将不同的字段进行组合检索。应当注意：字段名称符合"结合律"，例如：检索式：TTL/（nasa1 or nose）与检索式：TTL/nasa1 or TTL/nose 相同。

c. 可以使用"词组检索"，须用""将组成词组的若干个单词括起来。系统将词组按一个单独的词对待处理，进行检索。使用词组检索时，不可使用"截词检索"。

d. "日期范围检索"和"截词检索"同快速检索。

（3）实例：利用高级检索，检索在1790年至今的美国授权专利名称中包含"tennis"且同时至少包含"racquet"、"racket"之一的专利，具体步骤如下：

a. 高级检索界面下，选择"年代（Select years）"，下拉菜单选择要检索的年代范围，即1790年至今。

b. 在"查询（Query）"下的文本输入框中键入检索式：TTL/（tennis and（racquet or racket）），如图6-15所示。

USPTO PATENT FULL-TEXT AND IMAGE DATABASE

[Home] [Quick] [Advanced] [Pat Num] [Help]
[View Cart]

Data current through August 18, 2015..

Query [Help]

ttl/(tennis and (racquet or racket))

Examples:
ttl/(tennis and (racquet or racket))
isd/1/8/2002 and motorcycle
in/newmax-julie

Select Years [Help]

1976 to present [full-text]   [Search] [重置]

Patents from 1790 through 1975 are searchable only by Issue Date, Patent Number, and Current Classification (US, IPC, or CPC).

When searching for specific numbers in the Patent Number field, patent numbers must be seven characters in length, excluding commas, which are optional.

Field Code	Field Name	Field Code	Field Name
PN	Patent Number	IN	Inventor Name
ISD	Issue Date	IC	Inventor City
TTL	Title	IS	Inventor State
ABST	Abstract	ICN	Inventor Country
ACLM	Claim(s)	AANM	Applicant Name
SPEC	Description/Specification	AACI	Applicant City
CCL	Current US Classification	AAST	Applicant State
CPC	Current CPC Classification	AACO	Applicant Country

图6-15 输入检索式演示页面

c. 点击"检索（Search）"按钮，向系统发出检索指令。

d. 检索得到在1790年至今的美国授权专利名称中包含"tennis"且同时至少包含"racquet"、"racket"之一的专利检索结果列表，如图6-16所示，点击所需一个专利号或发明名称，例如美国授权专利号为8968125的专利，即可得到该专利文本型专利全文显示（包括题录数据、文摘、权利要求及说明书），如图6-17所示，在文本型专利全文显示页面上，点击页面上方的红色按钮Images，即可显示该专利的图像格式文本。

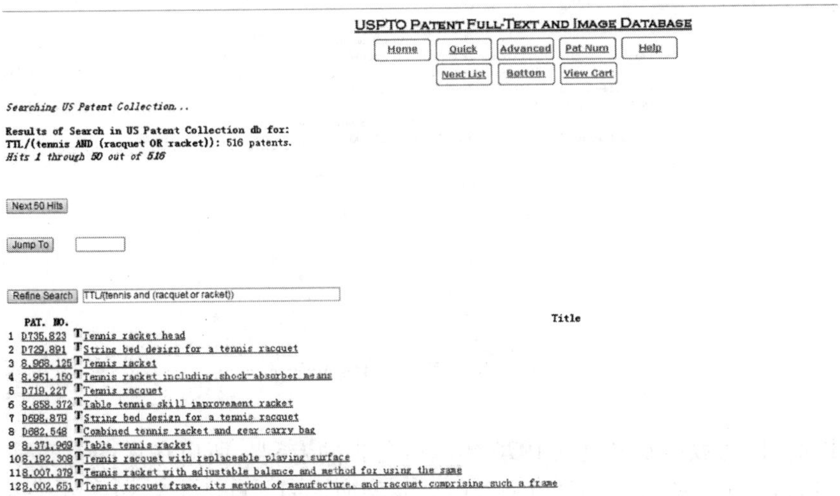

图6-16　检索结果列表页面

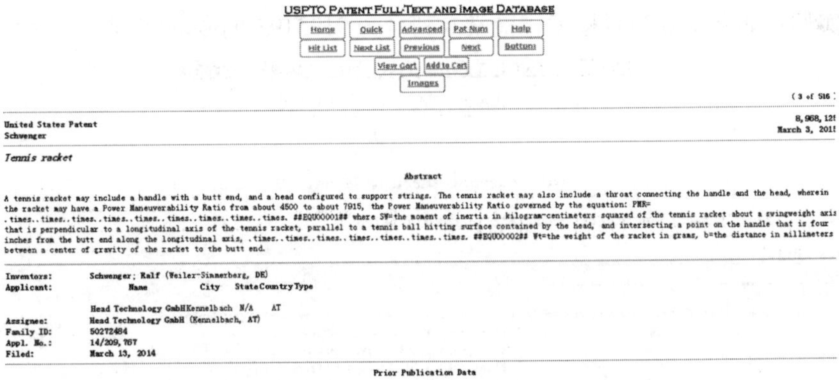

图6-17　专利文本型专利全文显示页面

3. 专利号检索（Patent Number Searching）

该途径是通过专利号查找某（些）特定专利的最简捷的途径，检索页面如图6-18所示。

检索时，直接在输入框中输入一个或多个专利号，然后按"检索（Search）"按钮发出检索指令。输入多个专利号时，每个专利号之间用空格分隔。不必输入专利号中的逗号，图6-18中给出了每种专利的专利号格式。

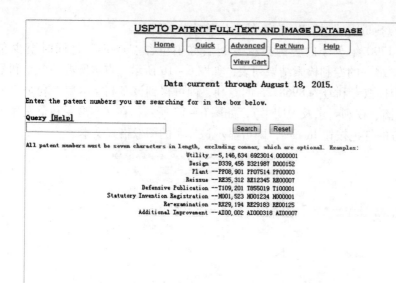

图6-18　专利号检索页面

应当注意，因为数据库只收录1976年以后公告的专利，所以输入的专利号不应超出这个范围。检索式中若输入专利号以外的内容（例如：词、算符等）均会被系统忽略，系统只处理专利号，进行检索。系统返回的检索结果中列出所有符合检索要求的专利的列表，日期新的专利列在前面。

检索实例：如利用专利号检索，检索专利号为9103193的专利实例，如图6-19所示

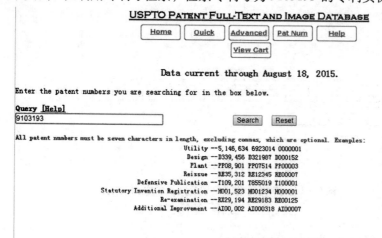

图6-19　输入专利号演示页面

在输入框内输入 9103193，并按"检索（Search）"按钮发出检索指令，得到该专利检索结果列表，点击该专利号或发明名称，即可得到该专利文本型专利全文显示（如图 6 - 20 所示），并可在文本型专利全文显示页面上，点击页面上方的红色按钮 Images，也可显示该专利的图像格式文本。

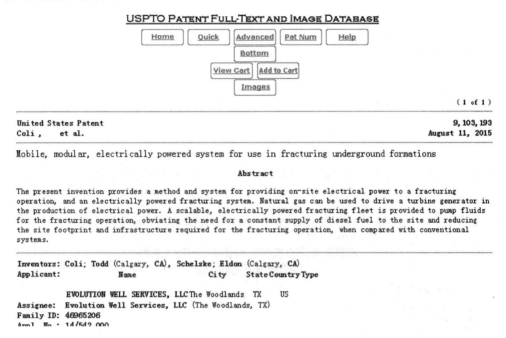

图 6 - 20　文本型专利全文显示页面

二、美国申请公布专利检索

美国专利申请公布数据库可供用户检索 2001 年 3 月 15 日以来公布的美国专利申请公布文献，同时提供文本型和扫描图像型全文美国专利申请公布说明书，可供公众进行美国专利申请公布的全文检索及浏览。其专利申请公布说明书的起始号为 20010000001。美国专利申请公布检索系统也提供 3 种检索方式：快速检索、高级检索和专利申请公布号检索。快速检索和高级检索与美国授权专利数据库的快速检索和高级检索的检索方法相同，只是高级检索的检索字段代码及名称部分有区别。而在专利申请公布的号码检索界面上，只设有一个申请公布号检索入口输入框。用户可将已知的申请公布号在输入框中直接输入进行检索。输入方式及检索结果输出与授权专利检索系统的检索字段的输入格式与检索结果输出方式基本相同。

如已知申请公布号为 20010000044，其检索过程如下所示。

1. 在美国申请公布专利号检索界面的输入框内输入 20150000015，如图 6 - 21 所示。

图 6-21　输入申请公布专利号演示页面

2. 按"检索（Search）"按钮发出检索指令，得到该专利检索结果列表，如图 6－22 所示。

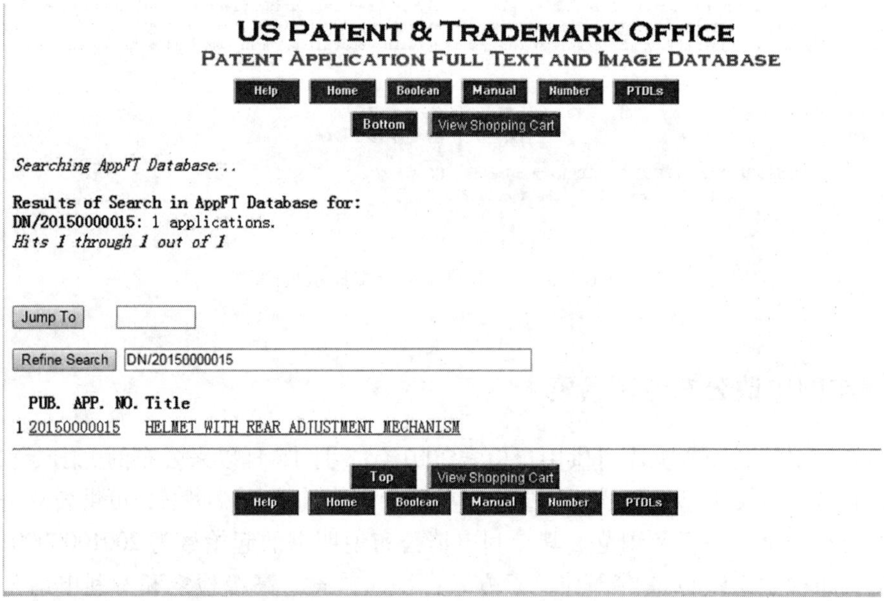

图 6-22　检索结果输出页面

3. 点击该专利号或发明名称，即可得到该专利文本型专利全文显示，如图 6－23 所示。

4. 可在文本型专利全文显示页面上，点击页面上方的蓝色按钮 Images，即可显示该专利的图像格式文本，如图 6－24 所示。

5. 通过 PDF 浏览器既可打印或保存该美国申请公布专利。

United States Patent Application   *20150000015*
Kind Code   A1
BEAUCHAMP; Pierre-Luc ;   et al.   *January 1, 2015*

HELMET WITH REAR ADJUSTMENT MECHANISM

Abstract

A protective helmet with a second shell having a top end connected to a top portion of a first shell such as to allow relative movement between the first shell and the bottom end of the second shell about a connection between the top end and the top portion along two opposed directions. Two connecting members are each connected to a respective side portion of the first shell at a fixed location and are each connected to the bottom end of the second shell through a respective connection allowing relative movement therebetween. An adjustment mechanism is connected to the second shell and has a movable portion movable between an unlocked position free of the connecting members to allow relative movement between the first and second shells and a locked position in engagement with the

图 6 – 23　文本型专利全文显示页面

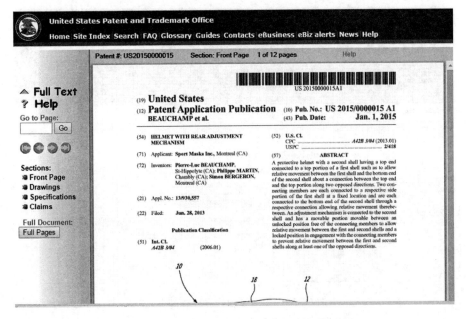

图 6 – 24　申请公布专利的图像格式文本页面

三、美国专利分类号查询

在美国专利商标局首页（http：//www. uspto. gov/）上部点击 Patents，在下拉菜单中选择 Learn about Patent Classification，之后点击页面中的 Classification Search Page 链接进入专利分类号查询，如图 6 – 25；或者直接输入网址 http：//www. uspto. gov/web/patents/

classification/即可进入美国专利分类号查询，如图 6-26 所示。

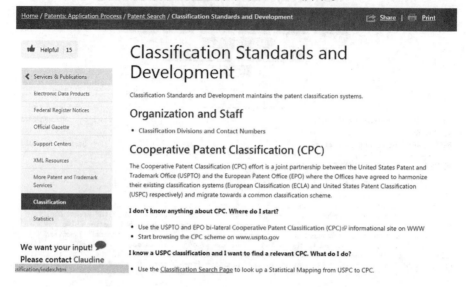

图 6-25

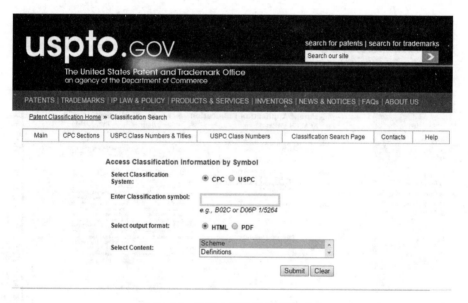

图 6-26　美国专利分类号查询页面

　　利用美国专利分类检索可检索最新版本的美国专利分类表中的相关主题的分类号，并直接浏览该类号下所属专利文献全文。专利分类检索页面有 2 种检索方式：①通过类号/小类号进入分类系统，用户需输入某种分类号，选择相应的分类；②键入关键词，查找对应的分类号。检索结果中，类号前面的红色字母"P"可与专利检索数据库进行链接，结果显示该类号或类号/小类号下的美国专利文献数目，并可查看每一件文献的全文文本。

四、美国专利法律状态查询

法律状态检索通过查找专利缴费情况确定专利是否提前失效，通过查找撤回的专利确定专利是否在授权的同时被撤回，通过查找专利保护期延长的具体时间确定专利的最终失效日期，通过查找继续数据确定专利是否有继续申请、部分继续申请、分案申请等相关联的情报，还可以查看专利的审批情况及与该专利有关的其他信息等。法律状态检索页面提供可输入的号码形式，如申请号、专利号、PCT 号等。通常情况下需要输入专利号。

实例：查询 US9103193 的美国专利法律状态，具体步骤如下：

1. 在美国专利商标局专利检索界面（http：//patft. uspto. gov/）中部点击 Public PAIR 链接，输入验证码后进入专利法律状态验证页面，如图 6 - 27 所示。

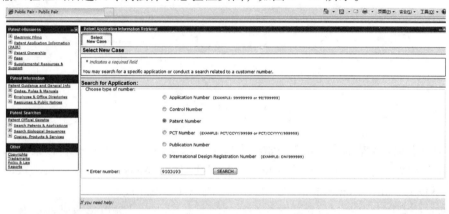

图 6 - 27　美国专利法律状态查询页面

2. 进入专利法律状态检索页面，选择专利号形式，并输入号码，例如输入 9103193，点击 **SEARCH** 按钮，得到显示专利的法律状态结果页，上方有几个按钮，如 Image File Wrapper、Continuity Data、fees 等，分别显示与该专利有关的信息，如图 6 - 28 所示。

图 6 - 28　检索结果页面

五、美国专利权转移查询

在美国专利商标局专利检索界面（http：//patft. uspto. gov/）中部点击 Assignment Database 链接即可进入专利权转移检索界面，如图 6 - 29 所示。

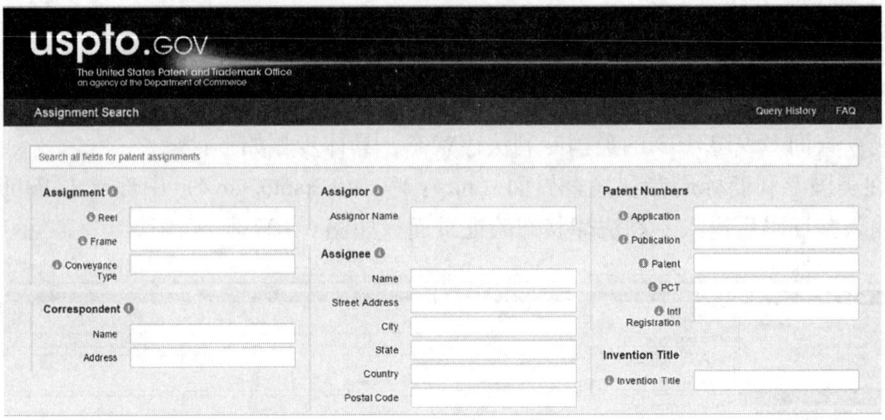

图 6 - 29　专利权转移检索界面

专利权转移检索界面设有 6 个检索输入口："Assignment"（专利权转移案件），"Correspondent"（联系人），"Assignor"（出让人），"Assignee Name"（受让人），"Patent Number"（专利号）"Invention Title"（发明名称），如图 6 - 29 所示。

如果要检索某一宗专利权转移案卷所涉及的专利是什么，就以该专利或专利申请公告号为检索线索，在"Assignment"中的"Reel"输入框中输入转移卷宗号进行检索，如果要检索一件专利或专利申请公布的权力转移信息，就以该专利号或专利申请号为检索线索，在"Patent Number"中的"Publication"或"Application"检索入口输入相应的专利号或专利申请公布号，进行检索即可。如果要检索某个人或公司的哪些专利或哪些专利申请公布的权力出让了，可选择"Assignor"进行检索或浏览索引，如果要检索某个人或公司接受哪些专利或哪些专利申请公布的权力，可选择"Assignee"进行检索或浏览索引，如果要按照专利名称检索专利转让信息，可选择"Invention Title"输入专利名称进行检索即可。

六、专利代理机构查询

在美国专利商标局专利检索界面（http：//patft. uspto. gov/）中间点击 **Attorneys and Agents**，即可进入美国专利代理机构查询，如图 6 - 30 所示

专利代理机构查询界面有："Last Name"，"First Name"，"Middle Name""Business/Firm Name""City""State/Province""Postal Code""Country""Registration Number"等检索入口，如图 6 - 30 所示.

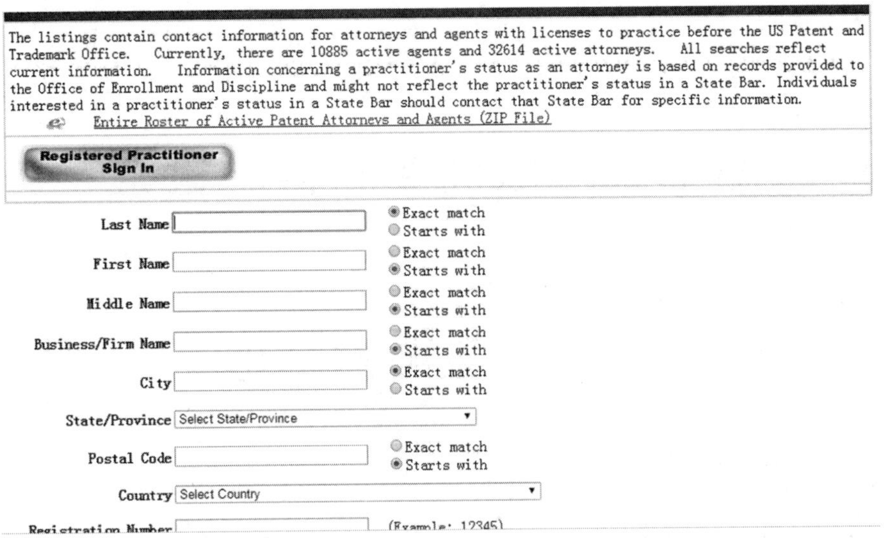
The listings contain contact information for attorneys and agents with licenses to practice before the US Patent and Trademark Office. Currently, there are 10885 active agents and 32614 active attorneys. All searches reflect current information. Information concerning a practitioner's status as an attorney is based on records provided to the Office of Enrollment and Discipline and might not reflect the practitioner's status in a State Bar. Individuals interested in a practitioner's status in a State Bar should contact that State Bar for specific information.
Entire Roster of Active Patent Attorneys and Agents (ZIP File)
Registered Practitioner Sign In
Last Name
First Name
Middle Name
Business/Firm Name
City
State/Province
Select State/Province
Postal Code
Country
Select Country
Exact match
Starts with

图 6－30　专利代理机构查询页面

七、基因序列专利查询

在美国专利商标局专利检索界面（http：//patft. uspto. gov/）中部点击 **Sequence Listings** 即可进入基因序列专利查询，如图 6－31 所示。

基因序列专利数据检索界面设有两个检索输入框：“By Document Number”（文件号）或“By Date Range”（日期）。如果知道授权号等专利号时，即可在“By Document Number”输入，就可检索到基因序列专利；如果知道基因序列专利相关日期时，即可在“By Date Range”输入，就可检索到基因序列专利。

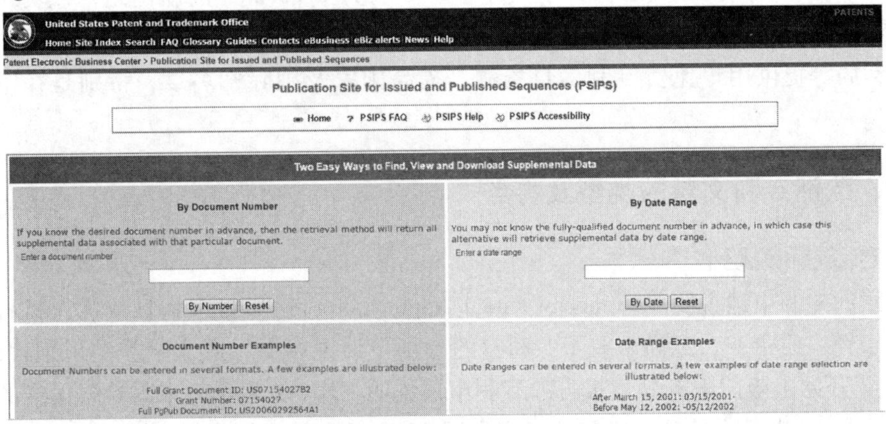
United States Patent and Trademark Office
Home | Site Index | Search | FAQ | Glossary | Guides | Contacts | eBusiness | eBiz alerts | News | Help
Patent Electronic Business Center > Publication Site for Issued and Published Sequences
Publication Site for Issued and Published Sequences (PSIPS)
Home　PSIPS FAQ　PSIPS Help　PSIPS Accessibility
Two Easy Ways to Find, View and Download Supplemental Data
By Document Number
If you know the desired document number in advance, then the retrieval method will return all supplemental data associated with that particular document.
Enter a document number
By Number　Reset
By Date Range
You may not know the fully-qualified document number in advance, in which case this alternative will retrieve supplemental data by date range.
Enter a date range
By Date　Reset
Document Number Examples
Document Numbers can be entered in several formats. A few examples are illustrated below:
Full Grant Document ID: US07154027B2
Grant Number: 07154027
Full PgPub Document ID: US20060292564A1
Date Range Examples
Date Ranges can be entered in several formats. A few examples of date range selection are illustrated below:
After March 15, 2001: 03/15/2001-
Before May 12, 2002: -05/12/2002

图 6－31　基因序列专利查询

第七章　欧洲专利信息检索

第一节　欧洲专利概述

一、欧洲专利组织

欧洲是世界上第一部专利法—1474 年威尼斯共和国专利法令的诞生地。欧洲专利组织于 1973 年在德国慕尼黑成立，包括立法体（管理委员会）和执行体（欧洲专利局）。其执行体—欧洲专利局于 1973 年 8 月 5 日在德国慕尼黑成立，1977 年 8 月 7 日开始行使权利，主要任务是授权欧洲专利。欧洲专利组织目前有 20 个成员国包括奥地利（AT）、比利时（BE）、瑞士（CH）、塞浦路斯（CY）、德国（DE）、丹麦（DK）、西班牙（ES）、芬兰（FI）、法国（FR）、土耳其（TR）、希腊共和国（GR）、爱尔兰（IE）、意大利（IT）、列支敦士登（LI）、卢森堡（LU）、摩纳哥（MC）、荷兰（NL）、葡萄牙（PT）、瑞典（SE）、英国（GB）。将成为成员国的国家包括：阿尔巴尼亚（AL）、立陶宛（LT）、拉脱维亚（LV）、马其顿的前南斯拉夫共和国（MK）、罗马尼亚（RO）、斯洛文尼亚（SI）。为了向全人类推广欧洲专利信息，拓宽传播渠道，满足各国对欧洲专利技术的需求，欧洲专利局及其成员国携手共建了一个名为 Espacenet 的新网站，该网站被称为欧洲专利信息的新时代。它的主要宗旨是通过欧洲委员会、欧洲专利组织成员国专利局和欧洲专利局等提供用户免费专利信息资源，提高国家及国际知名度，特别是在中小型企业间。

二、欧洲专利文献的类型及特点

1. 欧洲专利说明书

a. 欧洲专利申请说明（European Patent Application）是指自申请日或优先权日起，满 18 个月未经实质审查，也尚未授予专利权的专利申请说明书，其文献类型识别代码为 A，于 1978 年开始出版。附有检索报告的专利申请说明书用 A1 表示；未附检索报告的专利申请说明书用 A2 表示；单独出版的检索报告用 A3 表示；补充检索报告用 A4 表示。

b. 欧洲专利说明书（European Patent Specification）是指申请人在检索报告公布之日起 6 个月内提出审查请求，经实质审查合格，即公告授予专利权并出版的专利说明书。专利说明书自 1980 年开始出版，其文献类型识别代码为 B1。自授权公告日起 9 个月内，任何人可以提出异议，专利说明书经过修改后，再公告一次并出版的新的专利说明书，其文献识别类型用 B2 表示。

2. 欧洲专利公报及其补编欧洲专利公报（European Patent Bulletin）是题录型专利公报，1978 创刊，现每周出版一期，用德、英、法三种文字同时刊登，其内容分两部分：第一部分为申请著录项目，包括专利申请信息、检索报告信息以及各种法律变更信息；第二部分为授予专利权的著录项目，包括专利信息、专利异议信息和各法律状变更信息。两大部分均按国际专利分类法（International Patent Classification，简称 IPC）A、B、C、D、E、F、G、H8 个部编排，著录项目有 IPC 分类号、文献号、申请人、发明人、代理人姓名、申请号、申请日期、说明书类型标识代码、申请及公布时所用的文种、指定国、优先权、发明名称以及申请公开日期。欧洲专利分类文摘（European Patent Classified Abstracts）是题录型欧洲专利公报的补编，是按 IPC 表 A～H 大部，共计 21 个分册出版，每页刊载两条文摘，每条文摘是由著录项目、文摘正文和附图组成。

3. 欧洲专利年度索引的全称叫欧洲专利公报名字索引（European Patent Bulletin Name Index），该索引分两部分出版：第一部分为申请公开（Published Application），按申请人名称的字母顺序编排；第二部分为授权专利（Granted Patents），按专利权人名称的字母顺编排，两部分都是以报道专利文献主要著录项目为内容。除以上介绍的印刷型欧洲专利文献类型外，欧洲专利局自 1993 年开始，出版 CD - ROM 电子版的专利文献。

第二节　欧洲专利检索系统检索方法

欧洲网上专利数据库（Espacenet）是由欧洲专利组织（EPO）及其成员国的专利局提供的，可以免费检索，提供该数据库服务的 EPO 成员国包括：奥地利、比利时、塞浦路斯、丹麦、芬兰、法国、德国、希腊、爱尔兰、意大利、列支敦士登、卢森堡、库纳哥、葡萄牙、西班牙、瑞典、瑞士、英国等。欧洲专利检索系统（Espacenet）具有以下特点：1. 收录时间跨度大，涉的国家多，Espacenet 系统收录了 1920 年以来（各国的起始年代有所不同）世界上 80 多个国家和地区出版的共计 1.5 亿多万件文献的数据。2. 可进行简单检索，不能进行复杂检索，检索是建立在专利文献的题录数据的基础上的，检索界面容易操作。用户通过访问 Internet，根据关键词、专利号及申请人名称等在题录数据（包括篇名）和文摘数据中进行检索，可进行字段间的逻辑与检索及单个字段内的逻辑运算（AND、OR 和 NOT），但不能进行更加复杂的检索。利用该数据库，还可以在 EPO 的内部数据库中查到美国、日本、PCT 等 50 多个世界其他国家和专利组织的专利文献，这些专利文献大部分可以回溯到 1970 年。3. 查看说明书及下载，该站点的说明书采用 PDF（Portable Document Format）格式，需要有 Adobe Reader 软件来查看说明书。建议使用 Adobe Reader 10 或更高的版本，可以在 Adobe（http：//www. adobe. com/cn/downloads. html）站点免费下载，在安装 Acrobat Reader 之前关闭浏览器以保证插件的正确安装。

进入方法：1. 直接通过网址 http：//worldwide. espacenet. com/？ locale = en_ EP 进入。2. 在 31 个成员国有该国语言的镜像站点，部分镜像站点的主页地址见表 7 - 1，可选择不同的语种进入检索。

表7-1 检索欧洲专利的部分网址

国家	主页地址	语言
塞浦路斯 Cyprus	http：//cy. espacenet. com/	英语 English
法国 France	http：//fr. espacenet. com/	法语 French
德国 Germany	http：//de. espacenet. com/	德语 German
匈牙利 Hungary	http：//hu. espacenet. com/	匈牙利语 Hungarian
爱尔兰 Ireland	http：//ie. espacenet. com/	英语 English
意大利 Italy	http：//it. espacenet. com/	意大利语 Italian
西班牙 Spain	http：//es. espacenet. com/	西班牙语 Spanish
瑞典 Sweden	http：//se. espacenet. com/	瑞典语 Swedish
瑞士 Switzerland	http：//ch. espacenet. com/	法语 French 德语 German 意大利语 Italian
英国 United Kingdom	http：//gb. espacenet. com/	英语 English

检索方式：Espacenet 检索系统提供 3 种检索模式：smart search（智能检索）、advanced search（高级检索）、classification search（分类号检索），如图 7-1 所示。

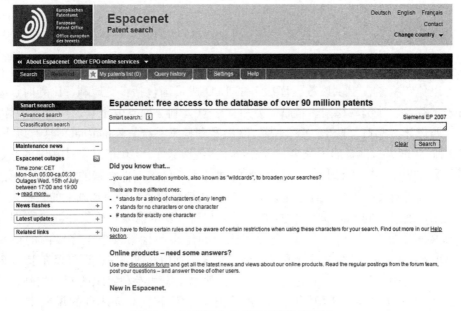

图 7-1 欧洲网上专利数据库检索页面

一、智能检索（Smart search）

智能检索的检索界面只有一个检索入口，点击检索后会首先在 worldwide 数据库进行搜索。可以在检索框中输入多达十个关键词、文献号、发明人、日期等条目，以空格或运算符间隔，系统会自动进行模糊识别智能匹配。例如，关键词输入"diesel"和"generator"。

116

实例：利用快速检索，检索在所有领域和时间的关于柴油机和发电机（diesel and generator）的世界范围内的授权专利，具体步骤如下：

1. 首先在地址栏中输入网址：http：//worldwide. espacenet. com/？ locale = en_ EP，点击回车打开网页。在 Smart search 文本输入框中输入 "diesel" 和 "generator"，并选择布尔逻辑运算符 and 连接两检索词，如图 7 - 2 所示。

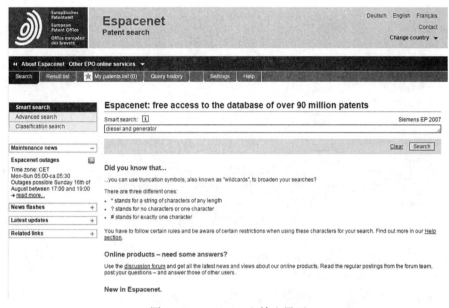

图 7 - 2　smart search 输入界面

2. 即可检索得到在所有领域和时间的关于柴油机和发电机（plastic and bicycle）的世界范围内的授权专利检索结果列表（包括专利号、专利名称、申请人等信息），如图 7 - 3 所示。

图 7 - 3　smart search 检索结果列表界面

3. 在专利检索结果列表中点击所需一个专利号或发明名称，例如点击俄罗斯专利号为 RU2557853（C1）的专利，即可得到该专利的详情显示，如图 7 - 4 所示。

图 7 - 4　检索结果详情页

4. 在检索结果详情页面上有 Mosaics（配图）、Original document（原始文献）legal status（法律信息）等选项，可单击查看。还可以在 Translate 选项中选择 Chinese 或其他语言，查看摘要翻译。不过由于译文是机器产生的，不能保证它是易于理解的、准确的、完整的、可靠的或适合特定目的。关键性的决定，如商业相关性或财务性决定，不应依靠机器翻译的结果，如有条件还是建议查阅外文原始文献以保证文献准确度与可信度。

5. 点击 **Original document** 可查阅原始文件，点击 **↓ Download** 按钮，在弹出窗口中输入验证码后可以下载 PDF 格式的文件，如图 7 - 5。

图 7 - 5　原始文献页面

二、高级检索（Advanced search）

高级检索界面共提供 10 个检索入口，分别为题目、文摘、公开号、申请号、优先权号、公开日期、申请人、发明人、欧洲分类号、国际分类号，如图 7 - 6 所示。高级检索的字段输入支持布尔逻辑运算符与截词符的使用。布尔逻辑运算符包括 and、or、not，即与、或、非。一般情况下，当检索式中含有逻辑运算符时，系统先处理 and 连接的检索词，再处理以 or 连接的检索词。如果需要改变这一运算顺序时，可使用"（）"将先要处理的词括起来。截词符包括"＊"、"？"、"＃"，其中"＊"表示任意个字符；"？"代表 0 - 1 个字符；"＃"代表一个字符，截词符的使用主要用来检索一个单词的多种形式，例如，复数、所有格或是拼写不确定时。在一个字段里如果同时输入多个条件进行检索，可以不用逻辑运算符而只用空格代替；此时默认的逻辑关系如下。入口中空格默认操作符为 or 的有：publication number、application number、priority number；入口中空格默认操作符为 and 的有 keyword（s）in title、keyword（s）in title or abstract、applicant、inventor、IPC、ECLA。

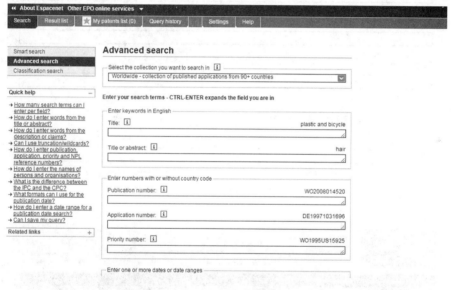

图 7 - 6　高级检索页面

实例：利用高级检索，检索在所有领域 2014 年的关于柴油机和发电机（diesel and generator）的世界范围内的授权专利，具体步骤如下：

1. 在高级检索界面下，下拉菜单选择要检索的数据库，"worldwide"数据库。如图 7 - 9 所示。

2. 在"Enter keywords in English"栏"Title or abstract"输入框中输入"diesel"和"generator"，并使用布尔逻辑运算符 and 连接这两个检索词，在"Publication date"输入框中输入"2014"，如图 7 - 7 所示。

3. 即可检索得到在所有领域 2014 年的关于柴油发电机（diesel and generator）的世界范围内的授权专利检索结果列表（包括专利号及专利名称），如图 7 - 8 所示。

Advanced search

Select the collection you want to search in ⓘ

| Worldwide - collection of published applications from 90+ countries | ▼ |

Enter your search terms - CTRL-ENTER expands the field you are in

Enter keywords in English

Title: ⓘ   plastic and bicycle

Title or abstract: ⓘ   hair

diesel and generator

Enter numbers with or without country code

Publication number: ⓘ   WO2008014520

Application number: ⓘ   DE19971031696

Priority number: ⓘ   WO1995US15925

Enter one or more dates or date ranges

Publication date: ⓘ   yyyymmdd

2014

图 7 – 7

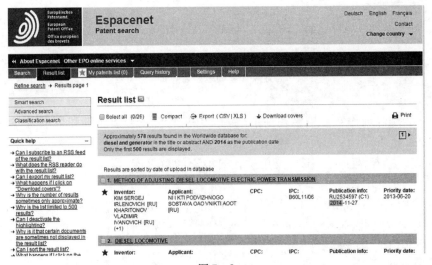

图 7 – 8

120

4. 在专利检索结果列表中点击所需的一个专利号或发明名称，例如点击俄罗斯授权专利号为 RU2534597（C1）的专利，即可得到该专利的文本型专利显示（包括题录数据、文摘、权利要求及说明书），如图 7 - 9 所示。

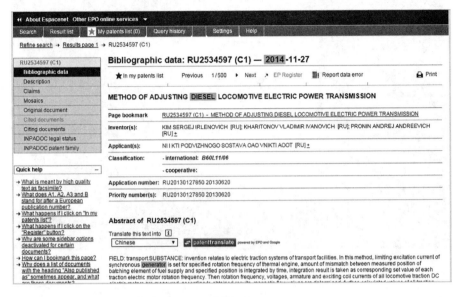

图 7 - 9

5. 在检索结果详情页面上，点击页面左侧"Original document（原始文件）"的按钮，即可显示该专利的图像格式文本，如图 7 - 10 所示。

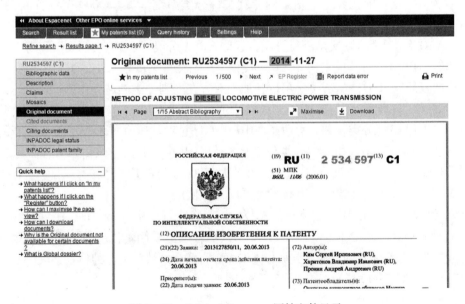

图 7 - 10　Original document 原始文件显示

6. 点击 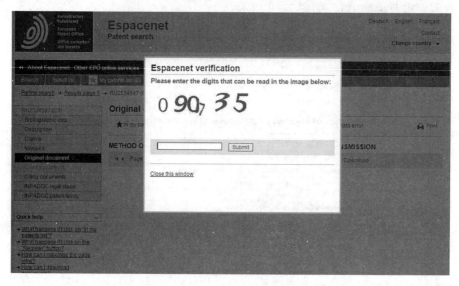 Download 按钮，在弹出窗口中输入验证码后可以下载 PDF 格式文件，如图 7 - 11。

图 7 - 11 PDF 格式文件下载

三、分类号检索（Classification search）

Espacenet 网站在分类号检索（Classification search）项目中提供了 CPC（联合专利分类）检索。CPC 是目前世界上最精细的专利文件分类系统（共 250000 个细分），并已于 2013 年 1 月 1 日起在欧专局和美国专利商标局（USPTO）正式开始使用。目前为止，EPO 已用 ECLA 对绝大多数 US 文献进行分类，这些 ECLA 分类号将被转换成 CPC 符号，两局正在共同努力用 CPC 对其他未用 ECLA 分类的 US 文献进行分类。2013 年 6 月 EPO 和中国国家知识产权局（SIPO）签署了一项旨在加强双方在专利分类领域合作的谅解备忘录，在接受 EPO 的专门培训后，从 2014 年 1 月起，SIPO 将开始对其某些技术领域内新公开的发明专利申请进行 CPC 分类，并且力争于 2016 年 1 月起对其所有技术领域内新公开的发明专利申请进行 CPC 分类，相应的分类信息将与 EPO 共享。此外，该体系管理方正在与法国专利局和俄罗斯专利局进行沟通，以期扩大 CPC 分类的应用范围，目前，全球约有 4000 万文献标有 CPC，在检索现有技术时可以直接使用。

CPC 分类号查询页进入方法为 1、首先打开 Espacenet 主页：http：// worldwide. espacenet. com/？locale = en_ EPCPC，之后点击左侧 Classification search 分类号查询按钮，进入分类号查询页面。分类号查询页分为两个区域：上方的检索字段区及下方的分类列表区，如图 7 - 12 所示。

分类号查询检索方法：

方法一：CPC 分类号查询页面上方的检索字段区有一个输入框，可直接输入关键词或者分类号，当用户已确定关键词或已知 CPC 分类号时，可使用此方法，例如我们在搜索框

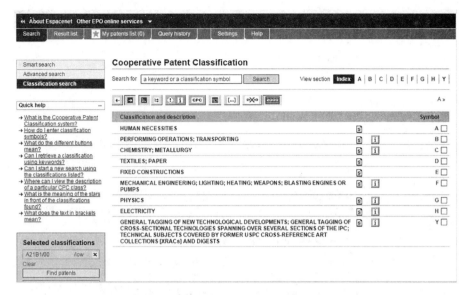

图 7 - 12　分类号检索（Classification search）页面

中输入 A21B1 分类，点击　Search　按钮，得到页面如图 7 - 13。

图 7 - 13

之后在得到的分类列表中勾选我们需要检索的分类号，如勾选 A21B，之后点击页面左下角的　Find patents　按钮检索专利，得到结果页面如图 7 - 14。

在结果列表中点击需要查看的专利，即可查看该项专利详细信息及原始文献，操作过程如上节图 7 - 8 至 7 - 11 所示，在此不再赘述。

方法二：分类检索时根据系统的逐级提示选择分类号，点击一个分类后系统会显示子

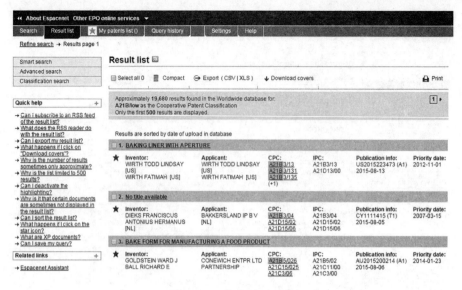

图 7 - 14　检索结果页面

分类项，单击该子分类项前面的勾选框即可选择该分类。系统会自动将该分类号显示在左下角已选分类列表中，最多可以选择 10 个分类号，分类号选好后（例如选好分类号 A21B 后），单击"Copy to search form"按钮，系统会自动将选好的分类号复制到高级检索界面的"专利分类"字段后的对话框内，如图 7 - 15 所示，单击"SEARCH"按钮进行检索，即可得到 CPC 分类号为 A21B 的专利结果列表，如图 7 - 16 所示，也可同时附加其他搜索字段进行详细的检索。

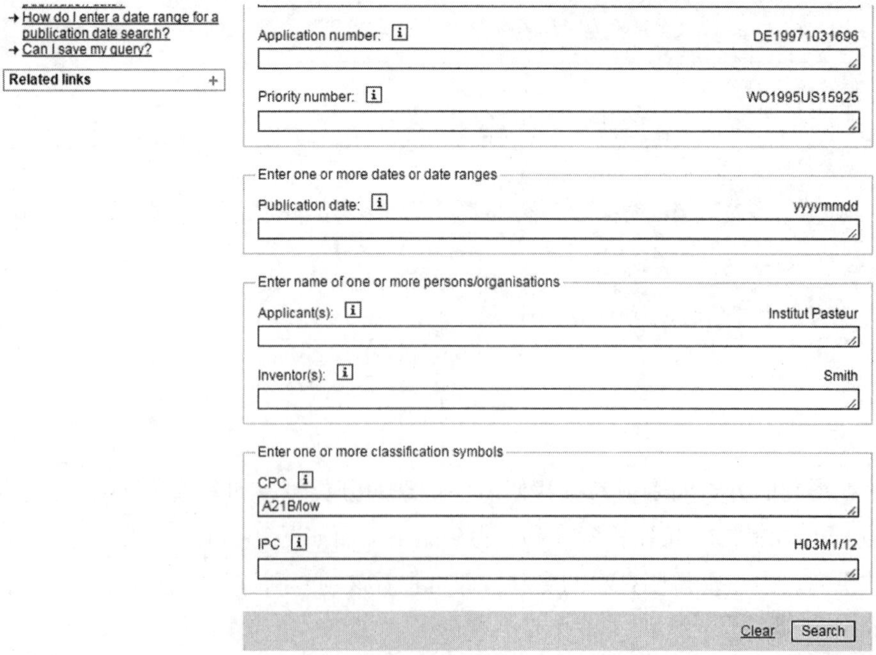

图 7 - 15

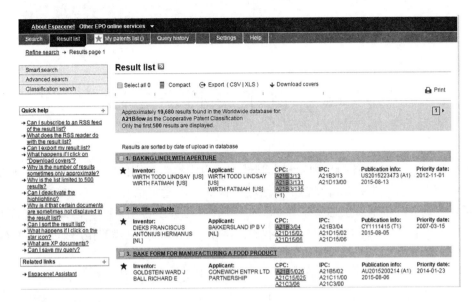

图 7 – 16

在分类号检索页面选择好分类号并勾选加入左侧已选分类列表后，也可直接点击 **Find patents** 按钮，检索该分类下的所有专利文献，结果列表页面如图 7 – 17 所示。

图 7 – 17

第八章　日本专利信息检索

进入 21 世纪以来，各国专利局和专利性国际组织纷纷利用因特网免费传播专利信息，使因特网专利信息检索系统成为世界各地用户快捷获取专利信息的一个非常重要的工具。2014 年日本的专利申请总量达到了 325，989 项，在世界上位居前列，因此，充分利用网上日本专利文献信息，对企业技术创新和提高国家竞争力有着重要的作用和战略意义。

第一节　日本专利文献概述

日本专利制度历史悠久，专利申请审批制度几经变化，因而专利说明书种类繁多。通过日本经济产业省特许厅网站 JPO 以及独立行政法人·工业所有权情报·研修馆 J–PlatPat 专利信息平台可检索到各种不同类型的专利文献，如：公开特许公报（公开、公表、再公表）、公开实用新案公报（公开、公表、登録实用）、特许公报（公告、特许）、实用新案公报（公告、实用登録）等。最常用的文献类别是 A 和 B，其中 A 表示特许的公开，即未经实质性审查的发明，一般在文献上表示为"特開"，为第一公布级；B 表示特许的公告，即已经通过实质性审查，获得专利权的发明，一般在文献上表示为"特公"，为第二公布级。

检索日本专利信息主要通过 J–PlatPat 专利信息平台网站检索，原特許電子図書馆（IPDL）网站已于 2015 年 3 月 23 日停止服务。J–PlatPat 专利信息平台网站包括两种文字的版面：日文版和英文版，但两种版面网页上的内容有所区别。

一、日本专利文献特点

日本专利文献的出版与其他国家相比有所不同，大多数国家在出版一次专利文献即专利说明书的同时，出版二次专利文献即各种专利说明书的著录项目、文摘、权利要求书、附图以及专利法律事务等信息。日本则将发明、实用新型分别按产业部门（后按国际专利分类）划分，在相应名称公报中全文公布，而专利法律事务信息等在日本专利局公报中报道，因此，日本出版四种类型的文献：

1. 特許公报、公开特許公报、公表特許公报、实用新案公报、公开实用新案公报、公表实用新案公报，这些公报是不同类型的专利说明书。

2. 商標公报、意匠公报。即商标公报、外观设计公报。

3. 審决公报，记录日本专利局复审委员会的审查决定、无效宣判、撤销等各种诉讼审判结果的审判书全文。

4. 特許厅公报，即专利局公报，公布的内容有发明、实用新型、商标的注册目录，以及审查请求、申请的放弃、驳回、无效、统计年报等，官方报道各种专利和商标的法律事务信息。

二、日本专利说明书种类

日本专利申请审批制度几经变化，因而专利说明书种类繁多，大致有以下种类：

1. 专利申请公开说明书（公開特許公報），文献类型识别代码 A

这是一种未经实质审查，也尚未授予专利权的专利申请公开说明书。

2. 发明国际申请说明书（公表特許公報），文献类型识别代码 A

这是日本为指定国的国际申请说明书。即外国人通过 PCT 提交的国际申请在 WIPO 国际局公开后，由日本译成日文在国内再次公开的说明书。其他国家一般用 T 表示。1979 年开始出版，未经实质审查，尚未授予专利权。

3. 日本国际申请的再公开（再公表特許）。文献类型识别代码 A1。

这也是一种国际申请说明书。区别在于是由日本人通过 PCT 提交的国际申请在 WIPO 国际局公开后，再次在日本国内公开的说明书。1979 年开始出版，未经实质审查，尚未授予专利权。

4. 专利公告说明书和专利说明书（特許公報），文献类型识别代码为 B2

1971 年前文献类型识别代码为 B。表示 1971 年前经过实质性审查，尚未授予专利权的专利公告说明书，自公告之日起 2 个月内为异议期，期满无异议或异议理由不成立，即授予专利权。

1971 年后，1971 年后文献类型识别代码为 B2。根据 1971 年专利法，申请人可自申请日起 7 年内提实审请求，因而继续出版这种经过实质性审查，尚未授予专利权的专利公告说明书。1971—1996 年 3 月 29 日期间出版的特许公报法律属性没有改变，但已是第二公布级。为此，日本也称之为特许公告公报，但说明书的名称上仍是特许公报，INID 码文献号（11）注明是专利申请公告号。

1996 年专利法再次修改，取消公告制，发明专利申请经实质审查合格，即授予专利权。自 1996 年 5 月 29 日开始出版的特许公报，实际上为专利说明书，虽然仍为第二公布级，名称、文献类型识别代码没有改变，但法律属性已与前不同。B2 表示出版过专利申请公开说明书。

5. 专利说明书（特許明細書），文献类型识别代码 C

授予专利权时出版的专利说明书，1950 年停止出版，此后改为授予专利权时只沿用专利号，不再出版这种专利说明书。

6. 实用新型公开说明书（公開実用新案公報），文献类型识别代码 U

未经实质性审查，尚未授予注册证书的实用新型申请公开说明书，为第一公布级。

7. 注册实用新型说明书（登録実用新案公報），文献类型识别代码 U

自 1994 年 1 月 1 日起，实用新型申请改为登记制，即形式审查合格后予以注册。

8. 实用新型国际申请说明书日文译本（公表実用新案公報），文献类型识别代码 U1

这是日本为指定国的实用新型国际申请说明书的日本译本，即外国人通过 PCT 提交的国际申请在 WIPO 国际局公开后，所提交的日本译文在国内再次公开的说明书。1979 年开始出版，未经实质性审查，尚未注册。

9. 实用新型公告说明书（实用新案公报），文献类型识别代码 Y2

经实质性审查，尚未授予注册证书的实用新型公告说明书。

10. 实用新型注册说明书（实用新案登录公报），文献类型识别代码 Y2

经实质审查合格即授予注册证书的实用新型注册说明书。

11. 注册实用新型说明书（登録実用新案明細書），文献类型识别代码 Z

授予注册证书时出版的注册实用新型说明书，1950 年停止出版。

12. 外观设计公报（意匠公報），文献类型识别代码 S

外观设计说明书根据 1889 年外观设计法进行出版，每两天或三天出版一期，每期公报公布 100 件注册的外观设计，内容包括著录项目、各种视图。

三、文献号码体系

文献号码一般为"年份—流水号"。

1. 年份号码的表示方法

（1）2000 年以前用日本纪年表示，如明治、昭和等。

明治年份：用 M 表示（大小写无关），如果这份专利文献是明治 20 年公开或者公告的，那么年份号码是 M20。明治元年是 1868 年，因此与公元年的转化关系是：公元年 = 明治年 + 1867

大正年份：用 T 表示（大小写无关），大正元年是 1912 年，因此与公元年的转化关系是：公元年 = 大平年 + 1911，年份号码如：T02。

昭和年份：用 S 表示（大小写无关），昭和元年是 1926 年，因此与公元年的转化关系是：公元年 = 昭和年 + 1925

平成年份：用 H 表示（大小写无关），平成元年是 1989 年，因此与公元年的转化关系是：公元年 = 平成年 + 1988

注：年份号码一定是一个字母加两位数字，如 S02 等，其中的数字"0"不可省略。

（2）2000 年及其以后：2000 年及其以后可以用平成年份表示，比如

2000 年既可以用 H12 表示，也可以直接用 2000 表示。

2. 流水号

流水号则是每年按循序赋予每个专利文献的号码。一般来说每年最多 6 位。

文献类别与文献号码结合就构成了每一个专利文献对应的唯一号码（即专利文献号）。例如，同样是文献号码 H07 – 115843，但是文献类别 A 是表示平成 07 年公开的特许第 115843 号专利文献；B 则是表示平成 07 年公告的特许第 115843 号专利文献。这两份专利文献虽然文献号码完全一样，但文献类别不一样。

四、检索网站和收录内容

日本专利文献的检索可以通过 J – PlatPat 专利信息平台网站检索，收录的内容为日本专利局自 1885 年以来公布的所有日本专利、实用新型和外观设计专利的电子文献，具体

收录范围可在 https：//www. j – platpat. inpit. go. jp/web/doc/bunchiku. html 查询。其检索系统在因特网上免费提供给全世界的用户，并被设计成英文和日文两种版面，从而使用户可以便捷、有效地得到日本各种知识产权文献。J – PlatPat 专利信息平台进入方式有两种，一种是通过日本专利局网站链接进入，也可直接输入网址进入检索平台。原特許電子図書館（IPDL）网站已于 2015 年 3 月 23 日停止服务。

1. 日本专利局（经济产业省特许厅）网站

输入网址：http：//www.jpo.go.jp/，进入日本经济产业省特许厅英文界面，如图 8 – 1 所示。

图 8 – 1　日本专利局英文界面

点击页面右侧的 "J – PlatPat Search（Patent，Design，Trademark，etc.）" 按钮即可进入到日本 J – PlatPat 专利信息平台英文界面中，如后面的图 8 – 4。

点击右上角 Japanese 按钮可进入下面图 8 – 2 的日本专利局日文界面。

图 8 – 2　日本专利局日文界面

该主页上有申请受理、电子申请、相关制度手续等内容，以及关于专利、实用新型、外观专利、商标的链接说明等，主页的右侧设有"特許情報プラットフォーム（J-Plat-Pat）"的链接，点击可进入 J-PlatPat 专利信息平台日文版界面。如图 8-3。

图 8-3　J-PlatPat 专利信息平台日文版界面

如果在该页点击右上方的 English 按钮，则进入 J-PlatPat 专利信息平台英文版界面。如后面的图 8-4。

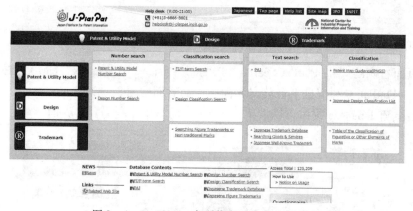

图 8-4　J-PlatPat 专利信息平台英文版界面

2. J-PlatPat 专利信息平台

在浏览器地址栏中输入网址：

https：//www.j-platpat.inpit.go.jp/web/all/top/BTmTopEnglishPage，按回车键后可进入 J-PlatPat 专利信息平台英文版界面。如图 8-4。

点击右上角的 Japanese 按钮，即可进入 J-PlatPat 专利信息平台日文版界面，如图 8-3。

第二节　日本专利检索方法及实例

J-PlatPat 专利信息平台主要检索内容有："特許・実用新案検索"（发明、实用新型专利的检索）、"意匠検索"（外观设计专利检索）、"経過情報検索"（法律状态的检索）、"審判検索"（复审信息检索）、"商標検索"（商标检索），还有方便初学者使用的"特許・実用新案、意匠、商標の簡易検索"。本章节主要介绍其中有关发明、实用新型、外观设计专利的检索，商标检索在此就不作介绍了。

一、特許・実用新案検索（发明、实用新型专利检索）

特許・実用新案検索即为发明、实用新型专利的检索。按以下步骤进行：

首先输入网址：https：//www. j - platpat. inpit. go. jp/web/all/top/btmtoppage，点击可进入 J-PlatPat 专利信息平台日文版界面，如图 8-3。将鼠标移动至 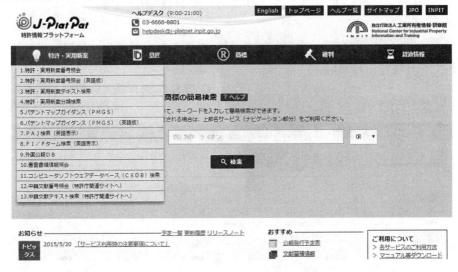 特許・実用新案 按钮上，页面会自动弹出发明、实用新型检索目录下拉菜单，如图 8-5。

图 8-5　发明、实用新型检索目录页面

该下拉菜单有 13 条检索子栏目，重点介绍如下：

1. 特許・実用新案番号照会（文献号码索引）

点击前述下拉菜单中第一条的链接"特許・実用新案番号照会"，进入日本发明、实用新型公报的号码索引检索界面，如图 8-6。从文献号检索发明专利、实用新型的各种公报内容，并以文字、图片或 PDF 方式显示。例如查询"特許出願番号"（专利申请号）为"H22-123123"的专利文献信息：

（1）在"種別"（文献类别）中选择"特許出願番号"（专利申请号），番号（文献号码）中输入" H22-123123"，如图 8-6 所示。

图 8 - 6　日本发明、实用新型文献号码索引检索界面

（2）点击 <kbd>🔍 照会</kbd> 按钮，界面如图 8 - 7，得到专利申请号为 "H22 - 123123" 的专利的专利公开号与专利登记号。

图 8 - 7

（3）再点击蓝色文献号链接 特開2011-248226，打开该文献的说明书全文，如图 8 - 8，至此完成用文献号进行检索的过程。

（4）如果要选择以 PDF 格式查看文献，可点击左上方的 <kbd>PDF表示</kbd> 选项卡，进入 PDF 格式查看模式。如果需要下载整个文献的 PDF 文件，可点击右上方的 <kbd>📄文献单位PDF表示</kbd> 按钮，在弹出窗口内输入验证码后进行下载。

图 8-8

- 需要注意的输入方式：

❖ 1999 年以前，用 2 位数字的日本纪年，2000 年以后，用 4 位数字的公元纪年；例如：检索 1997 年的 123456 号公布的专利申请，输入："H09 - 123456"；

❖ 检索 2000 年的 123456 号公布的专利申请，输入："H12 - 123456"或者"2000 - 123456"均可，位于序号之首的零可以忽略，如："H08 - 000123"，可输入"H08 - 123"；

❖ 平成 = H，（1988）；昭和 = S，（1925）；大正 = T（1911）；明治 = M（1867）

2. 特許・実用新案テキスト検索（公报全文检索）

（1）点击发明、实用新型检索目录页面下拉菜单中的 **3.特許・実用新案テキスト検索** 按钮，即点击"特許・実用新案テキスト検索"（发明、实用新型公报全文检索），得到图 8-9 界面。

（2）如图 8-9，此项功能可检索各种发明、实用新型专利的公报，以及中国、美国、欧洲专利的日文摘录，此外还可以同时检索 j - global 收录的各种专利文献以外的文献、科技用语、化学物质资料及其他技术信息资料等。在画面左面检索项目选择框中有发明名称、公报全文、申请人、发明人等 35 项可选择，在右方关键词输入框中可输入关键词进行查询。如果要增加检索条件，可点击画面右下方的 **＋追加** 按钮增加检索条目。

例如：在"種別"项目中勾选"特許公報（特公・特許（B））"与"実用新案公報（実公・実登（Y））"项目，在"検索項目"的第一行中选择"出願人/権利者"，在后面的"検索キーワート"框中输入关键词"松下電器産業株式会社"，在第二行的"検索項目"中选择"発明の名称"，在后面的"検索キーワート"框中输入关键词"圧縮機"，点击 **Q キーワードで検索** 按钮进行检索。

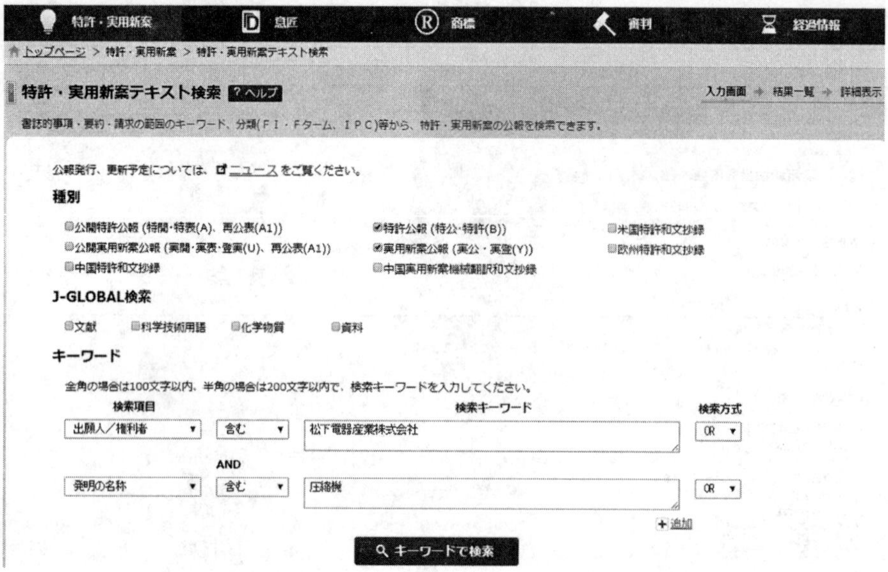

特許・実用新案　　　　意匠　　　　　Ⓡ 商標　　　　　審判　　　　　経過情報

トップページ ＞ 特許・実用新案 ＞ 特許・実用新案テキスト検索

特許・実用新案テキスト検索 ? ヘルプ

入力画面 ➡ 結果一覧 ➡ 詳細表示

書誌的事項・要約・請求の範囲のキーワード、分類(FI・Fターム、IPC)等から、特許・実用新案の公報を検索できます。

公報発行、更新予定については、☞ ニュース をご覧ください。

種別

☐ 公開特許公報 (特開・特表(A)、再公表(A1))　　☑ 特許公報 (特公・特許(B))　　☐ 米国特許和文抄録
☐ 公開実用新案公報 (実開・実表・登実(U)、再公表(A1))　　☑ 実用新案公報 (実公・実登(Y))　　☐ 欧州特許和文抄録
☐ 中国特許和文抄録　　　　　　　　　☐ 中国実用新案機械翻訳和文抄録

J-GLOBAL検索

☐ 文献　　☐ 科学技術用語　　☐ 化学物質　　☐ 資料

キーワード

全角の場合は100文字以内、半角の場合は200文字以内で、検索キーワードを入力してください。

検索項目		検索キーワード	検索方式
出願人／権利者 ▼	含む ▼	松下電器産業株式会社	OR ▼
	AND		
発明の名称 ▼	含む ▼	圧縮機	OR ▼

➕ 追加

🔍 キーワードで検索

图 8 - 9

（3）检索后得到下方页面，如图 8 - 10。页面下方显示了检索命中结果数。单击  一覧表示 按钮，浏览检索结果，得到如图 8 - 11 页面，之后点击文件番号蓝色链接即可查看文献全文。需要注意的是，只有当检索命中结果在 1 - 1000 件时才可以查看结果列表，否则应当修改检索条件，使结果数落入 1 - 1000 数量范围。

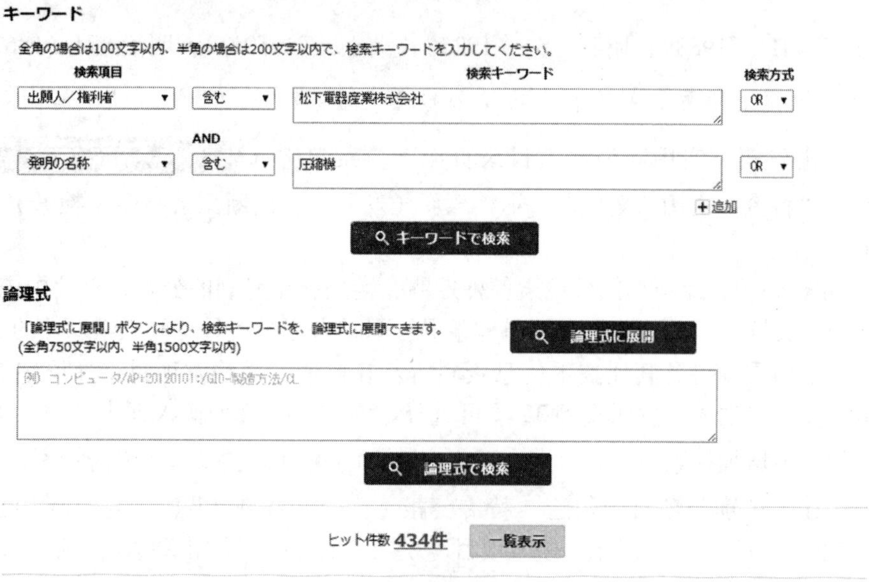

キーワード

全角の場合は100文字以内、半角の場合は200文字以内で、検索キーワードを入力してください。

検索項目		検索キーワード	検索方式
出願人／権利者 ▼	含む ▼	松下電器産業株式会社	OR ▼
	AND		
発明の名称 ▼	含む ▼	圧縮機	OR ▼

➕ 追加

🔍 キーワードで検索

論理式

「論理式に展開」ボタンにより、検索キーワードを、論理式に展開できます。
(全角750文字以内、半角1500文字以内)

🔍 論理式に展開

例) コンピュータ/AP+20120101:/GI0-販売方法/CL

🔍 論理式で検索

ヒット件数 **434件**　一覧表示

图 8 - 10

图 8 - 11

（4）点击文献番号蓝色链接即可查看文献全文，如图 8 - 12。点击上方 **PDF表示** 选项卡可查看 PDF 格式文件文献，单击 **文献単位PDF表示** 按钮输入验证码后可下载整个 PDF 格式文档。

图 8 - 12

3. 特許・実用新案分類検索

该项以日本专利局内的 FI/F - term 专利分类为依据，或用 IPC 分类进行发明、实用新型专利的各种公报的检索。步骤如下：

（1）点击 🔆 **特許・实用新案** 下拉菜单中的第 4 条，即点击，得到图 8-13 界面。在テーマ一栏中输入 FI・F ターム、IPC 分类号或利用检索式可以进行检索。

图 8-13

4. パテントマップガイダンス（PMGS）（专利号分类指南）

专利号分类指南，使用方法参照 FI・F-term、IPC 的说明。界面如图 8-14。

如图 8-14

8. PAJ 检索（英语表示）

PAJ：Patent Abstracts of Japan。即通过 PAJ（日本专利英文文摘），用关键词或文献号检索日本公开专利的英文文摘，详见本章第三节。…

9. FI/F ターム検索（英语表示）

使用 FI/F ターム检索日本发明、实用新型公报，详见本章第三节。

10. 外国公報 DB

使用文献号即专利号检索各国专利文献，并且以 PDF 方式表示。如图 8 – 15 所示。

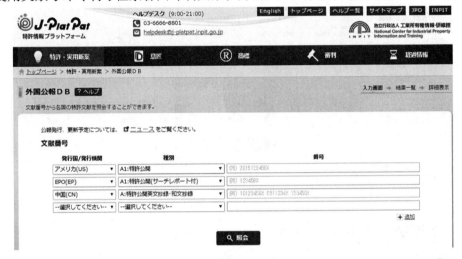

图 8 – 15

11. 審査書類情報照会（审查文件信息检索）

输入文献编号检索 2003 年（平成 15 年）7 月之后的专利文献审查相关文件，如图 8 – 16 所示。

图 8 – 16

12. コンピュータソフトウェアデータベース（CSDB）検索（计算机软件数据库）

可通过标题，发行日等检索计算机软件技术相关文献，如图8－17所示。

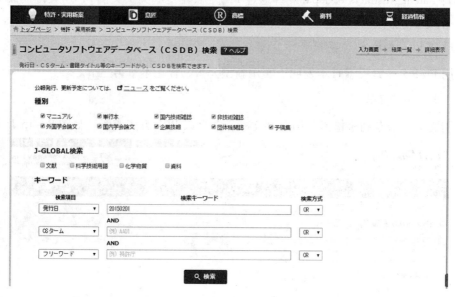

图8－17

二、意匠检索（外观设计检索）

"意匠检索"即为外观设计专利的检索。可按以下步骤进行：

首先输入网址：https：//www. j－platpat. inpit. go. jp/web/all/top/BTmTopPage，按回车键可进入 J－PlatPat 专利信息平台网站日文版界面，将鼠标指针移动到 意匠 选项卡上会弹出下拉菜单，如图8－18。

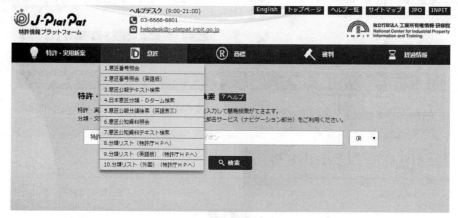

图8－18　意匠检索下拉菜单界面

该分类有多个子项目检索项，重点介绍以下内容。

1. 意匠番号照会

"意匠番号照会"即通过专利文献号来查询外观设计专利公报各项内容，并可以 PDF 等格式显示。

(1) 在"意匠"下拉菜单中，点击 **1.意匠番号照会**，进入图 8-19 界面。

图 8-19 意匠番号照会检索界面

(2) 例如查询外观设计申请号为 2015-000123 的专利，即可在"種別"中选择"出願番号"，在"番号"一栏输入：2015-000123，点击 **照会** 按钮进入界面如图 8-20。从该界面可看到该项外观设计专利，再通过点击蓝色编号链接，即可查看该项外观设计的详细信息，如图 8-21。点击右上方的 **文献单位PDF表示** 按钮，输入验证码后即可下载完整外观设计专利公报。

图 8-20 检索结果列表页

2. 意匠公報テキスト検索

"意匠公報テキスト検索"即为外观设计专利全文检索。

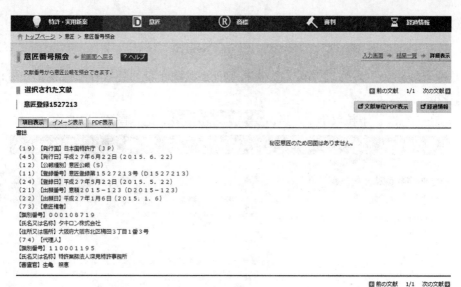

图 8 – 21　检索结果详情页

在"意匠"下拉菜单中，点击 3.意匠公報テキスト検索 ，进入图 8 – 22 界面。

图 8 – 22　外观设计专利全文检索界面

3. 日本意匠分類・Dターム検索

为 日 本 外 观 设 计 分 类 检 索 ， 在 " 意 匠 " 下 拉 菜 单 中 ， 点 击 4.日本意匠分類・Dターム検索 ，进入界面如图 8 – 23。

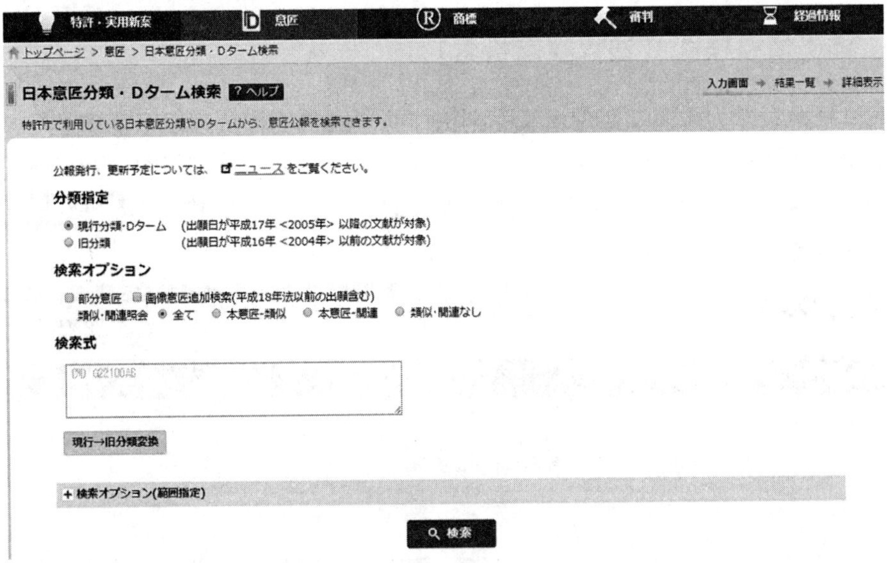

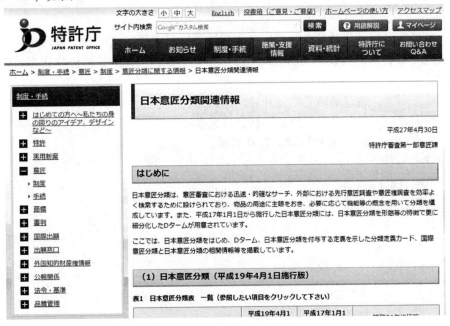

图 8 - 23

4. 分類リスト（外观设计分类表）

"分類リスト"即外观设计分类表，点击 8.分類リスト（特許庁ＨＰへ） 按钮会跳转至
日本专利局网站关于外观设计分类说明网页 http：//www. jpo. go. jp/shiryou/s_ sonota/isyou
_ bunrui. htm，如图 8 - 24

图 8 - 24　外观设计分类说明网页

三、经过情报检索（法律状态检索）

经过情报检索即为发明、实用新型专利法律状态的检索。可按以下步骤进行：

首先输入网址：https：//www.j-platpat.inpit.go.jp/web/all/top/BTmTopPage，按回车键可进入 J-PlatPat 专利信息平台网站日文版界面，将鼠标指针移动到 经過情報 选项卡上会弹出下拉菜单，如图8-25。

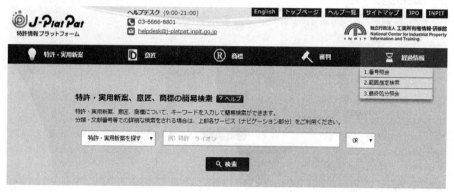

图 8-25

该项检索主要提供日本发明专利、实用新型、外观设计与商标等专利的法律状态检索，具体检索通过"1番号照会"（号码对照索引）、"範囲指定検索"（范围指定检索）和"最終処分照会"（最终处理结果检索）选项来实现。

❖ 经过情报检索是对日本专利从申请开始到授权或驳回或视撤一系列法律状态的记载，通过这个数据库的检索，我们可以了解一件日本专利申请所处的法律状态。提供三种检索方式：

❖ 番号照会：通过申请号、公开号、专利号、复审编号等；
❖ 範囲指定：一个月内某种法律状态的案卷；
❖ 最終処分照会 ：审批阶段的最终结果。

法律状态包括：

❖ 拒絶査定（驳回）
❖ 出願放棄（申请案放弃）
❖ 取下（撤销）
❖ 登録（授权）
❖ 本権利消滅（专利权失效）
❖ 全部無効（全部无效）
❖ 一部無効（部分无效）

1. 番号照会（号码对照索引）

番号照会即号码索引。在"経過情報"项下拉菜单中，点击 1.番号照会 链接，进入号码索引检索界面，见图8-26所示：

图 8 - 26　号码对照索引检索界面

（1）在该页面可以进行四种文献号的法律状态查询，即可以进行发明专利、实用新型专利、外观设计专利、商标的查询。

（2）在图 8 - 26 号码对照索引检索界面中可以选择权利种类（发明、实用新型、外观设计及商标），从下拉框中可以选择号码类型，例如我们在"特許"检索界面上"番号"输入框中输入号码：H25 - 000123，进行检索，得到一条记录，如图 8 - 27。注意输入的号码都以英文半角表示，日本纪年中的英文字母不分大小写。

图 8 - 27　检索结果页面

（3）点击申请号"2013 - 000123"链接，进入下面界面，记录了该项专利的详细法律信息，如图 8 - 28 所示。

2. 範囲指定検索（范围指定检索）

（1）在"経過情報"项下下拉菜单中点击第二条 **2.範囲指定検索**，进入范围指定检索界面，如图 8 - 29。

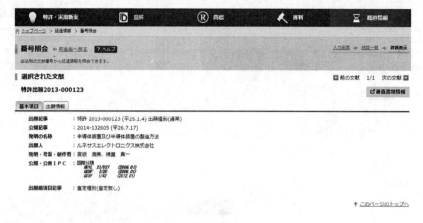

图 8 - 28

图 8 - 29 範囲指定検索界面

在该检索方式下,从下拉列表中选择需要查看的法律项目,如图 8 - 30,然后输入时间范围,然后可以查看该时间范围内处于某种法律状态的文献列表。如下例。

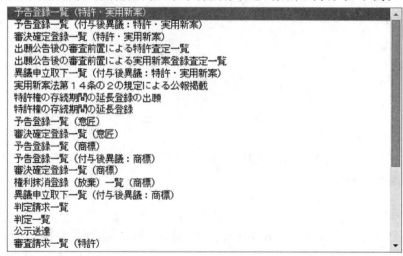

图 8 - 30 法律项目选择框

（2）在**種別**中选择予告登録一覧（特許·实用新案）一项，在**日付**中，输入时间范围 20150101 - 20150301，点击 **🔍 検索** 按钮，得到界面如图 8 - 31。

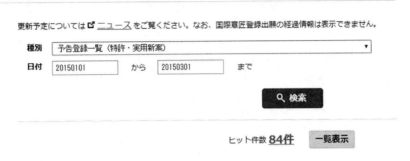

図 8 - 31　结果界面

（3）点击 **一覧表示** 按钮，进入界面图 8 - 32，显示 84 条检索结果目录。

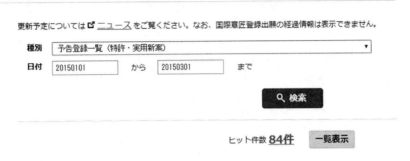

図 8 - 32　检索结果目录

（4）点击"審判番号"，得图 8 - 33。即该项审查状态的详细内容及法律状态项目。

3. 最终处分照会（最终处理结果检索）

最终处分照会（最终处理结果索引）即为最终处理对照索引。该数据库可检索出某项专利在申请审批整个过程中的法律状态，包括是否授权及各种决定的时间等。

（1）在"経過情報"项下拉菜单中点击 **3.最终处分照会** 选项，可进入最终处理结果索引检索界面，如图 8 - 34 所示。

在最终处分照会（最终处理结果索引检索）界面，可以选择权利和文献类型，在左侧的"種別"一栏中选择文献号种类，然后在右侧对应输入框中输入相应的文献号，即可检索该文献号所对应的案卷各阶段的号码及相关日期。

（2）例如输入出願番号（专利申请号）2014 - 000255，点击 **🔍 照会**，检索结果显示如图 8 - 35：

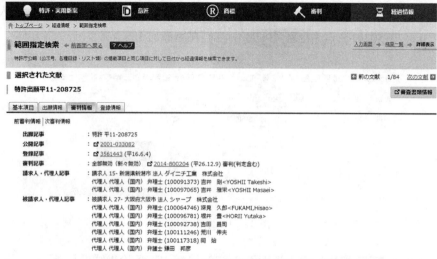

图 8 – 33　该项审查状态的详细内容及法律状态

图 8 – 34　最終処分照会界面（最终处理结果索引检索）

图 8 – 35

在该界面可查看申请号、申请日、公开号、公开日、公告号、公告日等。

四、审判检索 (专利复审信息检索)

审判检索即为专利复审信息的检索。可按以下步骤进行：

首先输入网址：https：//www.j－platpat.inpit.go.jp/web/all/top/BTmTopPage，按回车键可进入 J－PlatPat 专利信息平台网站日文版界面，将鼠标指针移动到 审判 选项卡上会弹出下拉菜单，如图 8－36。

图 8－36

该复审信息检索菜单上有：审决公报 DB（复审决定公报数据库）、审决速报（复审决定快报）。

1. 审决公报 DB（复审决定公报数据库）

（1）审决公报 DB（复审决定公报数据库），在"审判"下拉菜单中点击 1.审决公报 DB，进入图 8－36"审决公报 DB"的检索界面。

（2）例如在"種別"中选择"审决/判决公报"，在"番号"输入框中输入专利文献号 2015－000123，检索结果如图 8－37 所示。

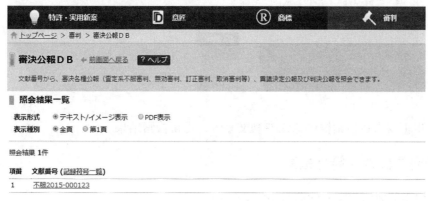

图 8－37 复审决定公报检索结果

（3）点击蓝色文献号链接，查看文献详细内容，如图 8 - 38

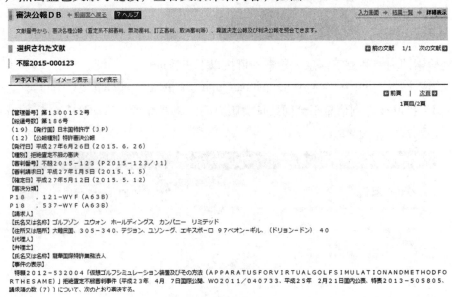

图 8 - 38　文献详细内容

2. 审决速报

（1）审决速报（复审决定快报），在"审判"下拉菜单中点击 **2.審決速報** ，进入图 8 - 39 "审决速报"的检索界面。

图 8 - 39

（2）根据要求在检索框中输入专利文献号，可得检索结果。

五、简易检索（简易检索）

简易检索即面向初学者的简易检索。

1. 首先输入网址：https：//www. j - platpat. inpit. go. jp/web/all/top/BTmTopPage，按

回车键可进入 J – PlatPat 专利信息平台网站日文版界面，进入到该检索界面，如图 8 – 40 所示。

图 8 – 40

2. 左面选择框中可以选择检索种类，包括"特許・実用新案を探す""意匠を探す""商標を探す"，即发明、实用新型检索、外观设计检索、商标检索。例如在左面选择"特許・実用新案を探す"选项，在右面输入框中键入"圧縮機"，点击 🔍 検索 按钮，得到结果画面如图 8 – 41：

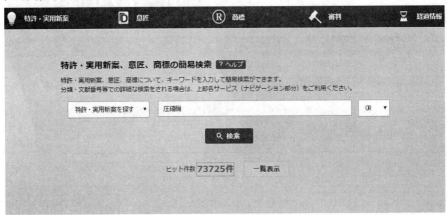

图 8 – 41　简易检索结果画面

3. 点击 一覧表示 按钮，显示结果列表如图 8 – 42。

此时可以点击文献号链接查看文献详细内容，或者下载 PDF 格式文档。

六、检索实例

检索课题一：检索"三菱電機株式会社" 2014 年 1 月 1 日至 2015 年 1 月 1 日申请公开的有关"圧縮機"方面的发明和实用新型专利。

图 8 - 42　结果列表显示

检索步骤如下：

1. 首先输入网址：https：//www. j - platpat. inpit. go. jp/web/all/top/BTmTopPage，按回车键可进入 J - PlatPat 专利信息平台网站日文版界面，如图 8 - 43。

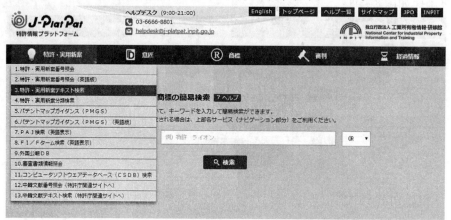

图 8 - 43

2. （1）点击"特許・実用新案"下拉菜单中的"特許・実用新案テキスト検索"选项，进入发明、实用新型专利检索界面。

（2）在"種別"中勾选"公開特許公報"以及"公開実用新案公報"选项

（3）在检索项目中选择"出願人/権利者"，对应输入框中输入"三菱電機株式会社"。（4）在下一检索项目中选择"要約＋請求の範囲"，在对应输入框中输入"圧縮機"。（5）在下一检索项目中选择"出願日"，对应输入框中输入"20130101：20150101"如图 8 - 44 所示。

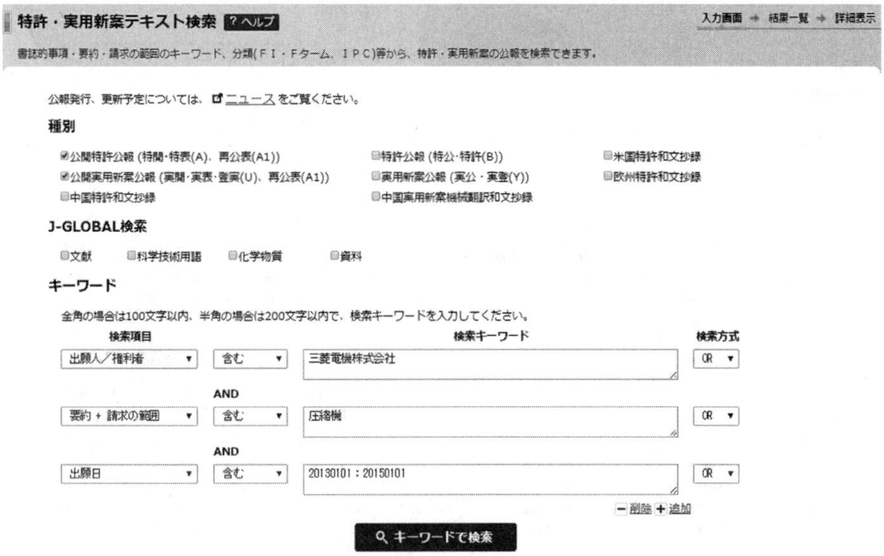

図 8 - 44

3. 点击 **🔍 キーワードで検索**，进入图 8 – 45 界面。

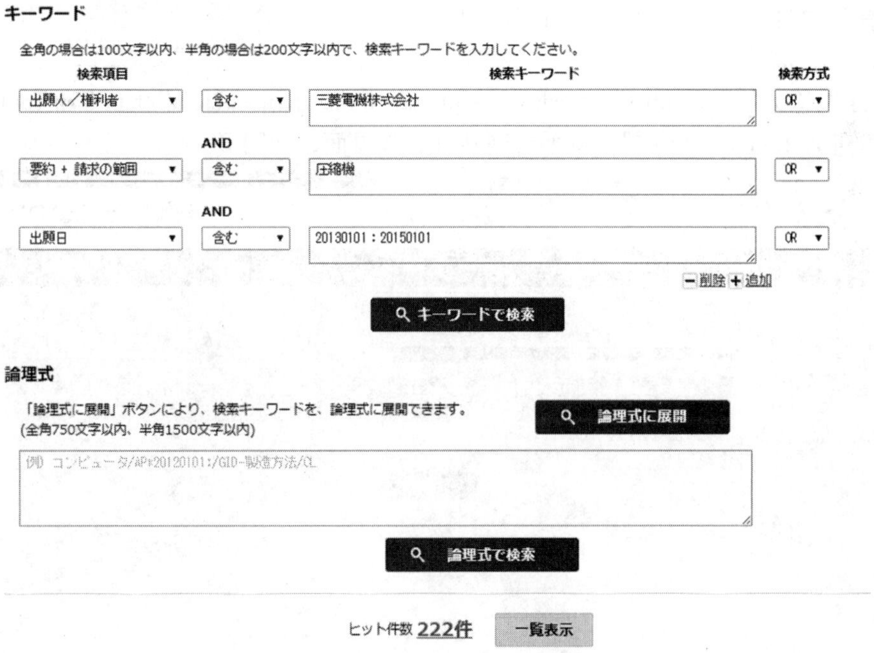

図 8 - 45　检索结果页面

4. 点击 **一覧表示**，可看到公开文献号和发明名称及其他信息的列表，共 222 条，如图 8 – 46 所示。

5. 点击某一条公开文献号即可查看专利全文并可下载 PDF 格式文件。至此检索过程

图 8 - 46　检索结果列表页

完成。

检索课题二：检索"本田技研工业株式会社"2013 年至 1 月 1 日至 2015 年 1 月 1 日申请的有关"自动车"方面的外观设计专利。

检索步骤如下：

1. 首先输入网址：https：//www. j - platpat. inpit. go. jp/web/all/top/BTmTopPage，按回车键可进入 J - PlatPat 专利信息平台网站日文版界面，如图 8 - 47。

图 8 - 47

2. （1）点击" D 意匠"下拉菜单中的" 3.意匠公報テキスト検索"选项，进入外观设计专利检索界面。

（2）在检索项目中选择"出願人/意匠権者"，对应输入框中输入"本田技研工业株式会社"。

152

（3）在下一检索项目中选择"意匠に係わる部品"，在对应输入框中输入"自动车"。
（4）在下一检索项目中选择"出願日"，对应输入框中输入"20130101：20150101"，如图 8 - 48。

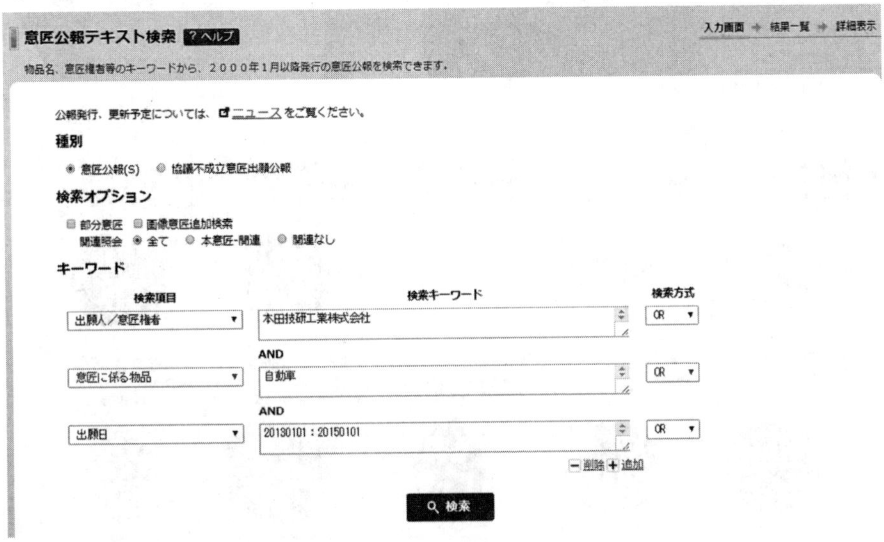

图 8 - 48

（3）点击 🔍 検索 按钮，显示如图 8 - 49

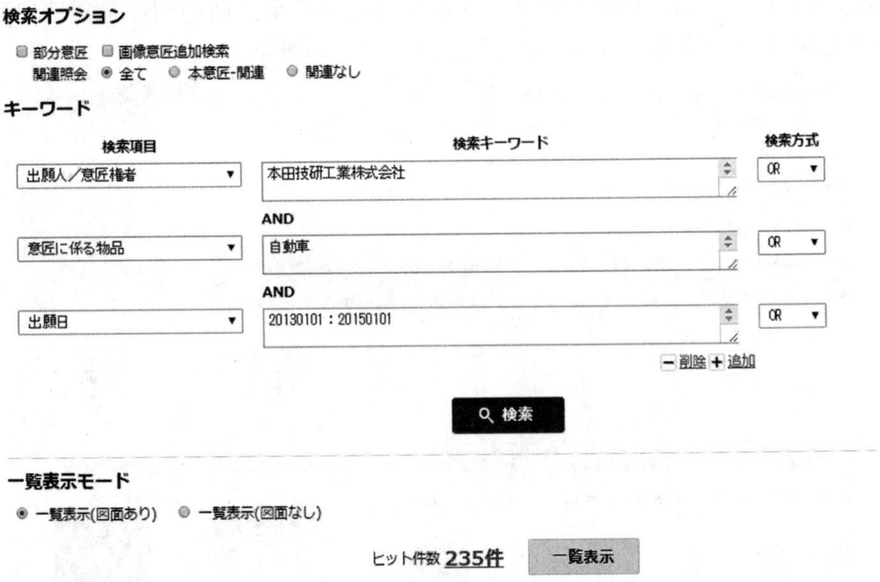

图 8 - 49

点击 **一覧表示** 按钮，显示结果列表如图8-50。点击某一条公开文献号即可查看外观设计专利全文并可下载PDF格式文件。至此检索过程完成。

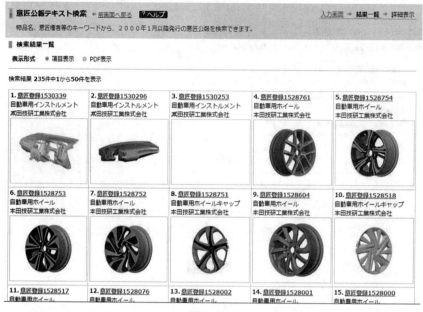

图8-50

检索课题三：检索有关"花瓶"方面的外观设计专利。

检索步骤与检索课题二相同，只是在外观设计全文检索界面的相应检索项中输入"花瓶"，检索结果有81件有关的外观设计专利，结果列表如图8-51。

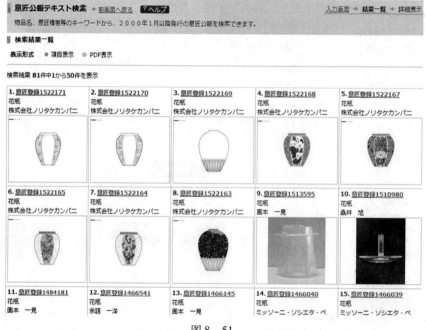

图8-51

点击第13条记录，花瓶设计美观大方，正是需要借鉴的文献，有关详细著录事项和图片见图8-55。

图 8-52

利用图面选项选择可以看到不同侧面的 7 张图片，单击 **文献单位PDF表示** 按钮输入验证码后可下载 PDF 格式文件留存，其他 80 件专利依此方法可得全部内容。

第三节　英文版日本专利的检索

日本专利局的网站及工业产权数字图书馆，被设计成日文和英文两种文字版面，对于不熟悉日文的用户，可以通过英文版界面数据库来检索日本专利。

一、英文版日本专利的检索概述

（一）英文版工业产权数字图书馆的进入方法

英文版 J - PlatPat 专利信息平台的进入方式有两种，一种是先在浏览器地址栏输入网址 https：//www.j - platpat.inpit.go.jp/web/all/top/BTmTopPage 进入日文版 J - PlatPat 专利信息平台主页（如图 8-53），然后点击页面上方的 **English** 按钮切换到英文版页面。也可以直接在浏览器地址栏输入 https：//www.j - platpat.inpit.go.jp/web/all/top/BTm-TopEnglishPage 进入英文版 J - PlatPat 专利信息平台主页，如图 8-54。

（二）英文版工业产权数字图书馆的收录内容

在英文版 J - PlatPat 专利信息平台主页有 3 个与专利数据库检索有关的栏目内容，各

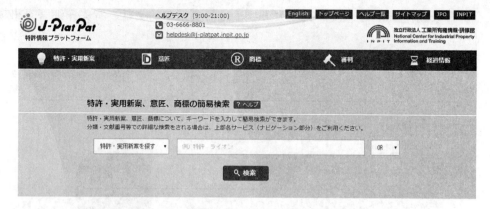

图 8 – 53　日文版 J – PlatPat 专利信息平台主页

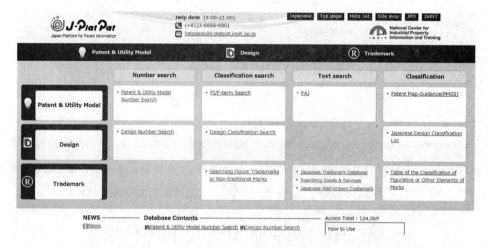

图 8 – 54　英文版 J – PlatPat 专利信息平台主页

栏目下拉菜单中有其子栏目，可进行不同需求的专利检索，主要内容如下：

1. Patent & Utility Model（发明专利与实用新型）。包括以下子栏目：

Patent & Utility Model Number Search（发明专利与实用新型文献号码索引）

FI/F – term Search（FI/F – term 分类检索）

PAJ（日本专利英文文摘）

Patent Map Guidance（专利号分类指南）

2. Design（外观设计）

Design Number Search（外观设计文献号码索引）

Design Classification Search（外观设计文献分类检索）

Japanese Design Classification List（日本外观设计分类列表）

3. Trademark（商标）

Japanese Trademark Database（日本商标数据库）

Searching Figure Trademarks or Non – traditional Marks（图形商标及新型商标检索）

Table of the Classification of Figurative or Other Elements of Marks（图形等分类表）

Japanese Well – Known Trademarks（日本著名商标）

Searching Goods & Services（商品/服务名检索）

专利与实用新型、外观设计、商标三个主栏目下的子栏目用于各相关数据库的检索。

二、英文版日本专利的检索方法

在这里我们重点介绍日本发明专利、实用新型、外观设计专利的检索方法。

（一）Patent & Utility Model Number Search

Patent & Utility Model Number Search 即发明专利与实用新型文献号码索引。检索方法如下：

1. 在地址栏中直接输入网址：https：//www. j – platpat. inpit. go. jp/web/all/top/BTm-TopEnglishPage，即可进入英文版 J – PlatPat 专利信息平台主页。如图 8 – 54

2. 点击 "Patent & Utility Model" 项下的链接 1.Patent & Utility Model Number Search，进入图 8 – 55 界面，在文献种类框（Kind）中选择 "A：Publication of patent application"，在文献号码框（Document Number）中输入 "2015 – 000123"。

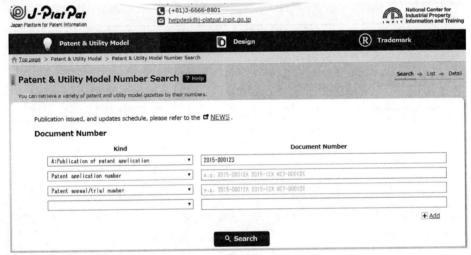

图 8 – 55　Patent & Utility Model Number Search 页面

2. 点击检索 Q Search 按钮，检索结果如图 8 – 56 所示。

3. 点击文献号码链接，可得到专利全文详细资料显示页，默认到权利要求书界面，如图 8 – 57 所示。

如果再逐项点击上面横向的页签，可得到所有的详细资料，如说明书、附图等。点击 Legal Status 按钮可查看该项专利的法律信息。

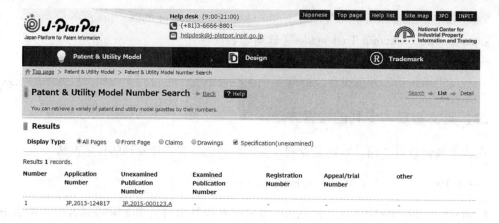

图 8 - 56　检索结果页面

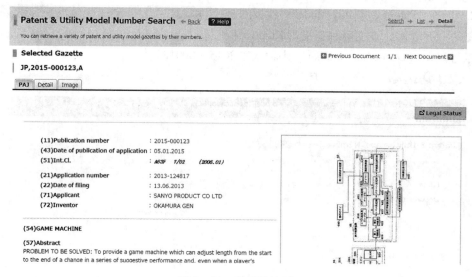

图 8 - 57　结果详情页

（二）FI/F - term Search

FI/F - term Search（FI/F - term 分类检索），以日本 FI/F - term 专利分类为依据按技术主题检索日本发明专利和实用新型专利的数据库，其检索方法如下：

1. 点击"Patent & Utility Model"项下的链接 **2.FI/F-term Search**，进入图 8 - 58 界面，在检索框中分别输入 F - term 分类号"2C001"、公开时间范围 20130101 - 20150101、FI/F - term 分类组合表达式 AA01 + ［A63F9/22 - ZAA］，检索结果为 25 条记录，如图 8 - 59 所示。

2. 点击 **View list** 按钮，进入如图 8 - 60 的结果列表页面。

3. 再点击列表中某条记录，即可得到该条专利的各项著录内容。此处点击第 1 条记

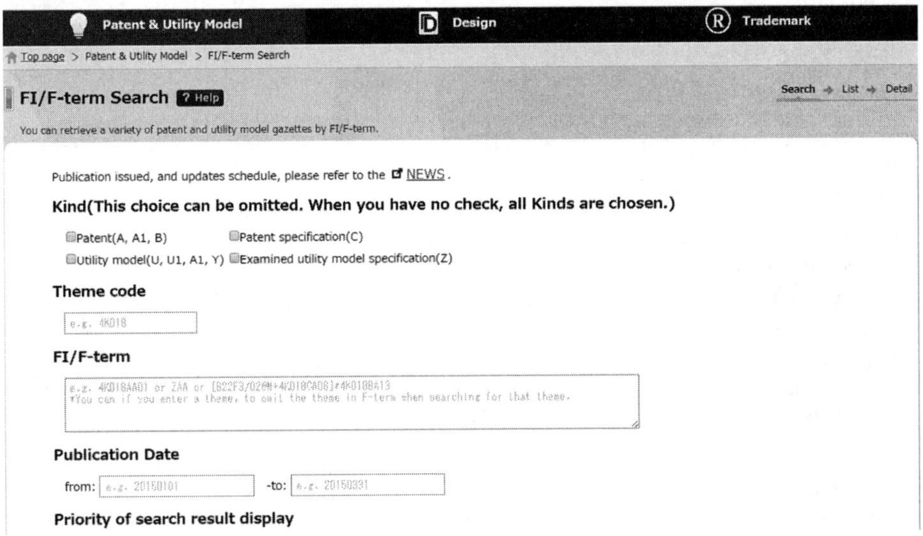

图 8 – 58 FI/F – term Search（FI/F – term 分类检索）页面

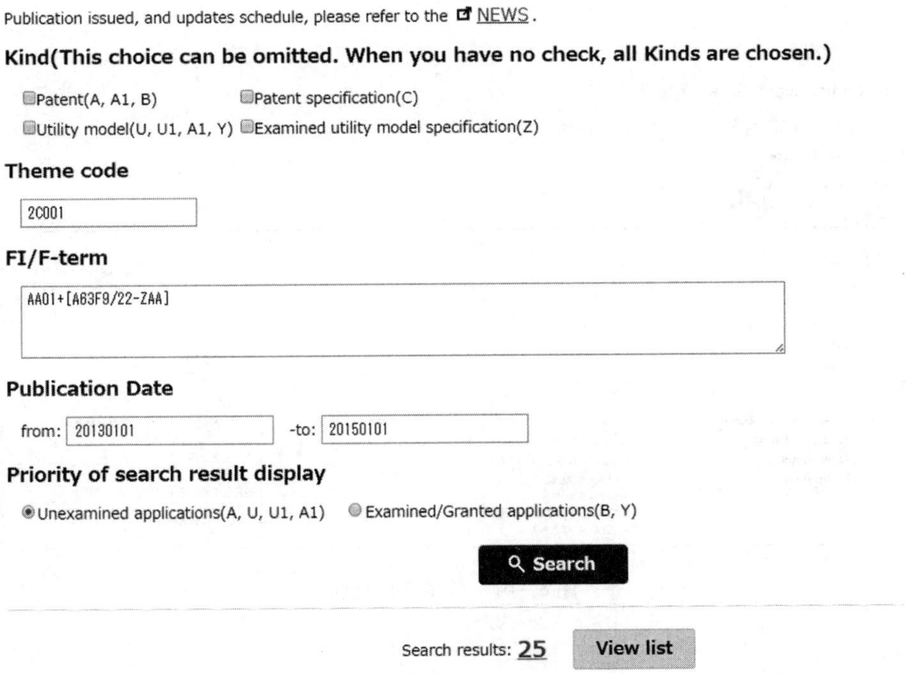

图 8 – 59

录，显示内容界面如图 8 – 61 所示，分别点击页面上的页签按钮，即可得到该专利的各项详细内容、及附图等。点击 **Legal Status** 按钮可查看该项专利的法律信息。

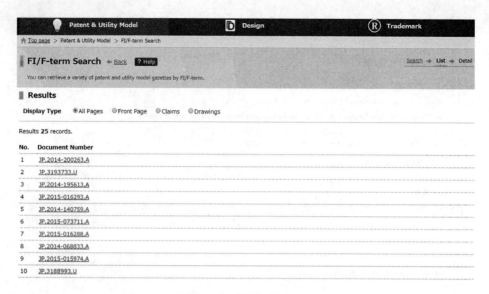

图 8 - 60　结果列表页面

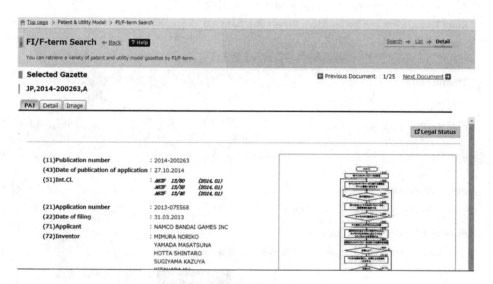

图 8 - 61　结果详情页面

（四）PAJ（日本专利英文文摘）

PAJ：Patent Abstracts of Japan（日本专利英文文摘）数据库，是自 1976 年以来的日本公布的专利申请著录项目与文摘（含主图）的英文数据库，每月更新一次，并收录了 1993 年以来的专利法律状态信息（每两周更新一次）。其检索方法如下：

1. 点击"Patent & Utility Model"项下的链接 **3.PAJ**，进入检索界面，输入检索词："headphone"，时间范围："20130101 – 20150101"。如图 8 – 62 所示。

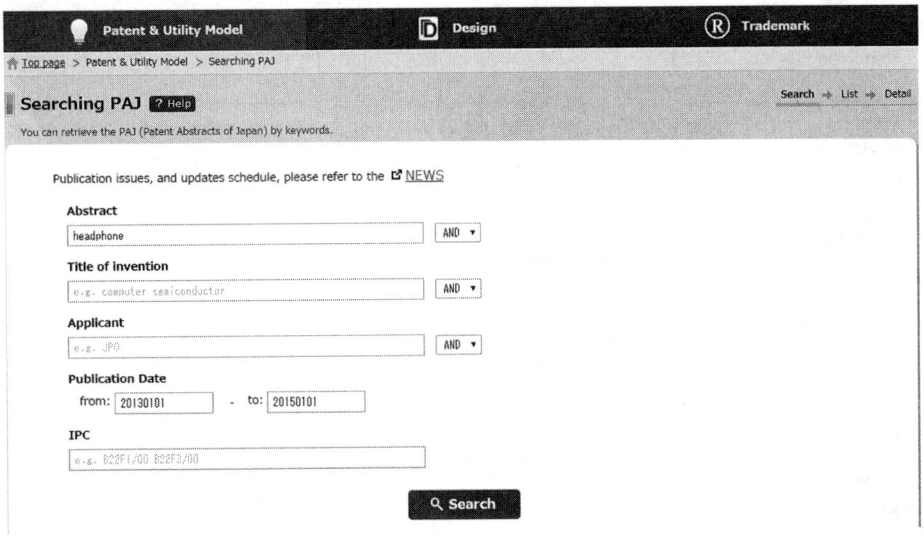

图 8 - 62

2. 点击检索 **🔍 Search** 按钮，检索结果 118 条，点击上面的 **View list** 按钮，得到结果列表，如图 8 - 63 所示。

图 8 - 63

3. 点击页面左侧的文献公开号，即可得到该条专利的各项著录项目及文摘，再点击上面的页签按钮，即可得到各项详细内容及附图等，如图 8 - 64 所示。

（五）Design Number Search（外观设计文献号码索引）

Design Number Search（外观设计文献号码索引）的检索方法如下：

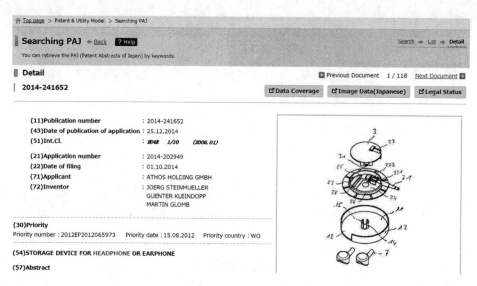

图 8 - 64　结果详情页面

1. 点击 "Design" 项下的链接 **1.Design Number Search**，进入该检索界面，在 Kind 一栏中选择 "Design application number"，在 Document Number（号码检索框）中输入：2015 - 000025，如图 8 - 65 所示。

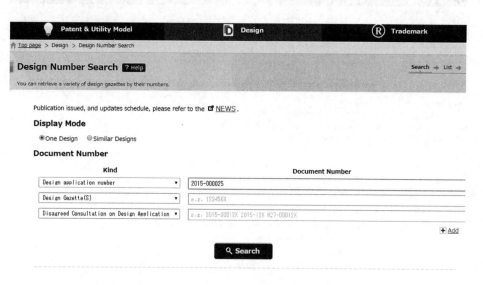

图 8 - 65　Design Number Search（外观设计文献号码索引）检索页

2. 点击检索 **Q Search** 按钮，进入下一个界面，再点击文献号（专利号），检索结果显示如图 8 - 66 所示。

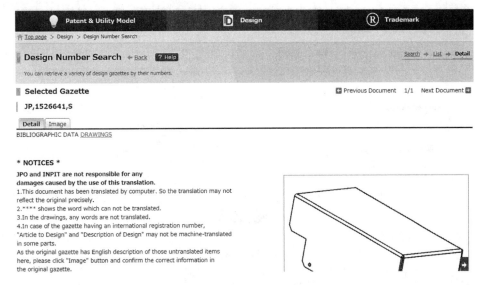

图 8 - 66　检索结果详情页

三、检索实例

检索课题：查找专利申请号为 2011 - 190663 的日本发明专利信息。

检索步骤如下：

1. 在地址栏中直接输入网址：https：//www. j - platpat. inpit. go. jp/web/all/top/BTm-TopEnglishPage，即可进入英文版 J - PlatPat 专利信息平台主页。如图 8 - 67

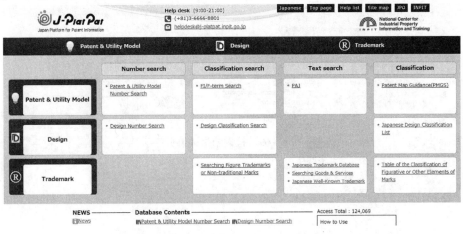

图 8 - 67　英文版 J - PlatPat 专利信息平台主页

2. 点击 "Patent & Utility Model" 项下的链接 1.Patent & Utility Model Number Search ，进入图 8 - 68 界面，在种类复选框（Kind）中选择 "Patent application number"，在文献号码框（Document Number）中输入 "2011 - 190663"。

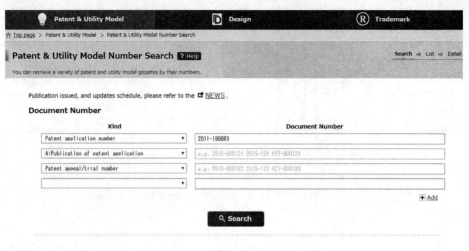

图 8-68

3. 点击检索按钮 Q Search 进入下一页面,再点击文献号链接,可得到详细的说明书及附图,如图 8-69 所示,检索完成。

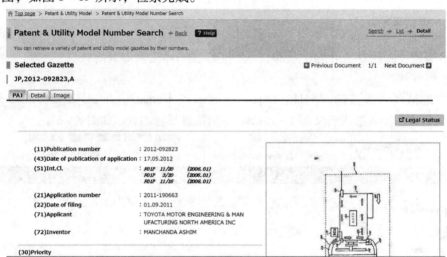

图 8-69 检索结果详情页

第九章　德温特出版物及其检索系统

第一节　概述

一、简况

英国德温特出版公司（Derwent Patent Ltd.）是英国一家专门从事专利情报的私营公司，创立于 1951 年。它的工作是从报道本国的专利文献开始的，首先创办了《英国专利文摘》，随后又创办了《比利时专利文摘》、《法国专利文摘》。随着这种按国别划分专利文摘的陆续增加，它的报道范围也逐步扩大到整个工业技术领域，现出版的有《世界专利索引》（World Patent Index——WPI）、《世界专利文摘》（World Patent Abstracts——WPA）、《化工专利索引》（Chemical Patent Index——CPI）、《电气专利索引》（Electrical Patent Index——EPI）、《优先权周报》（WPI Weekly Priority Concordance）、《WPI 累积索引》及按国别出版的专利摘要等。目前它报道世界上 42 个专利机构的专利，是世界上最大的专利文献出版公司。英国德温特公司出版的专利索引体系具有报道国家广、专业面全、出版迅速、检索途径多、文种单一等优点，在世界上各种专利方面检索工具中占有重要的地位。目前全球的科研人员、全球 500 强企业的研发人员、世界各国几乎所有主要的专利机构（知识产权局）、情报专家、业务发展人员都在使用 Derwent 所提供的情报资源。

德温特创新索引（Derwent Innovations Index——DII）是 Thomsom Derwent 和 Thomson ISI 共同开发的建立在 ISI Web of Knowledge 检索平台上的专利信息检索系统。DII 集成了著名的 Derwent World Patents Index（德温特世界专利索引）及 Patent Citation Index（专利引文索引）中的纪录，提供强大的检索功能，是查找全世界范围内专利信息的有力工具。读者可以通过 Thomsom Derwent 的网站 http：//www. derwent. com 了解有关信息。本章将在第三节介绍德温特创新检索系统。

二、德温特专利分类法简介

德温特公司编辑出版了各种各样的专利文献检索刊物。在刊物中使用了德温特专利分类号。其中的（CPI）化工专利索引、（EPI）电气专利索引、（GMPI）一般与机械专利索引等是按照德温特公司编排的分类号系统进行报道的。由于德温特出版物是经常使用的检索工具，因此有必要了解德温特专利分类法。

德温特分类是从应用性角度编制的，用一个英文字母加两个数字来代表一定的技术内容。

例如：M12　代表化学清洗

Q23　代表脚踏车

它将所有的技术领域分为三个大类，分别是：化学（Chemical）、工程（Engineering）、电子电气（Electronic and Electrical）。

大类之下又分为部（section），总共有33个部，其中A－M为化学，P1－Q7工程，S－X电子电气。

部又进一步分为小类（classes），总共有288个小类。

德温特分类表附在CPI，EPI，GMPI等文摘周报和WPIG（目录周报）各个分册的封二、封三页上，每个德温特分类号后面附有相应的国际专利分类号。

如果被报道的某项专利的发明主题涉及德温特分类不同的部，那么在报道时这些不同的部中都应当包括该专利。例如一种聚合纤维新染料专利，该专利将被包括在A、E和F部中。又如一项电视机的输出变压器专利，应当在V02和W03中都报导。具体内容详见（第三章 专利文献信息分类体系）。

第二节　德温特出版物体系

一、德温特公司的WPI出版物体系简介

德温特公司出版专利题录索引、文摘、累计索引等检索刊物，其发展过程如下：

①50年代出版分国别专利文摘，首先创刊《英国专利文摘》，继后陆续出版美国、日本、德国、法国、苏联、荷兰、比利时等七个国家和两个国际专利组织（国际专利合作条约和欧洲专利公约）的专利文摘。先后共出12种专利文摘杂志（日本、德国各有两种文摘杂志）。

②60年代创刊几种专业文摘刊物，如《聚合物专利文摘》、《药物专利文摘》、《农业化学专利文摘》，它们是日后《化学专利索引》产生的重要基础。

③70年代上述专利文摘刊物扩展到所有化学专业领域，从1970年开始，出版《中心专利索引》（Central Patent Index，简称CPI），1986年改名为《化学专利索引》（Chemical Patent Index，简称CPI）。

④1974年创刊《世界专利索引》（World Patent Index，简称WPI）和《优先案索引》（WPI Priority Index），WPI分P（一般）、Q（机械）、R（电气）、CH（化学）四个分册出版。

⑤1975年创刊《世界专利文摘》（World Patent Abstract，简称WPA），初步形成德温特专利检索体系。WPA报道领域涉及一般、机械和电气技术，并有分国版和分类版两大系列。

⑥1980年创刊《电气专利索引》（Electrical Patents Index，简称EPI），并在一段时间内与WPA共同以文摘形式报道电气专利，直到1986年WPA停止出版电气分册，由EPI统一报道。

⑦从 1988 年第 36 周起，德温特公司对文摘周报的刊名作了调整，分类文摘周报中的 WPA 停止使用，改名为 GMPI，也就是《综合与机械专利索引》（General and Mechanical Patents Index，简称 GMPI)，形成了今天的分类文摘的三个系列：CPI、EPI 和 GMPI。尽管都名为索引，但实际上为三大文摘刊物。每个系列均有若干分册出版物。但分国版 WPA 的名称仍然沿用。

因 CPI、EPI、GMPI 与 WPI 在名称上的统一，我们可以统称其为德温特的 WPI 体系。

表 9 - 1 - 1　WPI 与 CPI、EPI、GMPI 对应关系

专利题录系列	分册名称	专利文摘系列	分册名称
WPI	A - M	CPI	ABCDEFGHJKLM
	P	GMPI	P1 - P3　P4 - P8
	Q		Q1 - Q4　Q5 - Q7
	S - X	EPI	S，T，U，V，W，X

德温特公司对其所收录的多个国家（地区）、专利组织和刊物的文献分为主要国家和次要国家。一般说来，在文摘周报中只报道主要国家的专利文摘，对次要国家的专利则只在 WPI 中以题录形式报道。因此，并非 WPI 的所有题录在文摘周报中均可以找到相应的文摘。

二、德温特公司的 WPI 符号体系

1. 专利号的国别代码

德温特专利号由两部分构成，前面是由两个大些英文字母组成的国别代码，之后是专利说明书的序列号，称为为专利号。如：US4386355，DK8203870。WPI 自 1987 年第一期起，已收录 33 个单位所公布的专利文献。这 33 个单位包括 29 个国家和地区、2 个专利条约组织和两个报道新发明的出版物。

表 9 - 2 - 1　专利号国别代码和名称

名称代码	名称	名称代码	名称
AT	奥地利	IT	意大利
AU	澳大利亚	JP	日本
BE	比利时	KR	韩国
BR	巴西	LU	卢森堡
CA	加拿大	NL	荷兰
CH	瑞士	NO	挪威
CN	中国	PT	葡萄牙
CS	前捷克斯洛伐克	RO	罗马尼亚
DD	前民主德国	SE	瑞典

名称代码	名称	名称代码	名称
DE	前联邦德国	SU	前苏联
DK	丹麦	US	美国
ES	西班牙	ZA	南非
FI	芬兰	EP	欧洲专利条约
FR	法国	WO	国际专利合作条约
GB	英国	RD	研究公开 （Research Disclosure）
HU	匈牙利	TP	国际技术公开 （International Technology Disclosure）
IL	以色列		

2. 专利性质符号：德温特公司将其所报道的专利文献分为三种性质，分别用以下符号表示：

① ＊表示基本专利。即指由同一申请人将同一内容的技术发明在不同国家申请专利而最先公布的那一件专利。德温特公司的所谓基本专利是指，在内容相同的同族专利中，先由"主要"专利国批准公布，并为德温特公司首先收到和报道的专利文献。若首先在"次要"专利国批准公布，并为德温特公司收到和报道，则先定为临时基本专利，待其在"主要"专利国申请并获得批准后，以后者作为正式的基本专利。如：＊US4386355 是基本专利。

②＝表示相同专利。在内容相同的同族专利中，在基本专利申请期后，再向"主要"或"次要"专利国申请，并获得批准公布的专利，都是相同专利。

③# 表示非法定相同专利。凡在基本专利申请日期以后，超过法定的优先权有效期（一般为 12 个月），再行申请的相同专利，即非法定相同专利。

3. 年号：德温特公司从 1970 年开始，在其出版物中，用英文字母表示年号，如：

R - 1970 年，S - 1971 年，T - 1972 年，U - 1973 年，V - 1974 年，W - 1975 年，X - 1976 年，Y - 1977 年。

26 个英文字母中，Z 和 F、G、H、I 等不用。1978 年另从字母 A 开始：

A - 1978 年，B - 1979 年，C - 1980 年，D - 1981 年，E - 1982 年（47 - 52 期用 J），K - 1983 年。

1983 年 27 期起，废除以上办法，直接采用公元年的后两位数，如"83"、"84"等表示年代。从 1999 年起，年代直接用公元年的四位数字表示。

4. 入藏号、期号：德温特公司收集、报导基本专利时，给予一个入藏号，供同族相同专利共用。1983 年第 27 期以前，入藏号分两种形式：

化学化工类入藏号，由五位数字后附加代表年代的字母组成，例如：86137A

非化学化工类入藏号，由四位数字前加一代表万位数字的字母，后加一个代表年代的字母组成，例如：A2589D、F3649C。

万位符号的用法：A0001→A9999 A = 1；B0001→B9999 B = 2；C0001→C9999 C = 3。

1983 年 27 期以后，废除以上办法，入藏号改为六位数字组成，年号也改用公元年的后两位数字表示，并放在入藏号的前面，例如：83 - 712808。现在，入藏号后还常加上期号，并用"/"分开，例如：97 - 551337/18。从 1999 年起，入藏号前的年代直接用公元年的四位数字表示，例如：1999 - 478159/40。

另外，1983 年 27 期以前，期号前的年代也用一个字母表示，如 Y50、E05。之后，年号也改用公元年的后两位数字表示，如：8342、9925。从 1999 年起，期号前的年代直接用公元年的四位数字表示，例如：199940。

第三节　德温特创新检索数据库

一、德温特创新索引数据库

1. 简介

德温特创新索引（Derwent Innovations Index，简称 DII），使 Thomson Derwent 与 Thomson ISI 共同开发的建立在 ISI Web of Knowledge 检索平台上的专利信息检索系统。它将 Derwent World Patents Index 和 Patents Citation Index 有机地整合在一起，用户不仅可以通过它检索专利信息，而且可以通过这个数据库检索到专利的引用情况。用户还可以利用 Derwent Chemistry Resources 展开化学结构检索。同时，通过专利间引用与被引用这条线索可以帮助用户迅速的跟踪技术的最新进展；更可以利用其与 ISI Web of Science 双向连接，深入理解基础研究与应用技术的互动与发展，进一步推动研究向应用的转化。

它收录了来自 42 个专利机构授权的 1 460 多万项基本发明，3 000 多万条专利。每周更新并回溯至 1963 年，为研究人员提供世界范围内的化学、电子与电气以及工程技术领域内综合全面的发明信息，是检索全球专利信息比较权威的数据库。

该库按学科分为三个部分，即：

①Derwent Innovations Index（Chemical Section）

②Derwent Innovations Index（Electrical and Electronic Section）

③Derwent Innovations Index（Engineering Section）

2. DII 特点

①高附加值的专利文献标引与索引体系

德温特创新索引数据库继承了德温特 55 年来系统规范的统一标引，提供高附加值的专利情报深加工。德温特技术专家用通俗语言按照技术人员常用词及行为习惯重新用英文编写 DII 数据库记录的每一篇专利文献的标题和摘要，充分揭示专利的技术特征。这样重新编写的标题和摘要有利于使用者通过主题词途径检索到所需信息，保证较高的查全率及查准率。并有助于读者阅读理解专利的技术内容。

可以利用专利权人代码有效地检索到特定机构拥有的专利；以及可以利用德温特入藏登记号获取同族专利信息。可以通过专利的引文及被引用信息，了解该专利技术与其他专利技术之间的联系。

②提供一站式服务：

DII 系统提供独特的被引用专利检索以及与 ISI Web of Scicence 的双向链接，通过专利及科学论文之间的引用关系，揭示技术之间以及基础研究与技术创新之间的互动与联系，进一步推动研究向应用的转化。同时可建立 Email 定题服务，为每个用户提供个性化的服务。

③资源的强大整合：

DII 建立在 ISI Web of Knowledge 检索平台上，提供强大的跨库交叉检索功能：一个提问就可以同时检索专利、期刊、会议录等，是科技查新不可或缺的信息资源。

二、检索规则

1. 不区分大小写字符。

2. 使用引号，对一个特定的短语进行检索。

3. 布尔逻辑算符 SAME、AND、OR、NOT 用于组配检索词。以下这些逻辑符号可在一个检索式中出现，多个算符时，计算次序如下，SAME（表示它所连接的检索词出现在同一个句子中或者一个关键词短语里。）、NOT、AND、OR。

也可利用圆括号来改变运算优先级。

4. 当 AND、OR、NOT、SAME 不作为布尔运算符时，必须用引号。

5. 通配符

以下通配符可以用于检索词的变化形式：

*   代表 0 个到多个任意字符，如 Gene * 可检索 Gene，Genes，General，Generation

?   代表 1 个任意字符，如 Car? 可表示 Cars，Care

\$ 表示 0 或 1 个任意字符，如 Cell \$ 可表示 Cell，Cells，Cello

三、德温特创新索引检索方法

DII 主要提供一般检索（General Search）、被引专利检索（Cited Patent Search）、化合物检索（Compound Search）、高级检索（Advanced Search）四种检索方式。点击检索页面上的导航按钮可以在这几种检索方式之间切换。下面介绍系统中使用的四种检索方式。

1. 一般检索（General Search）

一般检索提供通过多个检索字段进行检索。在检索字段中可输入检索词及使用逻辑算符、通配符。

（1）检索步骤

①选择需要检索的数据库。DII 按所属领域将其收录的专利文献划分为三个数据库：化学（Chemical）、电气与电子（Electrical and Electronic）、工程（Engineering），用户根据检索需要，可通过复选框选择或取消选中的数据库范围。

②选择需要检索的时间范围。选择的"年"是指专利信息进入数据库的时间，而不一定是专利公开的时间。时间范围还可选择最近一、二次更新的数据库范围（数据每周更

新）。

③在需要检索的检索字段中输入检索式。可以使用逻辑运算符和通配符，若在多个字段中输入检索式，则不同字段之间自动使用 AND 逻辑算符。

④点击"Search"按钮发出检索指令。

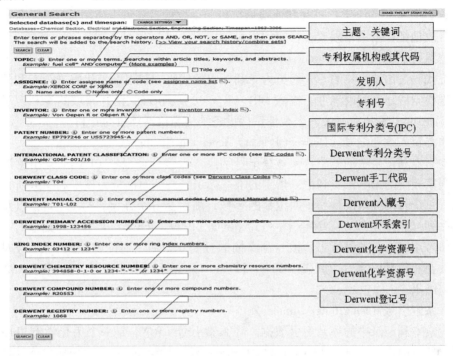

图 9 - 3 - 1　一般检索页面

（2）一般检索提供下列可检字段

①主题（Topic）

可检索专利的标题、关键词、和摘要。

②专利权人（Assignee）

指在法律上拥有专利全部或部分权利的个人或公司。可检索专利记录中专利权人名称（Patent Assignee Name（s））和代码 Code（s）字段

③发明人（Inventor）

可检索专利记录中发明人字段。输入方式为姓，后跟名的首字母。当检索发明人姓名时，建议使用星号（＊）以保证查全。

④专利号（Patent Number）

可检索专利记录中专利号字段。您既可以输入完整的专利号，也可以利用通配符输入部分专利号进行查找。

⑤国际专利分类号（International Patent Classification）

IPC 是由世界知识产权组织（WIPO）按照层级分类体系建立的分类号。该检索字段可对专利记录中的 IPC 数据进行检索。

⑥德温特分类代码（Derwent Class Code）

专利按学科被划分为 20 个大类。这些类别被分为三组。化学（A－M），工程（P－Q），电子与电气（S－X）。这 20 个部分被进一步细分成类别。每个类别包括大类的首字母随后跟随两位数字。例如，X22 是 Automotive Electrics 的分类代码，而 C04 是 Chemical Fertilizers 的代码．当分类代码和其他检索字段如主题检索等组合使用时，这些代码可以帮您精确有效地把检索结果限定在特定的学科领域。

⑦德温特手工代码（Derwent Manual Code）

手工代码是由德温特的专业人员为专利标引的代码。利用手工代码进行专利的检索可显著改进检索的速度和准确性。输入 H01－B＊ 可找到石油/钻井领域的专利记录，输入 H01－B01＊ 可找到所有有关海上石油钻探设备结构与仪器领域的专利。

⑧德温特入藏登记号（Derwent Primary Accession Numbers）

可检索专利记录中的德温特入藏登记号字段。入藏号登记号（PAN）是由德温特为每一个专利家族中的第一条专利记录指定的唯一标识号，从而也是为该专利家族所指定的唯一编号。每个号码的组成是一个四位数的年号，随后是一个连字符号 "－"，以及一个六位数的序列号。即 YYYY－NNNNNN 格式（例如，1999－468964）。登记号后还有一个两位数的更新号用以标示德温特出版该专利文摘的日期。当使用通配符检索 PAN 号时，应将通配符放在 9 位号码之后。例如：1999－52791＊ 可检索到若干记录，而 1999－5279＊ 则检索不到结果。

⑨环系索引号（Ring Index Number）

可检索专利记录中的环系索引数据。环系索引号（RIN）是一个为化学有机环系统指定的五位数字的代码。自 1972 年以来的 Derwent World Patent Index 数据中都可提供检索。可供检索的专利分类包括：

- Section B（医药）；
- Section C（农用化学品）；and/or
- Section E（普通化学）．

检索式的输入方式如：01829，也可以使用通配符如：0182＊ 或 018？9

⑩德温特化学资源号（Derwent Chemistry Resource Number）

可检索专利记录中的化学资源号（Derwent Chemistry Resource Number，DCR）字段。DCR 号是 Derwent ChemistryResource 数据库中为特定化合物指定的唯一标识号。

⑪ 德温特化合物号（Derwent Compound Number）

检索专利记录中的 Derwent Compound Number 字段。Derwent Compound Numbers（DCN）是检索 Questel. Orbit 上的 MMS 数据库独特的化合物检索入口的化合物编号。自 1987 年起 MMS 化合物数字索引在 DWPI 所有的主机上提供，涉及的专利分类有：

- Sections B（医药）；
- Section C（农用化学）；以及
- Section E（普通化学）．

⑫ 德温特注册号 （Derwent Registry Number）

可检索专利记录中的 Derwent Registry Number 字段。Derwent Registry Numbers（DRN）

对应了 DWPI 数据中最常见的 2 100 多个化合物。DRN 索引自 1981 年以后在 DWPI 中提供,用于检索从 B 部(医药)到 M(冶金)的化学专利的检索。

2. 被引专利检索(Cited Patent Search)

被引用检索用于查找引用了匹配检索要求的专利的那些专利。例如:在被引用专利受让人字段中输入 Xerox Corp 进行检索,则查找所有引用了专利受让人为 Xerox Corp 的专利的那些专利。

(1)检索步骤

①选择需要检索的数据库。(同"一般检索")

②选择需要检索的时间范围。(同"一般检索")

③在需要检索的检索字段中输入检索式。可以使用逻辑运算符和通配符,若在多个字段中输入检索式,则不同字段之间自动使用 AND 逻辑算符。

④点击"Search"按钮发出检索指令。

被引用检索页面见图 9 - 3 - 2。

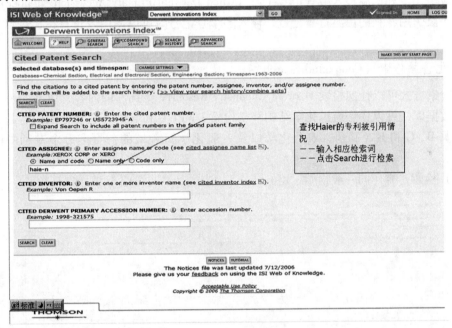

图 9 - 3 - 2　被引专利检索页面

(2)被引用检索提供下列可检字段

①被引专利号字段(Cited Patent Number)

以专利号作为检索词,用于查找有哪些专利引用了输入的专利号所代表的专利。输入的多个被引用专利号之间可以使用逻辑算符,也可以使用通配符。输入的专利号是被引用专利的专利号。

例如:输入 EP178925 ＊,查找引用以 EP178925 为专利号(状态码任意)的专利的那些专利。

输入 US4809286 ＊ AND US4796266 ＊，查找同时引用了 US4809286 及 US4796266 两条专利的那些专利。

②被引用专利受让人字段（Cited Assignee）

输入被引用专利受让人的代码或名称，可以输入多个受让人代码或名称，在它们之间可以使用逻辑算符，也可以使用通配符。由于输入的检索词为 4 个字符时可能是受让人代码，也可能是受让人名称，为避免检索到不相关文献，可以通过单选按钮指定是对受让人名称及代码均检索（Name and Code），还是只检索受让人名称（Name Only），以及只检索受让人代码（Code Only）。

例如：输入 Iner－n AND Ryob 并且选择"Code Only"单选按钮，则检索引用了专利受让人代码为 Iner－n 的专利，并且也引用了专利受让人代码为 Ryob 的那些专利。

③被引用发明人字段（Cited Inventor）

输入被引用专利的发明人姓名，可以输入多个姓名，使用逻辑算符联结，姓名中可以使用通配符。

④被引用专利德温特入藏登记号字段（Cited Derwent Primary Accession Number）

输入被引用专利的德温特登记号，输入多个登记号时可以使用逻辑算符，也可以使用通配符。

3．化合物检索（Compound Search）

该检索方式可以让您检索 Derwent Chemistry Resource 数据库的内容．DCR 是一个基于网络的数据库，可以让您通过化学结构轻松检索 DWPI 专利数据．它涵盖的内容超过在德温特资源 B，C 和 E（制药、农业化学以及一般化学）领域的一百多万个专利中的化学结构。

（1）检索步骤（同一般检索，略）

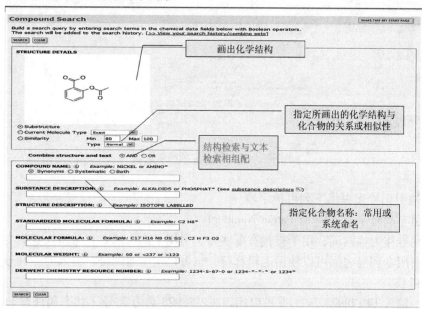

图 9－3－3　化合物检索页面

174

（2）可检字段：

①化合物名称（Compound Names）

检索提示：

如果您在检索化合物名称时遇到问题，请试着用对检索词加引号（""），如果化合物名称包含了括号等信息，则必须使用引号。例如："Sodium Alginate（RN 1866ALGI）"可返回一个检索结果，但 Sodium Alginate（RN 1866ALGI）则无法得到检索结果，因为化合物名称中包含了括号（）。

②物质描述词（Substance Description）

物质描述词是用来分类化合物的关键词。它们可以用来检索一组很难用结构式检索的物质。（例如，生物碱、合金、anthracyclines）

③结构描述词（Structure Description）

如果某个化合物记录中不包含化合物结构，则对其提供一个文本型描述信息。对于有结构的记录也会存在文本描述词以澄清或者进一步说明结构信息。如果某个化合物在数据库中没有化合物图形，则在此字段中输入一个数值非常有用。

检索示例：

2∶1 ratio. L－threo－isomer；2∶1 ratio L－threo isomer. Keto；2∶1 ratio. L－threo－isomer. Enol－form；Anenzyme that catalyses the hydrolysis of 1，4－beta－D

检索提示：

如果您在检索结构描述词有问题的话，可以试着对检索词使用引号（""）。如果结构描述词包括了特殊的符号或者部分描述词被置入左右括号内，则必须使用引号。

④标准分子式（Standardized Molecular Formula）

标准分子式基于化合物的分子式，而且，在很大程度上仅用于标示化合物不同片段的出现频次。它由几个分子式片段组成，每个片段出现的次数被标示出来并用＊隔开。

请注意以下规则：

这是一个可检索的文本字段，它包含的检索词基于结构中每个片段的分子式连同一个限定项来标示它的化学计量。

如果化学计量未知或者可变，则没有限定项。

化合物中片段的总数将被用一个关键词 Total 显示。如果片段有可变的计量，那么就没有 Total 显示项。

化合物中不同类型片段的总数会用关键词 TYPE 显示。如果任何片段是可选的，则 TYPE 将不显示。

检索示例：C14 H26 O2；C10 H15 N O；H Li ＊

检索提示：

如果您在检索标准分子式时，分子式中包括了特殊字符，必须使用引号。例如："c10 h15 n o ＊1"得到 70 个结果，而：c10 h15 n o ＊1 则没有检索结果。这是因为在分子式中出现了星号（＊）。

⑤分子式（Molecular Formula）

德温特使用的分子式的化学计量与从化学结构中计算出来的化学计量有所不同。它包括结构中每个片段的分子式，用圆点分隔。如果结构未知的话，则有可能包括单词。

检索示例：

2 C6 H8 O6. Ca；C6 H11 N O；C14 H26 O2；C17 H16 N8 O5 S5. C2 H F3 O2

检索提示：

如果您在检索分子式时发生问题，请对检索项使用引号（""）. 如果分子式包括了特殊字符或者分子式的部分被置于左右括号内，则必须使用引号。

⑥分子量（Molecular Weight）

在分子量检索中允许使用小数点（.）可使用以下格式

>N 大于

<N 小于

=N 等于

N 等于

> =N 大于等于

< =N 小于等于

⑦德温特化学资源号（Derwent Chemistry Resource Numbers）

（见一般检索字段）

4. 高级检索（Advanced Search）

高级检索方式通过使用字段标识符及检索结果记录集组合方式提供执行复杂检索的途径。熟练掌握检索字段代码和检索技术的用户，可直接在检索输入框中构造检索式；不熟悉的用户也可参照页面右边上方显示的可采用的字段标识符和布尔逻辑算符构造检索式。

需要注意的是：输入带有字段的检索词，应先输入检索字段代码，然后在其后的等号后输入检索词。

（1）检索步骤

①选择需要检索的数据库。（同"一般检索"）

②选择需要检索的时间范围，缺省为选择所有年，这里"年"是指专利信息进入数据库的年度，而不一定是专利公开的年度。

③在检索式输入框中输入检索式。

④点击"Search"按钮发出检索指令。

（2）检索字段及检索表达式

表9－3－1　主要检索字段标识符

字段标识符	检索字段（英文）	检索字段（中文）
TS	Topic	主题，包括专利名称及摘要
TI	Title	专利名称
AU	Inventor	发明人
PN	Patent Number	专利号
IP	IPC	国际专利分类号

字段标识符	检索字段（英文）	检索字段（中文）
DC	Class Code	德温特分类号
MC	Manual Code	德温特手工代码
GA	PAN	德温特入藏登记号
AN	Assignee Name	专利受让人名称
AC	Assignee Code	专利受让人代码
AE	Assignee Name + Code	专利受让人名称或代码
CP	Cited Patent Number	被引用专利号
CX	CP + Patent Family	被引用专利号及专利族
CA	Cited Assignee	被引用专利受让人名称或代码
CN	Cited Assignee Name	被引用专利受让人名称
CC	Cited Assignee Code	被引用专利受让人代码
CI	Cited Inventor	被引用发明人
CD	Cited PAN	被引用专利德温特入藏登记号

检索表达式举例如下：

①输入检索式 AE = Intel，检索专利受让人为 Intel 的专利。

②输入检索式 TS =（carinogen OR camcer * NOT brain），检索在名称或摘要中包含 carinogen 一词或包含以 cancer 开头的词，但不包含 brain 这个词的专利。

③输入检索式 DC = L03，检索德温特分类号为 L03 的专利。

④输入检索式（#2 NOT #1）AND #3，得到的检索结果是出现在检索结果集合 2 中但未出现在集合 1 中且出现在集合 3 中的专利。

四、检索结果分析

当点击"Search"发出检索指令后，系统返回检索结果。

首先显示检索结果列表页面

例如：检索式为 TS =（plasma panel display unit *），返回的检索页面见图 9 - 3 - 4。

如图，返回的检索页面中包括：

使用的检索式 TS =（plasma panel display unit *），命中记录的数量（3541 results found），命中记录列表。通过页面右上方的"search with results"可在检索结果中进行二次检索。在"Refine your results"下方选择相应的字段，可对检索结果做进一步精简。对于检索命中记录，DII 提供强大的管理功能，通过页面右上角的排序方式选择菜单（sort by）可以对检索结果按照指定的方式（如，可按照 Author，cited times，year 等）排序。对符合检索要求的记录可以进行标记，然后对标记的记录可以批量下载著录项目及摘要、附图等数据，下载的数据格式可以选择为 HTML 格式，也可以设置为其他的格式输入专用数据库，以便日后对数据进行分析处理。这些都体现了 DII 专业检索系统的优越性。

命中记录显示的项目包括：专利号（若有同族专利也显示同族专利号）、专利名称、受让人、发明人、德温特入藏登记号、主要附图的缩略图及链接。专利名称具有连接，点

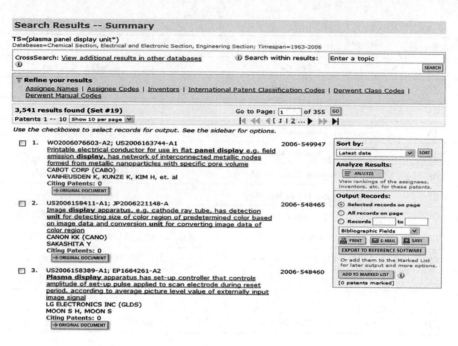

图 9 - 3 - 4　检索结果列表面

击某专利名称后，显示该专利文献的详细内容页面，见图 9 - 3 - 5。

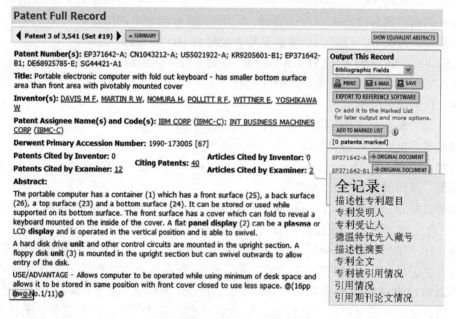

图 9 - 3 - 5　详细内容页面

点击主要附图连接可在一个新打开的窗口中显示该专利的主要附图。

专利的详细内容页面中著录项目主要包括：专利号（若有同族专利，则页显示同组专利号）、专利名称、发明人姓名、专利受让人姓名及代码、德温特入藏登记号、摘要、国际专利分类号、德温特分类号、德温特手工代码、同族专利信息、申请号及申请日期（包括同族专利）、优先权申请号及申请日期，若是 WO 或 EP 等专利，还提供指定国家及地区等信息。其中专利名称及摘要是德温特公司的专家根据专利内容重新编写的，较原有的专利名称与摘要更能充分、准确地揭示发明的内容、体现专利的新颖性、用途及优点。此外，页面中还提供专利的引文及被引用信息，列出该专利引用的专利、文章的链接以及引用该专利的专利链接。通过这些链接不仅可以查看该专利的引文及引用专利，了解该专利技术与其他专利技术与科学之间的联系，而且可以了解该技术的最新进展。对于德国、欧洲专利局、美国、世界知识产权组织的专利，德温特提供 PDF 格式的全文，点击 "Original document" 链接可打开显示专利原始全文内容的页面，见图 9 – 3 – 6。

图 9 – 3 – 6　专利原始格式的全文显示页

第十章 国际工业品外观设计的检索

第一节 有关国际工业品外观设计的协议

工业品外观设计在世界英语国家一般被称为"industrial design",直译就是"工业设计"。顾名思义工业品外观设计与工业是紧密相连的,也就是说,工业品外观设计是工业革命的产物。从 18 世纪 60 年代开始的工业革命到上世纪 80 年代的后现代设计,英国相继诞生了诸多与工业品外观设计相关的法律,它的历程是较为复杂的,其后各国也纷纷仿效。为了便于读者了解网上国际工业品外观设计数据库的检索,首先简要介绍一下关于"国际工业品外观设计"的相关知识。

一、《工业品外观设计国际注册海牙协定》

(The Hague Agreement Concerning the International Deposit ofIndustrial Designs)简称《海牙协定》。

《海牙协定》系于 1925 年 11 月 6 日在荷兰海牙签订的旨在建立工业品外观设计国际注册制度、简化工业品外观设计专利申请手续的国际公约。该协定于 1928 年生效,现由世界知识产权组织国际局管理。该协定现有 1934 年伦敦法、1960 年海牙法和 1999 年日内瓦法。现行法为 1999 年日内瓦法。该协定曾分别于 1934 年、1960 年、1961 年、1967 年和 1979 年修订。

该协定的宗旨是简化工业品外观设计专利申请手续,使申请人只需按规定将申请专利的工业品外观设计提交一次保存,就可以在一些国家取得保护,从而避免分别到各国专利局保存或者注册的重复和麻烦,同时也可减少申请人的开支。按照该协定,缔约国的国民或者居民可以直接按照缔约国的法律通过该国专利局向世界知识产权组织国际局提交外观设计国际保存,即在所有其他缔约国获得对其外观设计的保护;向世界知识产权组织国际局申请国际保存,保存的形式或者是使用该外观设计的工业品,或者是该外观设计的绘图、照片或者其他能充分体现外观设计的图样。

二、《建立外观设计国际分类洛迦诺协定》

《建立外观设计国际分类洛迦诺协定》(Locarno Agreement Establishing an International-Classification for lndustrial Designs)简称《洛迦诺协定》。

《洛迦诺协定》系于 1968 年 10 月 8 日在瑞士洛迦诺签订的,旨在建立统一的外观设计国际分类方法的国际公约。该协定于 1971 年 4 月 27 日生效，现由世界知识产权组织管理。该协定确定了使用外观设计的商品分类法，并根据该协定建立了一个由全体缔约国组成的洛迦诺联盟。洛迦诺分类法包括一个有 31 个的商品目录表和用法说明。外观设计保存或注册的任何出版物中，都必须采用统一的外观设计商品分类法，标明大类和小类国际分类号。

国际外观设计分类号在国际外观设计文献上的表达方式是：Cl. 21 –01。

三、有关参加海牙协议工业品外观设计成员国

不完全统计，参加"海牙协议工业品设计成员国"的成员一共有 40 多个个国家。他们是：比利时、伯利兹、贝宁、保加利亚、科特迪瓦、克罗地亚、朝鲜人民民主共和国、埃及、爱沙尼亚、法国、加蓬、格鲁及亚、德国、希腊、梵蒂冈、匈牙利、冰岛、印度尼西亚、意大利、吉尔吉斯斯坦、列支敦士登、卢森堡、摩纳哥、蒙古、摩洛哥、纳米比亚、荷兰、尼日尔、摩尔多瓦共和国、罗马尼亚、塞内加尔、塞尔维亚黑山共和国、斯洛文尼亚、西班牙、苏里南、瑞士、前南斯拉夫马其顿共和国、突尼斯、土耳其、乌克兰等。

四、有关国际外观设计体系

受《工业品外观设计国际注册海牙协定》管辖的国际外观设计体系由世界知识产权组织（WIPO）管理。2003 年依《海牙协定》申请工业品外观设计保护的总件数为 13 512 件。自海牙体系于 1928 年起开始运作以来到 2004 年，国际外观设计注册簿中共保存了约 2 000 000 件外观设计。

第二节　国际工业品外观设计文献概述

符合规定格式要求的国际申请被记录在国际注册单位（WIPO 国际局），除要求延期外，均在国际外观设计公报中公布，同时登载在 WIPO 因特网网站上，每月公告一次，内容包括所有国际注册数据及工业品外观设计副本。

国际注册用英语和法语出版，原文在前，译文在后，用斜体字表示。

国际外观设计公报按"依 1960 年法和/或 1999 年法独占或部分国际申请的国际注册（International Registrations Resulting from International Applications Governed Exclusively or Partly by the 1999 Act and/or the 1960 Act）"和"依 1934 年法独占国际申请的国际注册（International Registrations Resulting from International Applications Governed Exclusively by the 1934 Act）"分别公布。内容包括：

——依 1960 年法和/或 1999 年法出版的国际注册（International Registrations Published Under the 1960 Act and/or the 1999 Act）；

——依 1934 年法出版的国际注册（International Registrations Published Under the 1934 Act）；

——续展（Renewals）；

——不续展的国际注册（International Registrations Which have not been the Subject of a

Renewal）；

——权属变更（Changes in Ownership）；

——合并国际注册（Mergers of International Registrations）；

——持有人姓名和/或地址变更（Changes in the Name and/or Address of the Holder）；

——放弃（Renunciation）；

——限定（Limitations）；

——拒绝（Refusals）；

——拒绝撤回（Withdrawals of refusals）；

——保护批准说明（Statements of Grant of Protection）；

——无效（Invalidations）；

——修改（Corrections）。

每期国际外观设计公报公告的依 1960 年法和/或 1999 年法出版的国际注册均含国际注册主要著录项目和工业品外观设计图。见图 10 - 1。

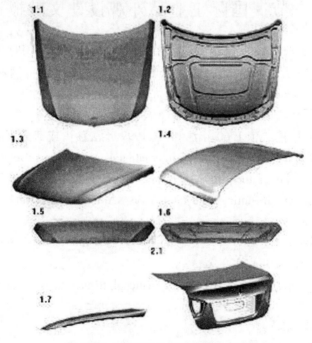

图 10 - 1　国际工业品外观设计文献

第三节　国际工业品外观设计的网上检索

一、国际外观设计检索界面进入方法

检索国际工业品外观设计需进入世界知识产权组织（WIPO）网站的知识产权数字图书馆（Intellectual Property Digital library）网页，其网址是：www. wipo. intipdlen。见图 10 - 2。

图 10 - 2　知识产权数字图书馆网页

点击知识产权数字图书馆网页左侧的 Designs（外观设计）栏目链接，进入国际工业品外观设计检索界面，见下图 10 - 3 所示。

国际工业品外观设计检索界面共有两个："Hague Express Structured Search"（结构表达式检索界面）和"Hague Express Simple Search"（简单检索界面）。两个检索界面可各自独立使用，在检索过程中可以相互转换。

二、结构表达式检索

在结构表达式检索界面中，设有三个选项或输入区：结果排序选项区（Sort Results），检索提问式输入区（Query）和显示选项区（Display Options）。如图 10 - 3 所示。

结果排序选项区设有两个选项：按年代顺序排序（Chronologically）和按相关性排序（By Relevance）。

检索提问式输入区设有 7 组检索式输入窗口：每组检索式输入窗口均由检索字段选项窗口和检索式输入窗口组成，每个检索字段选项窗口内有七个检索字段可供选择：注册号（Registration Number）、持有人（Holder）、国际注册日期（International Registration Date）、外观设计分类（Locarno Classification）、产品名称（Indication of Products）、优先权（Priority Data）和指定国（Designated Contracting Parties）；每组检索式输入窗口之间设有逻辑组配选项。

显示选项区设有 4 个选项：每页显示结果条数（Display 10 results per page），新窗口显示（in a new window），显示国际外观设计分类（locarno class）和显示国际保存日期（Deposit Date）。其中每页显示结果条数可选择 10、25 或 50 条。

图 10 - 3　结构表达式检索界面

以下主要介绍各检索字段使用方法。

1. "结构表达式检索界面" 中的逻辑运算符用法

在结构检索式检索界面中，设在检索式输入窗口之间的逻辑组配选项下拉菜单中有五种逻辑运算符："OR"、"AND"、"ANDNOT"、"XOR"、"NEAR"。每种逻辑运算符的含义是：

OR：要求满足 A 条件或 B 条件或同时满足 A 和 B 条件。

AND：要求同时满足 A 条件和 B 条件。

ANDNOT：要求满足 A 条件但是不能包含 B 条件。

XOR：要求满足 A 条件或 B 条件，但是要排除同时满足 A 和 B 条件的检索记录。

NEAR：要求同时满足 A 条件和 B 条件，但是 A 和 B 之间相距不得大于五个词。

"OR"、"AND"、"ANDNOT" 和 "XOR" 四种逻辑运算符既可用于两个以上相同检索字段的检索入口之间的逻辑组配，也可用于两个以上不同检索字段的检索入口之间的逻辑组配；但 "NEAR" 逻辑运算符只能用于两个以上相同检索字段的检索入口之间的逻辑组配。

检索者可以依据自己手中所掌握的信息；例如：外观设计的持有人、国际注册日期、外观设计产品的分类、产品名称以及优先权和指定国的相关信息，应用逻辑运算符进行逻辑组配检索。正确地使用其逻辑运算符，能使检索人快捷准确的检索到最相关信息。

2. 注册号检索方法

注册号在国际工业品外观设计文献中的表达方式是：DM/NNNNN，如 DM/57906，但检索时只能输入数字部分。具体操作步骤如下：

在任意一个检索字段选项窗口中选择注册号（Registration Number）字段，并在其右侧的检索式输入窗口输入注册号，例如输入"57906"，然后点击检索（Search）即可。

检索命中后，自动进入检索结果目录显示界面。如图 10 - 4。

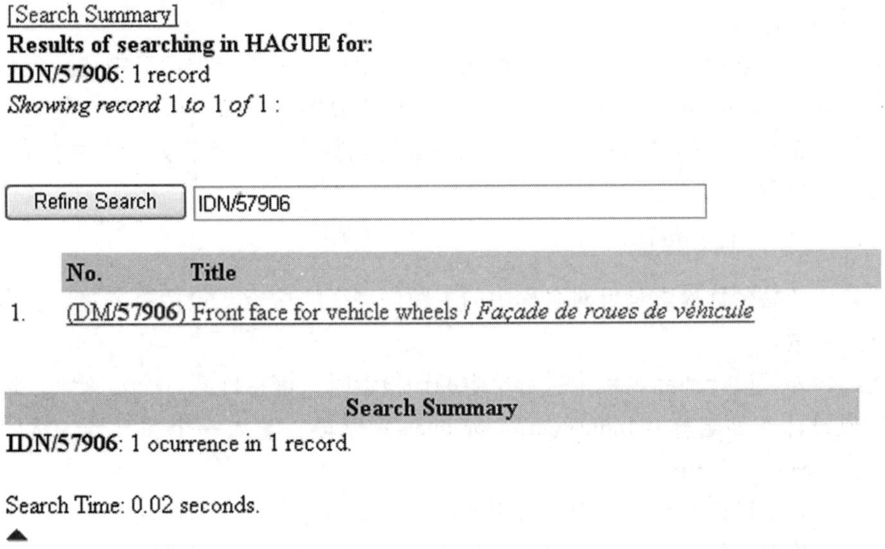

[Search Summary]
Results of searching in HAGUE for:
IDN/57906: 1 record
Showing record 1 to 1 of 1:

> Refine Search   IDN/57906

No.	Title
1.	(DM/57906) Front face for vehicle wheels / *Façade de roues de véhicule*

Search Summary

IDN/57906: 1 ocurrence in 1 record.

Search Time: 0.02 seconds.
▲

图 10 - 4   检索结果目录显示界面

3. 外观设计持有人检索方法

检索时可在任意一个检索字段选项窗口中选择持有人（Holder）字段，并在其右侧的检索式输入窗口输入外观设计持有人名称中的一个关键词，或者输入外观设计持有人名称中的一个词组；或者在两个以上检索字段选项窗口中均选择持有人（Holder）字段，并在其右侧的检索式输入窗口分别输入外观设计持有人名称中的两个以上不相连的关键词，并在该两个以上检索式输入窗口之间选择"AND"或"NEAR"逻辑运算符进行组配，然后点击检索（Search）即可。

已知外观设计持有人的名字是："固特异轮胎与橡胶公司专利部"其英文为"The goodyear tire and rubber company patent section"，在"持有人"检索式输入窗口输入"goodyear"，或者在同一个"持有人"检索式输入窗口输入"goodyear tire"，或者在三个不同的"持有人"检索式输入窗口分别输入"goodyear""tire""rubber"，他们之间再选择"NEAR"或"AND"逻辑运算符连接，然后进行检索。

4. 国际注册日期检索方法

国际注册日期（internationl Registration Date）输入格式为：DD. MM. YYYY，即：先输入"日"，然后是"月"，最后是"年"，日、月、年之间用小数点相连。例如：

19.05.1999。然后进行检索。

检索时可在任意一个检索字段选项窗口中选择国际注册日期（internationl Registration Date）字段，并在其右侧的检索式输入窗口输入一个完整的国际注册日期，然后进行检索。

5. 国际外观设计分类（洛迦诺分类）检索方法

国际外观设计分类由大类和小类组成。大类包含 2 位数字，小类包含 2 位数字，中间用小数点或横线连接。

在进行国际外观设计分类检索时，可在任意一个检索字段选项窗口中选择外观设计分类号（Locarno Classification）字段，输入一个完整的分类号，如：12 - 10（此分类号要检索的内容是"拖车，包括野营用拖车或有活动住房的拖车"）；或输入分类号的大类，如：12，然后进行检索。

6. 外观设计产品名称检索方法

外观设计产品名称检索是针对名称中的主题词进行的检索，包括单主题词、多主题词和主题词组检索。

当在国际外观设计产品名称中进行单主题词检索时，可在任意一个检索字段选项窗口中选择外观设计产品名称（Indication of products）字段，输入一个关键词，然后进行检索。例如：camera（照相机）。

当在国际外观设计产品名称中进行两个以上主题词检索时，可在任意两个以上检索字段选项窗口中均选择外观设计产品名称（Indication of products）字段，每个检索入口输入一个关键词，并在该两个以上检索式输入窗口之间选择"AND"或"NEAR"逻辑运算符进行组配，然后进行检索。例如：在两个检索式输入窗口分别输入"camera（照相机）"和"digital（数字的）"，表示检索数字相机。

当在国际外观设计产品名称中进行主题词组检索时，可在任意一个检索字段选项窗口中选择外观设计产品名称（Indication of products）字段，输入关键词组，即：输入时词与词之间空一个格，然后进行检索。例如：在一个检索式输入窗口输入"digital camera"（数码相机）。

在国际外观设计产品名称检索中，多主题词和主题词组检索相比，主题词组检索的结果更准确，而多主题词检索的结果范围更大。

7. 优先权检索方法

在国际工业品外观设计数据库中，优先权数据包括：优先权日期、优先权号和优先权国家。如：08.02.1999，No 990852，FR（DM/047905 的国际优先权）。

在进行国际外观设计的优先权检索时，可在任意一个检索字段选项窗口中选择优先权（Priority Data）字段，输入优先权日期或/和优先权号或/和优先权国家，然后进行检索。

在这里需要注意的是：在检索优先权日期时，请按"日、月、年"的格式进行输入，同时在日、月、年之间用小数点隔开，如：08.02.1999；在检索优先权号和优先权国家时，先输入优先权号，再输入优先权国家代码，优先权号和优先权国家中间空格即可，如：990852 FR。

8. 指定国检索方法

指定国数据为两个字母构成的国家代码，如：FR（法国），GB（英国）。

在进行国际外观设计的指定国检索时，可在任意一个检索字段选项窗口中选择指定国（Designated Contracting Parties）字段，输入国家代码，如：FR，然后进行检索。

三、简单检索界面

在结构表达式检索界面点击"Simple Search"（简单检索），即切换到简单检索界面。见图 10 - 5。

图 10 - 5　简单检索界面

简单检索界面上设置一个检索式输入窗口"Search for（检索）"和一个检索限定选项窗口"Results must contain（检索结果中必须包括的内容）"，检索时两个窗口必须配合使用。

检索限定选项窗口设有下拉菜单，其中含有三个选项：Any of these words，All of these words，This exact phrase。

当在检索式输入窗口输入一个词或一个连续的字符串时，选择检索限定选项窗口中的任意一项均可。

当在检索式输入窗口输入两个以上词或两个以上连续的字符串时，需根据需要选择检索限定选项窗口中的一种适当的选项。三个选项的内容是：

Any of these words：检索含有这些词中任意一个词的记录，表示在检索式输入窗口输入的词之间的关系为逻辑"或"。例如：在检索式输入窗口输入"car automobile"，在检索限定选项窗口中选择"Any of these words"，表示检索含有 car 或 automobile 的所有记录。

All of these words：检索同时含有全部这些词的记录，表示在检索式输入窗口输入的词之间的关系为逻辑"与"。例如：在检索式输入窗口输入"car light"，在检索限定选项窗口中选择"All of these words"，表示检索既含有 car 又含有 light 的记录。

This exact phrase：检索含有这个确切词组的记录，表示在检索式输入窗口输入的词相邻，之间不能有其他词插入。例如：在检索式输入窗口输入"still camera"，在检索限定选项窗口中选择"This exact phrase"，表示检索既含有 still 又含有 camera 且两词相邻构成词组的记录。

四、外观设计产品图显示

国际工业品外观设计检索结果有两种显示方式：检索结果目录显示（见图 10 - 4）和外观设计产品图显示。

在检索结果目录显示页上点击检索结果目录中的某一条目，即可显示出该条目外观设计的产品图案。见图 10 - 6。国际工业品外观设计产品图可以打印或下载。

Dépôts publiés selon l'Acte de 1960 /
Deposits Published Under the 1960 Act

(11) DM/057906 **(15)** 09.11.2001 **(18)** 09.11.2011
(73) DAIMLER AG, Mercedesstrasse 137, 70327 Stuttgart (DE) **(86)(87)(88)** DE **(74)** Sabine
Gluthe Daimler AG, GR/VI - H512, 70546 Stuttgart (DE) **(28)** 1 **(54)** Front face for vehicle
wheels / *Façade de roues de véhicule* **(51)** Cl. 12-16 **(81)** I. AN, EG, ES, ID, TN, VA. II. BX, CH,
FR, GR, HU, IT, ME, MK, RS, SI. **(30)** 28.06.2001; 40105748.8; DE **(45)** 31.12.2001

1.1　　　　　　　　　　**1.2**

图 10 - 6　外观设计产品图显示

第四节　法国工业品外观设计及其网上检索

法国工业品外观设计保护制度，不仅历史久远，而且如同法兰西灿烂的文化和古典华丽的建筑一样，具有鲜明的特点。众所周知，法国是世界上建立知识产权保护制度较早的国家之一。1791 年颁布专利法，1793 年颁布版权法，法国还是世界上最早进行商标注册登记的国家。

一、法国工业品外观设计简介

早在 1806 年法国就颁布了工业品外观设计法。至今已有近 200 年的历史。

法国工业品外观设计保护制度具有以下特点：

1. 双重保护

1902 年颁布的法国版权法规定，一切受到工业产权法保护的工业品外观设计，均受到版权保护。也就是说在法国一项外观设计既受到工业产权法的保护，同时也受到版权的保护。

2. 一件申请多个不同内容

一件外观设计申请，可包括 100 多个不同的外观设计图，其中每个图均单独给予一个公开号。这就是为什么在一件法国工业外观设计申请中，通常会出现若干个公开号的原因。

3. 两种申请形式

法国外观设计分为普通申请和简单申请两种形式。简单申请是根据 1994 年 2 月 5 日法采取的一种外观设计申请形式，主要是针对那些频繁更新其产品的形状和饰物的工业品外观设计而制定的。

4. 保护期限

法国外观设计保护期限为 5 年，并可每 5 年续展一次，最长不能超过 25 年。

二、法国外观设计文献

1. 外观设计公报

所有外观设计申请均在法国工业产权公报"外观设计"分册公布。该"外观设计"分册为半月刊。主要分为三个部分：

第一部分：外观设计公开。主要包括公开外观设计内容及目录、公开外观设计勘误表、彩图补充公开等内容。

第二部分：国家外观设计登记薄。主要包括登记总表、放弃外观设计的公开和登记公开的勘误表。

第三部分：根据知识产权法典实施细则，公布的通知意见书。

2. 外观设计分类

法国工业品外观设计与其他国家一样均采用洛加诺国际外观设计分类法。

3. 网上外观设计

法国工业品外观设计没有专门的网上检索系统。只是在 Plarque 数据库中包括法国工业品外观设计内容。下面将介绍如何利用该数据库检索法国外观设计。

三、法国外观设计因特网数据库

1. 网址

法国外观设计因特网数据库的网址是：http：//www. plutarque. com，或直接点击法国工业产权局网页上 Plutarque 图标，均可进入法国外观设计检索界面。见图 10 - 7。

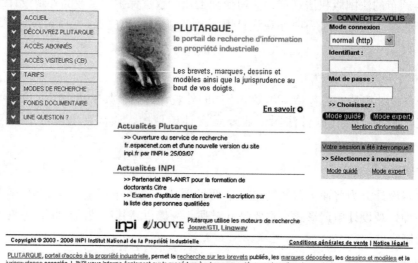

图 10 - 7　法国外观设计检索界面

Plutarque 数据库不仅包括法国工业品外观设计、国际外观设计，同时还包括法国专利、商标和判例。该数据库不能免费使用。

2. 数据范围及更新周期

用 Plutarque 数据库可查询 1910 年以来的法国外观设计和 1979 年以来的国际外观设计。可浏览 1996 年以后的法国外观设计图形和 1985 年以后的国际外观设计图形。

3. 法国外观设计检索界面及入口

在检索界面的左侧是检索入口选项，主要包括：图形检索，外观设计内容检索，分类检索和号码检索。在其右侧是该检索输入窗口及检索方式选项。

4. 检索功能

除以上检索入口外，Plutarque 检索系统不仅有可进行初学者的导引检索，还有可进行专家的组配检索。例如申请人与分类或外观设计内容进行组配检索。

四、法国外观设计检索

1. 如何进入外观设计检索界面

根据上述的网址 www. plutarque. com 或点击法国工业产权局网站上的"Plutarque"图标，即可进入法国工业产权局有关使用该检索系统的一般性要求、该数据库所包括的内容以及检索内容的选择的界面。

使用该系统需要注册，先输入用户身份和密码并确认付费用户。

非付费用户有两种联接形式可以选择：标准型（hppt）和安全型（hppt）。并且可进行初学者导引检索和专家检索。该界面上还介绍了该数据库所包含的内容以及所需检索的对象如专利、商标和外观设计。因此，我们可通过移动鼠标点击该界面右侧的"un dessin et modèle"，就可进入外观设计检索界面。

2. 图形检索

该检索系统的最主要的特点是能够进行图形检索。也就是说，可对外观的形状、色彩单独进行检索，或对两者的结合进行组合检索。检索时，可从检索对象中选择类似图形或从其他网页下载图形进行检索。通过图形检索的最大益处是，检索结果非常直观，很容易判断所检内容是否相关或近似。检索结果是按照相关程度相继排列。

3. 申请人检索

通过输入外观设计的申请人（个人或公司），即可检索到该申请人所申请的所有外观设计图形。在该检索中，还可结合分类号或外观设计内容进行组合检索。

4. 外观设计内容检索

通常进行外观设计内容检索是因为检索人员所拥有的线索较少。进行外观设计内容检索时，可在检索入口中输入表示外观设计产品的名称或字词。该检索方式还可结合申请人进行组合检索。

5. 分类号检索

法国也是使用世界统一的洛加诺国际分类法的国家。通过分类号检索，首先需要了解检索外观设计内容准确的分类位置，才能进行检索。

号码检索是一种比较简单快捷的检索方法。进行号码检索时，首先要知道法国外观设计的公开号，才能进行检索。

法国 Plutarque 数据库及检索系统目前仍为付费检索系统。只有办理付费注册，才能登录该网站进行检索。

第五节　韩国外观设计保护制度及其文献检索

一、韩国的外观设计保护制度

韩国于 1961 年开始实施外观设计法。韩国外观设计法所称的外观设计，是指把物品的形状、图案、色彩及其结合，通过视觉产生美感的新设计。

韩国外观设计保护实行先申请原则。先申请原则是指对相同类似的发明创造有两个以上的外观设计申请的时候，最先申请的人才具备取得外观设计的权利。

韩国承认外观设计国际优先权。外观设计国际优先权期限为自优先权申请日起 6 个月。享受国际优先权的外观设计申请的韩国申请日为其实际申请日，只有审查的时候才视该申请为优先申请的同时申请。

1998 年 3 月 1 日之前，韩国外观设计实行审查注册制，即对申请注册的外观设计的实用性、新颖性、创造性、扩大的先申请原则等授权要件进行全部审查之后决定授权与否。审查注册制包括：首先对外观设计申请进行初步审查（形式审查），如果初步审查发现缺陷，做出补正命令，对过期不进行补正的，可以做出无效决定；之后对外观设计申请进行实质审查，然后做出注册授权决定或驳回申请决定。

在实行审查注册制的同时，韩国外观设计还实行申请公开制，即在审查外观设计申请中，根据申请人的要求，把其外观设计申请的内容，以外观设计公报的形式公布于众。申请公开后，申请人可以对未经许可实施其外观设计的人提出在授权之后将向其索要使用费的警告。

在韩国外观设计申请公开之后、注册之前，有人未经许可以营利为目的实施该外观设计，该外观设计所有人可以要求补偿金（相当于专利实施费）。外观设计注册之日起 3 年内没有行使该权利的不再可以要求补偿金。

在审查过程中，韩国实行扩大的先申请原则，即一项外观设计申请之前已经存在在先申请、并且在申请之后在先申请公开或注册公告，该外观设计不具备取得外观设计的权利。

外观设计申请公开后，申请人认为其他人以营利为目的实施或即将实施该外观设计，可提出优先审查请求。优先审查是指符合法律规定的一定条件时如果有优先审查的请求，就与请求实质审查的顺序无关，并优先对该外观设计申请进行实质审查。

韩国允许申请人把已经提出的包含两个以上外观设计的申请在其补正期限内分案成两个以上申请。被分案的申请称为原申请，分案后新出现的申请称为分案申请。分案申请被视为原申请日申请，沿用原申请号。

一件外观设计创作之后，还可以此外观设计为基础创作一系列相似的外观设计。因容易被他人仿造、盗用，有必要让类似范围的外观设计注册，以预先防止侵害、模仿。因此，韩国制定了以自己申请或已授权外观设计变形的外观设计以类似外观设计的方式受到保护的制度。类似外观设计注册的效力与基本外观设计专利权合为一体。类似外观设计随着基本外观设计的消灭而消灭，类似外观设计专利权不能与基本外观设计专利权分离。类似外观设计可以单独因放弃、无效等原因消灭，该消灭不影响基本外观设计专利权。

韩国知识产权局采用了一项外观设计申请一项注册的制度。但对同时用于一套物品、有全体统一性的外观设计，允许以一件申请提出，这就是成套物品外观设计制度。成套物品外观设计的要件是：必须为成套出售的物品；必须同时使用；必须有成套物品的统一性；必须为规定的物品，规定之外的物品即使有属于成套物品的范围，也不能注册授权。成套物品申请一般不能提出分案申请，只有该申请不能满足成套物品的成立要件时，才能提出分案。成套物品外观设计注册的效力与基本外观设计专利权合为一体，不认定部分侵权，不认定间接侵权。

外观设计因为易仿造、易流行、周期短，因此在外观设计权利人的实施准备尚未完成的情况下，由于公布或公开，很可能因他人的仿造而失去权利人自身的利益。为此，韩国制定了在申请时申请人可以请求从注册之日起 3 年内不公告该外观设计从而使其处于保密状态的制度。保密外观设计请求只能由外观设计申请人提出，只有专利权人可以对保密时间的缩短和延长提出请求。保密期从注册之日起不能超过 3 年。

自 1998 年 3 月 1 日起，韩国在实行审查注册制的同时，又引入非审查注册制。外观设计非审查注册制是指对规定的非审查注册对象进行简单的审查而给予注册的制度。外观设计非审查注册申请的对象物品包括：B1（衣物），C1（床单、地板席子、帷幕），F3（办公用纸、印刷品），F4（包装纸、包装容器），M1（纺织物）等。非审查注册的外观设计权利和一般外观设计权利一样。

为保障非审查注册的外观设计的质量，韩国规定：任何人都可以在非审查的外观设计注册公告之日起 3 个月内，对被认为符合外观设计异议请求理由的向知识产权局长提出非审查异议申请。经合议组审理，作出维持或取消外观设计权利、驳回异议请求等决定。

在外观设计非审查注册申请中，对大类相同的物品韩国允许 20 个以内的外观设计以一个外观设计申请的方式提出，即复数外观设计专利申请。复数外观设计的每个外观设计都产生权利，每个外观设计都可以进行放弃、转移、消灭、非审查注册异议请求、无效宣告、权力范围确认审判。

韩国允许外观设计申请人把自己的外观设计申请在单独外观设计申请和类似外观设计申请之间、审查申请和无审查申请之间相互转换，即变更申请。

2001 年 7 月 1 日，韩国开始保护部分外观设计，即对物品的形状、构造、色彩或及其组合的外观设计的一部分进行注册。申请部分外观设计的物品，必须是独立的物品，必须为物品的一部分，必须与其他设计存在对比对象，必须明显区别想要申请的部分，成套物品不能成为部分外观设计的申请对象。物品的名称只能是申请外观设计的整个物品名称，不能是部分外观设计物品本身的名称。附图的表示方法：想要得到保护的特定部位用实线表示，其他部位用虚线表示。外观设计的说明部分：对想要授权部分在附图、相片或样品中如何特别加以说明。部分外观设计不允许分案申请。

韩国外观设计，自授权注册之日起生效。韩国外观设计的保护期限为，自申请之日起 15 年。

二、韩国外观设计文献简介

韩国出版外观设计单行本。韩国称外观设计文献为外观设计公报。韩国出版的外观设计公报有两种：注册外观设计公报和公开外观设计公报。

在韩国注册外观设计公报中，审查注册和非审查注册的外观设计公报，以及部分、复数、成套注册外观设计公报从出版形式上看没有区别，只有类似注册外观设计公报在出版时从文献编号上有所区别。

韩国注册外观设计公报的文献种类代码用"S"。

韩国注册外观设计公报由扉页和设计图组成。扉页上有带著录项目标识代码的各种著录项目：（11）注册号，（12）注册外观设计公报（S），（19）大韩民国特许厅（KR），（21）申请号，（22）申请日期，（24）注册日期，（45）公告日期，（51）国际外观设计分类，（52）本国外观设计分类，（54）外观设计名称，（72）创作人，（73）权利所有人，（74）代理人。

与注册外观设计公报相比，韩国公开外观设计公报扉页上的著录项目没有（24），

（45）和（73），其中的（45）由（43）"公开日期"替代，（73）由（71）"申请人"替代。

三、韩国外观设计因特网数据库

韩国知识产权局通过 KIPRIS 网站向全世界提供韩国各种工业产权信息及数据库查询服务。

1. KPIRIS 简介

KIPRIS，全称为 Korea Industrial Property Right Information Service，即韩国工业产权信息中心，是韩国知识产权局建立的专业化非营利性知识产权信息服务组织。它成立于 1995年 7 月，主要是完成韩国知识产权局的信息服务任务，同时也为中小企业和个人发明人提供专利附加值服务。

KIPRIS，1996 年 8 月被指定为现有技术检索与分析机构，1997 年 10 月被指定为专利文献数字化组织，1998 年 5 月被指定为韩国知识产权公报和韩国专利文摘（KPA）的提供者。

2000 年 1 月，KIPRIS 开始提供免费服务，2001 年 1 月被指定为 IPC 分类组织，2001年 12 月更名为 KIPI，全称为 Korea Institute of Patent Information，韩国专利信息研究院。

2002 年 1 月被指定为专利用户寻呼中心，2002 年 5 月被指定为数据管理中心，2003年 1 月被指定为专利电子申请辅助中心，2003 年 2 月被指定为商标检索组织。

2. KPIRIS 网址

韩国 KPIRIS 因特网网址为：http：//www. kipris. or. kr/sub_ idx/index. html。

在 IE 浏览器网址一栏输入上述地址即可进入到韩国工业产权信息中心因特网服务主页。主页界面如图 10 - 8 所示。

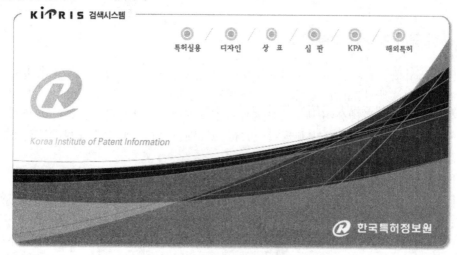

图 10 - 8　韩国工业产权信息中心因特网服务主页

点击 KPA 进入英文界面，如图 10 – 9 所示。

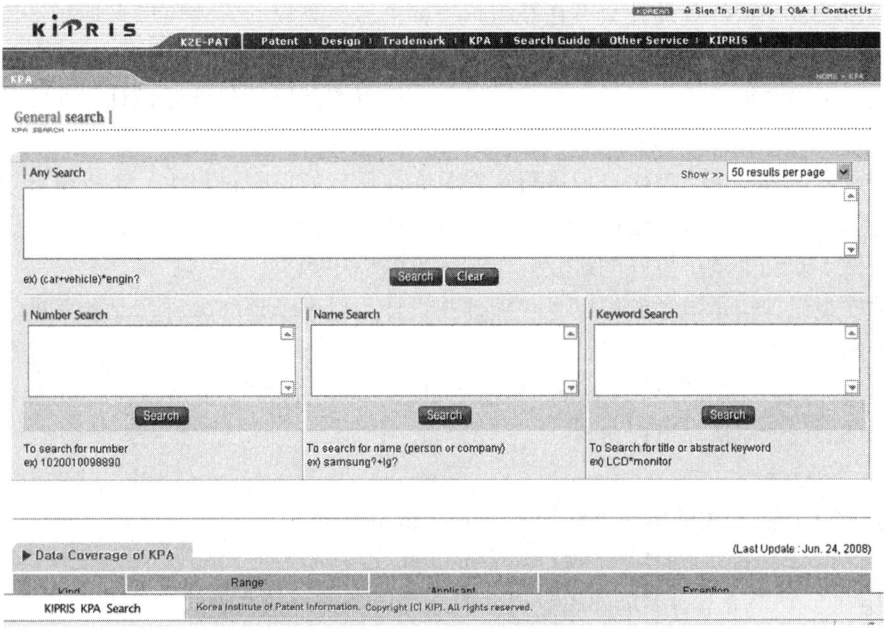

图 10 – 9　KPA 英文网页

　　在使用韩国工业产权信息中心因特网服务主页上的各种数据库之前，需进行注册。按照 KPA 英文注册网页上规定的项目填写相应内容，即可完成正式用户免费注册程序，并且从此以后用此注册用户名和密码可以随时进入到韩国工业产权信息中心因特网服务主页，使用其各种数据库，进行外观设计检索。

第六节　澳大利亚外观设计文献及检索

一、澳大利亚外观设计制度简介

　　1906 年，澳大利亚出台了第一部外观设计法案，对外观设计进行保护，即《1906 年外观设计法》。该法采用登记制，在授权前对申请进行审查。授权的外观设计刊登在澳大利亚的《工业品外观设计公报》上，同时注明保护期限从申请日计算。

　　澳大利亚《2003 年外观设计法》（以下称"新法"）是澳大利亚法律改革委员会在建议政府修改外观设计制度的报告中新修订的，并自 2004 年 6 月 17 日开始正式生效。

　　新法实行注册后审查的制度，在对外观设计申请注册之前，只对其作形式审查，在有要求的情况下才进行实质审查。申请人在申请后有 6 个月的时间决定是否注册或公布所申请的外观设计。

　　新法的有效性施行更为严格的判断标准。新标准分为注册和注册后审查两个步骤，规定只有当某设计既新颖又独特时，方可准予注册。此外，根据申请注册的外观设计与现有技术的近似性，考虑给予注册。

根据新法，一项外观设计只有在获得审查证书后，其权利人才可以采取行动维护其相应权利，即权利人才可采取维权行动。

第三方可以要求对注册后的外观设计进行实质审查并提供与外观设计注册有效性相关的任何信息。

审查员也可依据正当理由自行进行审查。在注册后的审查过程中，审查员认定该外观设计符合法律要求，方可发给审查证书并保留原注册；如果认定该外观设计无效，则原注册将被撤销。新法提供了更好的维权和争端解决的程序。

一件外观设计申请包含的可以是一项外观设计，也可以是与多种产品相关的，单一的或者属于同一分类的多项外观设计。

外观设计保护产品的形状 shape、构造 configuration、样式 pattern、装饰 ornamentation。一件外观设计申请里可以包含：

· 一个外观设计
· 与多个产品相关的单一外观设计（a single design）；
· 用在一个产品上的多重外观设计（multiple designs）；
· 用在多个产品上的多重外观设计，但这些外观设计都属于同一分类。

外观设计专利的保护期，从申请日之起 10 年。

二、外观设计文献

授权的外观设计刊登在澳大利亚工业品外观设计公报上。

公告内容如下：申请号、申请日、工业产权生效日、申请人（姓名及地址）、注册日、国际优先权、国际分类号、视图或照片、简要说明（一句关于要点的说明）。

当申请是一个局部设计时，在公告中公布其使用状态参考图，并在简要说明中注明保护的是哪一部分；对组合产品的保护，公布其组合后的立体图，简要说明中注明要求保护的是所示的整体外形，不要求保护单件产品的外形。

澳大利亚外观设计采用国际外观设计分类。在成套产品申请外观设计时，需要分别注明每一件各自的分类号。

澳大利亚外观设计公报在我馆收藏从 1987 年至 2003 年。

三、外观设计因特网数据及检索

输入网址：http：//ipaustralia. gov. au，进入澳大利亚知识产权局网站主页如图 10 - 10 所示：

点击 DESIGNS 链接，进入外观设计检索界面，如图 10 - 11 所示。

点击 Search online 在线检索服务进入以下外观设计检索界面，如图 10 - 12 所示。

通过检索界面图 10 - 12，可进行不同方式的检索，如下：

（1）Application or Design number（s）（申请号/外观设计号的检索）——输入形式：

196

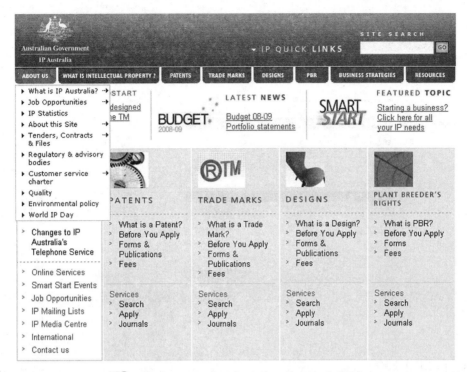

图 10 – 10 澳大利亚知识产权局网站主页

图 10 – 11

四位表示年代的数字 + 流水号，如：199803281，200512456。

（2）Registration number（s）（注册号检索）——输入形式：直接输入注册号，例如 300156，300157。

（3）Classification code（s）（分类号）——可以输入一级、二级或三级分类号如 13，

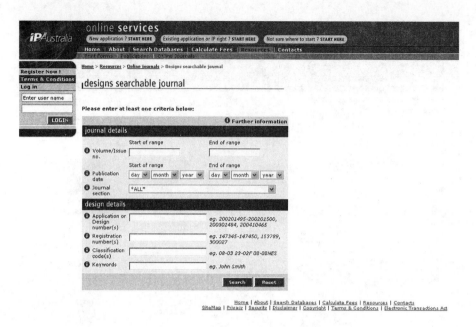

图 10 - 12

13 -03，13 -03E。

（4）Keywords（关键词）——可以输入关键词进行检索。

（5）Publication date（公开日期））——可以输入日期进行检索。

还可以利用高级检索方式进行检索。

第七节　RCD - ONLINE 简介

一、概述

RCD - ONLINE 即注册式共同体外观设计在线。共同体外观设计保护制度于 2002 年开始实施，包括非注册式共同体外观设计（Unregistered Community Design，UCD）和注册式共同体外观设计（Registered Community Design，RCD）两种保护形式。其中，只有注册式共同体外观设计公报可以从网上浏览和检索。

《共同体外观设计公报》（Community Design Bulletin）仅以电子形式公布，是一种用欧盟所有官方语言公布的多语种电子版。

2005 年 4 月份国家知识产权局专利局文献部出版的内部刊物《专利文献研究》中有一篇名为《欧共体外观设计保护制度面面观》的文章，就共同体外观设计的保护制度及公报的检索做了介绍。由于注册式共同体外观设计于 2003 年 4 月 1 日正式生效，截止到 2005 年文章刊出，网站上的检索系统还未完善。所以文章仅详细描述了一种检索方式，且该检索方式只含一个检索入口，不能满足用户多方面的需求。实际上，在文章的最后作者提到：OHIM（内部市场协调局）在 2004 年开发的一个项目——RCD - ONLINE（注册式共同体外观设计在线），将更符合用户和欧盟各国家局访问 RCD 有关信息的需求。RCD – ONLINE 系统的目的在于提高 OHIM 的有关 RCD 业务的透明度，以及使用户更加便捷地访问有关 RCD 的公开信息。尤其是满足用户简单快速地访问 RCD 数据库的需求，以便在申请 RCD 之前，进行早期权利的检索。

本文将针对 RCD – ONLINE 检索做出说明。

二、检索网站

本检索系统提供两种进入方式：

1. 输入网址直接进入：http：//oami. europa. eu/RCDOnline/RequestManager；如图 10 – 13 所示。

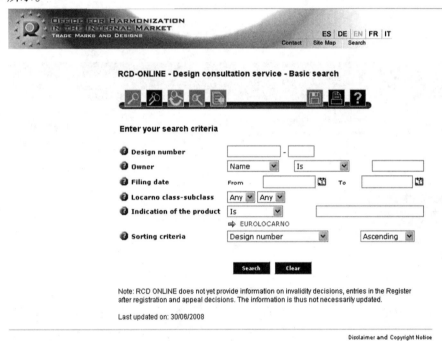

图 10 – 13　注册式共同体外观设计检索界面

2. 输入网址：http：//oami. europa. eu/en/default. htm，进入英文显示的共同体外观设计的主页面，如图 10 – 14 所示。

在图 10 – 14 上，选择"Databases"中的" Search Community designs "项进入图 10 – 15 界面。

在图 10 – 15 界面上点击链接 >>> CLICK HERE TO SEARCH A RCD <<<，进入到注册式共同体外观设计检索界面，默认为基本检索界面，如图 10 – 13 所示。

图 10 - 14　英文共同体外观设计网站主页面

图 10 - 15

三、检索方法

RCD - ONLINE 提供两种检索方式：Basic Search（基本检索）和 Advanced Search（高级检索）。

1. 基本检索

在基本检索界面如图 10 - 13，可以通过外观设计号码、权利人、申请日期、洛迦诺外观设计分类号等途径检索。（Design number、Owner、Filing date、Locarno class - subclass）。

基本检索方式下的"权利人名字"和"产品名称"检索入口允许使用如下算符：

Contains（包含）－－获得包含特定词的某一部分的结果

Is（是）－－获得以整个输入词作为特定词的结果

Begins with（起于）－－获得起于特定词的某一部分的结果

Ends with（止于）－－获得止于特定词的某一部分的结果

2. 高级检索

点击基本检索界面的按钮，进入高级检索界面，如图 10－16 所示，可通过多个检索入口进行逻辑组配检索。

图 10－16

四、输入方法

具体输入方式可参考页面上方的图标"?"。

值得注意的是日期型检索入口的输入：

输入形式：dd/mm/yyyy（日日/月月/年年）

"申请日"入口可使用的最早日期为：2003 年 4 月 1 日，即 OHIM 开始受理申请的日期。

"优先权日"入口可使用的最早日期是 2002 年 10 月 1 日，早于最早的申请日（2003 年 4 月 1 日）6 个月。

"公布日"入口可使用的最早日期是 2003 年 4 月 1 日，即 OHIM 当开始受理申请的日期。

"期满日"入口可使用的最早日期是 2008 年 4 月 1 日，即当 OHIM 开始处理申请保护期续展的日期。

附注：注册式共同体外观设计于 2003 年 4 月 1 日正式生效，保护期：自申请日起 5 年，期满后可续展 4 次，每次 5 年，最长保护期 25 年。

五、检索系统提供的功能

本检索系统除了提供对检索结果的下载和打印外，还提供其他功能，如：保存检索结果、进行二次检索和语言转换。

1. 保存结果到"MYPAGE（我的页面）"

本功能仅用于注册用户。

通过选中"Save Results to MYPAGE（保存检索结果到我的页面）"，用户可以保存个人的检索记录以备以后的检索。

2. 二次检索

在早先检索结果的基础上使用二次检索项（refine search option）完成进一步的检索，可使用户缩小/精确检索结果。

如果需要，可以进行多次的二次检索，但每一次的二次检索均是在前面的检索结果基础上进行的。

在二次检索页面的上部显示以往检索需求的列表。

3. 语言转换

根据检索需要选择页面右上角的按钮"ES/DE/EN/FR/IT（西班牙语、德语、英语、法语、意大利语）"进行语言的转换。

请注意：RCD – ONLINE 提供的信息不能作为确切的信息使用，并且这些信息没有反映登记簿中的所有信息。要求更多的信息时可以请求办理文件副本。

第十一章　其他网站的专利信息检索

第一节　世界知识产权组织 IPDL 网站

一、基本概况

世界知识产权数字图书馆（WIPO Intellectual Property Digital Library，简称 IPDL），由世界知识产权组织（WIPO）国际局于 1998 年建立，其目的是为政府机构和个人提供全方位的知识产权信息咨询与服务，其中包括各种数据库检索服务。网址是 http：//www. wipo. intipdlen/。目前，该网站提供的数据库包括：

（1）PCT（patents）（PCT 专利数据库）；

（2）Trademarks（商标数据库）；

（3）Designs（工业品外观设计数据库）；

（4）Article 6ter（巴黎公约第 6 条之 3 "国徽、国旗和其他国家徽记"数据库）

二、进入方法

检索人员在地址栏键入网址 http：//www. wipo. intipdlen/进入 WIPO IPDL 主页见图 11 - 1 - 1，然后可以通过页面中央检索栏下方的下拉菜单选择数据库，并利用检索框进行简单检索。也可以通过页面左栏菜单选择项选择直接进入 PCT 专利数据库（PCT（patents）），商标数据库（Trademarks），工业品外观设计数据库（Designs）或巴黎公约第 6 条之 3 "国徽、国旗和其他国家徽记"（Article 6ter）数据库的检索页面。

当选择 PCT（patents）选项进入专利检索页面时，直接展现给用户的页面是"结构化检索（Structured Search）"页面。用户可以通过此页面右上方的"选项（options）"选择进入"简单检索（Simple Search）"、"高级检索（Advanced Search）"和专利公报"按周浏览（Browse by Week）"页面。

三、检索方法

PCT 专利数据库网站提供简单检索（Simple Search）、高级检索（Advanced Search）、结构化检索（Structured Search）和专利公报按周浏览（Browse by Week）四种检索方法。下面详细介绍各种检索方法及其特点。

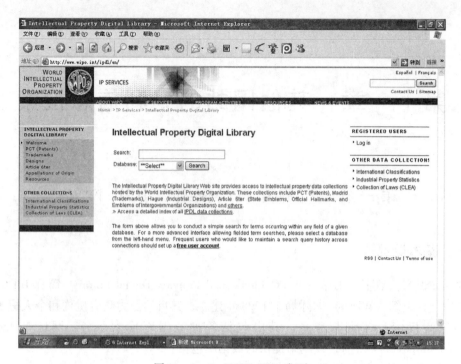

图 11 - 1 - 1　WIPO IPDL 主页

1. 简单检索（Simple Search）

简单检索的界面见图 11 - 1 - 2。

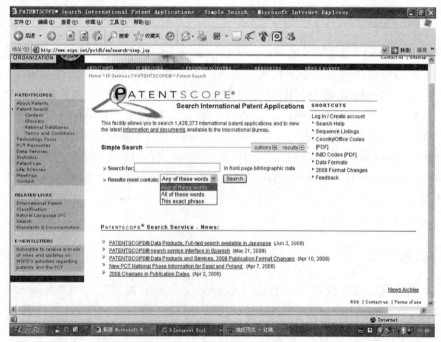

图 11 - 1 - 2　简单检索界面

简单检索提供一个简单的提问框，用户可以在其中输入单个检索词或多个检索词，当输入多个检索词时，可以利用检索框下方的下拉菜单选择各个检索词之间的逻辑关系，其中包括"Results must contain：All of these words"相当于逻辑与（AND）、"Results must contain：Any of these words"相当于逻辑或（OR）和确切词组检索"Results must contain：This exact phrase"。

如：检索移动电话方面的专利，可以在检索输入框中输入"mobile phone"，并且在检索输入框下方的下拉菜单中选择"Results must contain：All of these words"，然后点击"Search"发送检索提问，得到同时包含 mobile 和 phone 两个词的检索结果。

用鼠标点击检索结果目录中任意一条专利的名称或专利号，即可显示该专利的详细信息。

简单检索检索词的搜索范围为所有字段，不提供字段限制功能。

2. 高级检索（Advanced Search）

高级检索的检索界面见图 11 - 1 - 3。

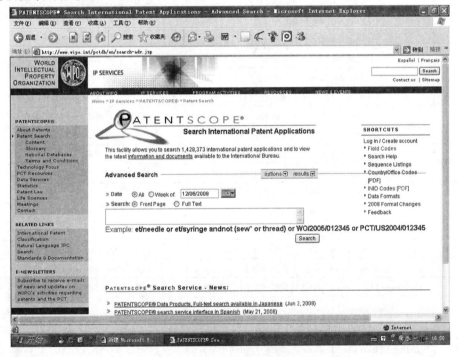

图 11 - 1 - 3 高级检索界面

高级检索页面提供命令式检索功能，允许检索人员利用逻辑算符和字段限制自行组配复杂的检索式。检索人员可以参考检索提问框下方的输入格式"et/needle or et/syringe andnot（sew * or thread）or WO/2005/012345 or PCT/US2004/012345"，在检索提问框中输入检索词或检索式。可以通过页面右栏菜单选项"字段代码（Field Codes）"，查找字段代码。

表 11-1-1　PCT 数据库字段代码

字段代码	字段名称	检索举例
WO	Publication Number（公开号）	WO/02/00157 OR WO2002/00158
AN	Application Number（申请号）	AN/PCT/DE03/01815 OR AN/FR2004/002712
ET	English Title（英文名称）	ET/needle OR ET/syringe
FT	French Title（法文名称）	FT/aiguille OR FT/seringue
IC	International Class（IPC 分类）	IC/H04Q - 7/22 OR IC/H04N - *
ABE	English Abstract（英文摘要）	ABE/ "hypodermic needle" OR ABE/syringe
ABF	French Abstract（法文摘要）	ABF/ "aiguille hypodermique" or ABF/seringue
DE	Description（说明书）	DE/needle AND DE/phonograph
CL	Claims（权力要求）	CL/needle OR CL/syringe
FP	Front Page Bibliographic Data（专利文献首页著录数据）	FP/hovercraft
DP	Publication Date（公开日）	DP/19. 02. 1998 OR DP/1998. 02. 19
AD	Application Date（申请日）	AD/22. 10. 2004 OR AD/2004. 10. 23
NP	Priority Number（优先权号）	NP/0312464
PD	Priority Date（优先权日）	PD/24. 10. 2003 OR PD/2003. 10. 25
PCN	Priority Country（优先权国别）	PCN/FR
DS	Designated States（指定国）	DS/US AND DS/DE
IN	Inventor Name（发明人）	IN/ "Smith, John"
IAD	Inventor Address（发明人地址）	IAD/Seattle
PA	Applicant Name（申请人）	PA/ "General Mot *" or PA/Ford
AAD	Applicant Address（申请人地址）	AAD/Paris NEAR AAD/TX
ARE	Applicant Residence（申请人居住国）	ARE/US
ANA	Applicant Nationality（申请人国籍）	ANA/GB
RP	Legal Rep. Name（法律名称）	RP/ "Jones, Will *"
RAD	Legal Rep. Address（法律代表地址）	RAD/Bellevue
RCN	Legal Rep. Country（法律代表国家）	RCN/DE
LGP	Language of Pub.（公开语种）	LGP/DE or LGP/JA
LGF	Language of Filing（申请语种）	LGF/EN OR LGF/FR
ICI	International Class（inventive）（IPC 分类）（发明性）	ICI/F02M - 45/08 OR ICI/A61N - *
ICN	International Class（non - inventive）（IPC 分类）（非发明性）	ICN/F02M - 45/08 OR ICN/A61N - *
NPCC	National Phase Country Code（国家阶段国别代号）	NPCC/AU
NPED	National Phase Entry Date（国家阶段著录数据）	NPED/20060101 - >20061231
NPAN	National Phase Application Number（国家阶段申请号）	NPAN/11003666
NPET	National Phase Entry Type（国家阶段著录类型）	NPET/C

（1）检索步骤

①选择检索范围

时间范围：用户可以选择检索全部专利数据库（All）也可以选择按周检索（Week

of：——），缺省为全部专利数据库。

内容范围：用户可以选择只检索专利文献首页（Front Page）也可以选择检索专利文献的全文（Full Text）

②输入检索提问式

在检索提问框中输入检索提问式。检索提问框下方提供了检索提问式样例供用户参考。

③选择检索结果显示格式

通过检索提问框右上方的"结果（Results）"按钮的下拉菜单，选择检索结果的显示格式和显示内容。检索结果的显示格式在随后的"四、检索结果显示"中详细介绍。

④点击检索（Search）按钮，发送检索提问。

⑤浏览检索结果

默认检索结果目录的显示内容包括专利号、专利名称、公开日期、申请人、文摘等项目。如果想浏览某一篇专利的详细内容，只需用鼠标点击专利号或篇名。

（2）检索实例

检索 IBM 公司有关计算机（computer）方面的专利。

在检索输入框中输入检索指令：pa/ibm and et/computer。其中 pa/是专利申请人的字段限制，et/是专利英文名称的字段限制。然后用鼠标点击"Search"发送检索提问，返回的结果即是 IBM 公司有关计算机方面申请的专利。

3. 结构化检索（Structured Search）

结构化检索的界面见图 11 - 1 - 4。

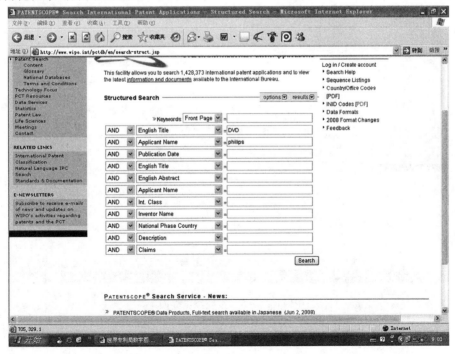

图 11 - 1 - 4　结构化检索界面

结构化检索页面是进入 PCT 专利数据库的默认检索界面，结构化检索提供 12 个检索输入框，用户可以通过检索输入框前方的字段选择项的下拉菜单选择字段限制的检索项，并可以通过输入框之间的逻辑算符的下拉菜单选择输入框之间的逻辑组配关系，系统提供的逻辑关系选择为："AND"、"OR"、"ANDNOT"、"XOR"、"NEAR"。

结构化检索提供的字段限制选择项为：全部字段（Any Field）、英文名称（English Name）、英文摘要（English Abstract）、公开日期（Publication Date）、公开号（Publication Number）、申请号（Application Number）、申请人名称（Applicant Name）、IPC 国际专利分类号（Int. Class）、发明人名称（Inventor Name）、优先权号（Priority Number）、英文权利要求（English Claims）、英文说明书（English Description）。

检索实例

检索 PHILIPS 公司有关 DVD 方面申请的专利

4. 专利公报按周浏览方式（Browse by week）

在专利公报按周浏览方式中，用户可以通过"Publication Week（公开周次）"后的日期下拉菜单选择特定的 PCT 公开日，浏览某一公开日公开的 PCT 公报见图 11 - 1 - 5。也可以选择进入 PCT 专利公报的存档系统"Gazette Archives"按公告年份查找特定年份某一周公开的专利公报见图 11 - 1 - 6 和图 11 - 1 - 7。

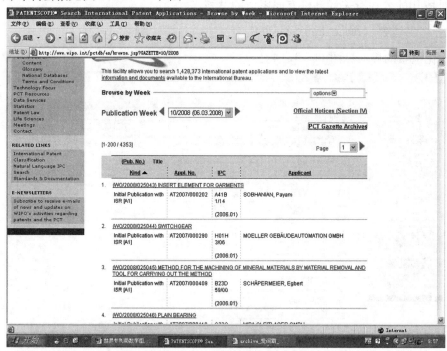

图 11 - 1 - 5　按周浏览界面

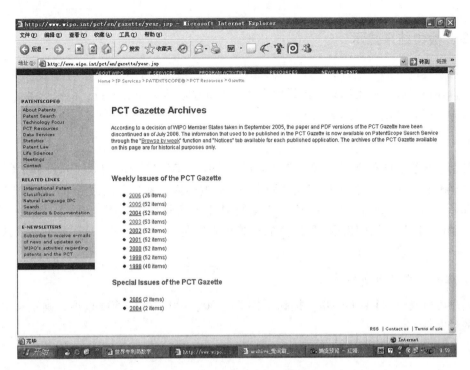

图 11 - 1 - 6　专利公报存档界面

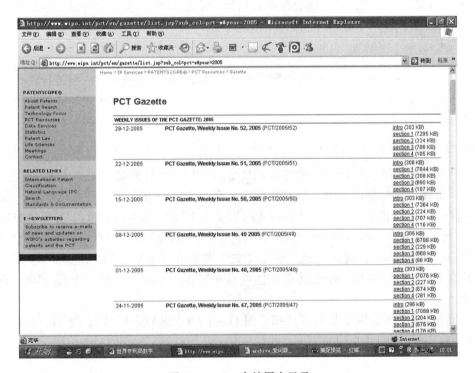

图 11 - 1 - 7　存档周次目录

四、检索结果显示

在检索提问框的右上方有一个"Results"按钮，该按钮的下拉菜单有四个选项，利用这四个选项可以确定检索结果输出排序方式、每页显示结果的最大数、检索结果显示窗口的开启方式以及检索结果的显示内容。

1. 检索结果的排序方式

检索系统提供两种排序方式，"Chronologically（年代）"和"Relevance（相关性）"，通过"Sort（排序）"按钮可以实现两种排序方式的转换，系统默认为按年代进行排序。

选择"Chronologically（年代）"，检索结果输出按年代由近及远排序，选择"Relevance（相关性）"，系统使用一种复杂的运算规则判断文献内容相关度，然后按文献内容相关性从大到小进行排序。

2. 检索结果每页显示条数

用户可以通过"List Length"按钮下的 25、50、100、250、500 选项，确定每页显示纪录的最大数。

3. 检索结果显示窗口的开启方式

用户可以通过"Separate Window"选项设置检索结果显示窗口的开启方式。勾选"Separate Window"选项，则系统会在新的窗口中显示专利文献详细内容，如果不选择该项，系统将在同一窗口中显示专利的详细内容，同时覆盖原来的检索结果目录。

4. 检索结果目录的显示内容

用户可以通过"Display"按钮的下拉选项对检索结果目录的显示内容进行选择，可选择的显示项目包括：公开日期、IPC 分类号、申请号、发明人、申请人、摘要、附图。系统默认的公开号、名称为必选项。

5. 检索结果详细内容的显示

用户点击检索结果目录中以蓝色方式显示的专利公开号或名称进入专利题录信息显示页，该页面显示专利的著录、摘要和附图，在页面的上方有显示栏目选择栏，分别为"Description（专利说明书）"、"Claim（权力要求）"、"National Phase（国家阶段）"、"Notices（注释）"、"Document（专利文献原文）"，用户根据需要点击相应的按钮即可。如，点击"Document"，进入专利文献原文文件类型选择页面，用户通过"View"按钮可选择察看 PDF 或 HTML 格式原文，也可点击"download"按钮，下载 PDF、ZIP 或 XML 格式原文。

检索结果显示页分别见图 11 –1 –8、图 11 –1 –9、图 11 –1 –10、图 11 –1 –11。

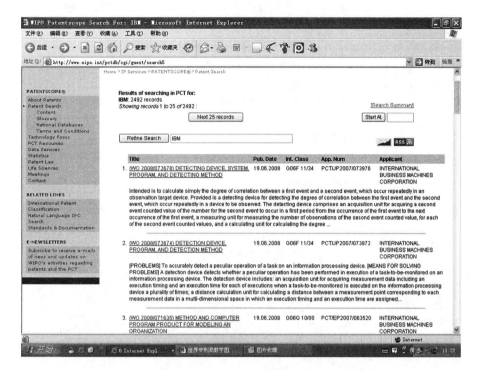

图 11 -1 -8　检索结果目录页

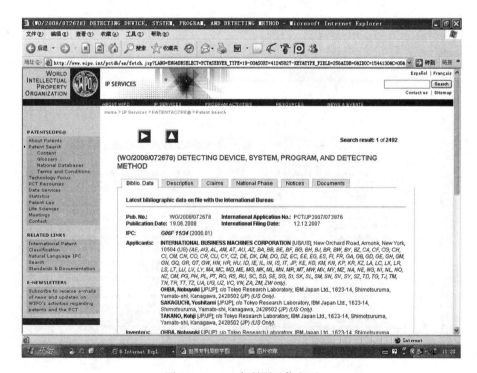

图 11 -1 -9　专利题录信息页

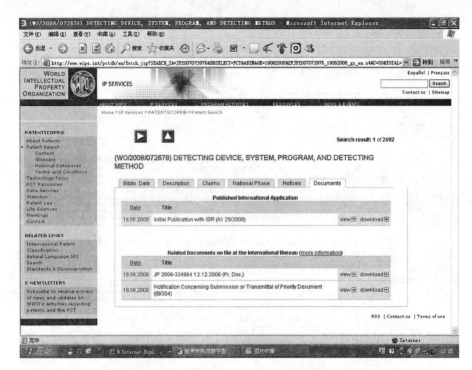

图 11 - 1 - 10　专利文献原文文献类型选择页

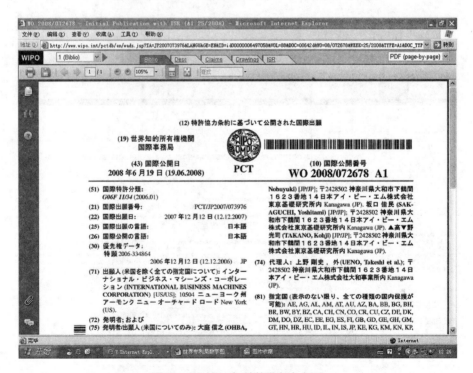

图 11 - 1 - 11　专利说明书全文页

第二节　加拿大知识产权局网站

一、基本概况

加拿大知识产权局（Canadian Intellectual Property Office，简称CIPO）网站是该局建立的政府性官方网站，网站全面报道和提供加拿大各类知识产权方面的信息，以免费方式为全球公众提供加拿大专利数据库及相关信息的检索，同时也提供商标数据库、版权数据库的检索。该网站的网址 http：//www.opic.gc.ca/用户通过该网址可进入加拿大知识产权局网站的主页。

二、进入专利数据库的方法

加拿大知识产权局网站主页提供英文、法文两种语言选择，点击"English（英文）"，进入英文界面。点击页面左栏菜单选择项的"专利数据库（Patent Database）"即可进入专利数据库。

三、检索方法

加拿大专利数据库提供"基本检索（Basic Search）"、"号码检索（Number Search）"、"布尔逻辑检索（Boolean Search）"和"高级检索（Advanced Search）"四种检索方式。检索人员可以根据需要点选页面中央的"检索方式选项（Search Options）"下的四种检索方式选项，选择所需的检索方式，也可以通过页面左边的检索方式菜单栏，选择特定的检索方式，见图 11 - 2 - 1。

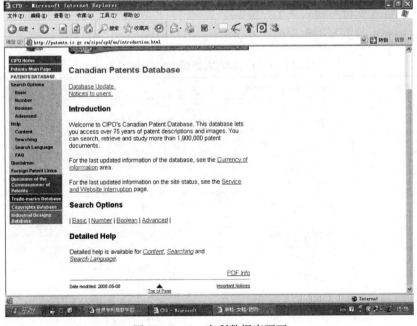

图 11 - 2 - 1　专利数据库页面

213

下面分别介绍四种不同的检索方式：

1. 基本检索（Basic Search）

基本检索页面见图 11 - 2 - 2。

图 11 - 2 - 2　基本检索页面

检索人员在检索框中输入一个完整的检索词进行检索时，系统默认的检索范围是所有文本字段。加拿大数据库中包含的文本字段见表 11 - 1 - 1。

表 11 - 1 - 1　加拿大数据库的文本字段

字段英文名称	字段中文名称检索举例	检索举例
Title	发明名称	motor
Abstract	文摘	Twin—engine
Claims	权力要求	elevator
Inventor	发明人	Smith John
Owner	专利权人	White Susan
Applicant	申请人	Swen *
IPC	国际专利分类号	H01F02
CPC	加拿大专利分类号	20/230. 1
PCT Filing No.	PCT 申请号	JP1991/01459
Intl. Pub. No	国际公开号	WO1992/07846

2. 号码检索（Number Search）

检索人员利用号码检索可以查找两类信息：一是专利文献信息，二是专利法律状态信息。用户在文本框中输入已知的专利号，如果想获得该专利文献的文献信息，点击"View Document Tetails"按钮，如果想获得该专利的法律状态信息，点击"View Administrative Status"按钮即可。

号码检索页面见图 11 - 2 - 3。

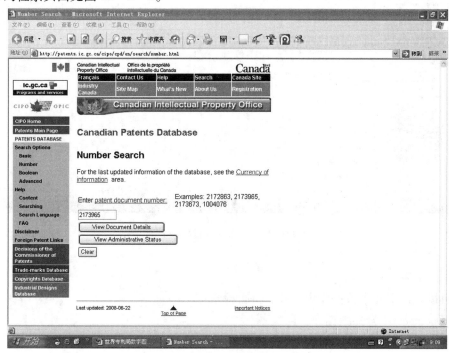

图 11 - 2 - 3　号码检索界面

3. 布尔逻辑检索

（1）点击"Boolean Search"按钮即可进入布尔逻辑检索页面，布尔逻辑检索页面见图 11 - 2 - 4。

布尔逻辑检索提供三个检索输入框，允许用户检索时一次最多对三个字段进行逻辑组配。用户可以通过检索字段选项的下拉菜单选择检索项，每个检索字段选项均包括基本检索中所涉及的十个字段限制可供选择，也可选择系统默认的"任何文本字段（Any Text Field）"，检索词将在所有文本字段中检索。

①检索字段与输入的检索词之间的关系菜单中有以下选择项：

contains　　　　　包含

does not contain　不包含

②三个文本字段之间的逻辑运算关系包括：

And　并且

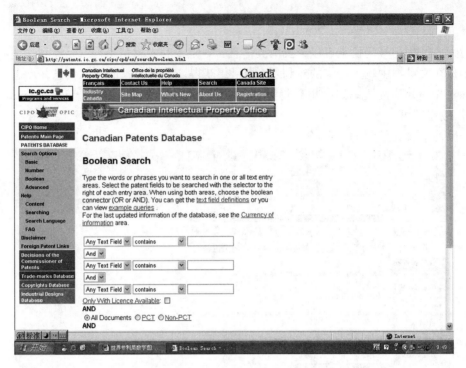

图 11-2-4 布尔逻辑检索界面

Or 或者

③可以在以下几个数据库中选择，进行检索：

All Document 全部数据库

PCT PCT 申请文献

Non - PCT 非 PCT 文献

④时间字段菜单中有以下选择项：

Date Search not active 不限定日期（缺省）

An Issue Date 公开日期

A file Date 申请日期

A laid Open Date 延迟公开日期（公众可查询专利申请的日期）

A Priority Date 优先权日

A National Entry Date 国家登记日

（2）［检索实例］

在加拿大英文专利数据库中查找有关 computer 方面的专利，专利公开日期为 2001 年 1 月 1 日到 2005 年 9 月 8 日之间，专利权人为 IBM。

［检索步骤］

①在第一个检索字段菜单选项中选择"Any Text Field"，并在相应的文本输入框中输入检索词"computer"，检索字段与输入的检索词之间关系选择 contains。

②在第二个检索字段菜单选择项中选择"Owner（专利权人）"，并在相应的文本输入

216

框中输入"IBM",检索字段与输入的检索词之间关系选择 contains。

③在两个检索字段间的逻辑关系选择 AND 运算符。

④打开日期字段的下拉式菜单,选择"an Issue Date",依次在时间范围菜单内选择需要的起止时间范围。

⑤在"Results Per List"菜单中,选择每屏显示最多命中专利文献的篇数,系统默认的值为 50。

⑥点击"Search"按钮,进行检索,见图 11 - 2 - 5。

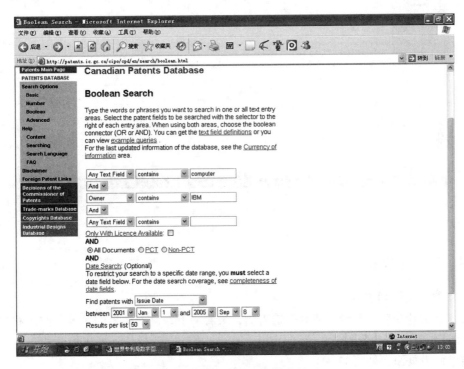

图 11 - 2 - 5　布尔逻辑检索界面

4. 高级检索

点击"Advanced Search"进入该数据库的高级检索页面。高级检索页面将所有文本字段名及文本输入框逐一以列表方式提供给用户,用户可以选择字段并输入相应字段检索词或检索语句进行检索。用户不仅可以在任何文本字段中使用检索运算符确定一个复杂检索式进行检索,也可以用多个特定的检索字段进行组合检索。但是,检索字段之间的逻辑关系是确定的。除分类检索字段与其他检索字段之间是逻辑"或"的关系外,其他字段之间是逻辑"与"的关系。高级检索的文本检索字段与布尔逻辑检索的文本检索字段基本相同,只是多了"发明人所在国(Inventor Country)"一项。高级检索的页面见图 11 - 2 - 6。

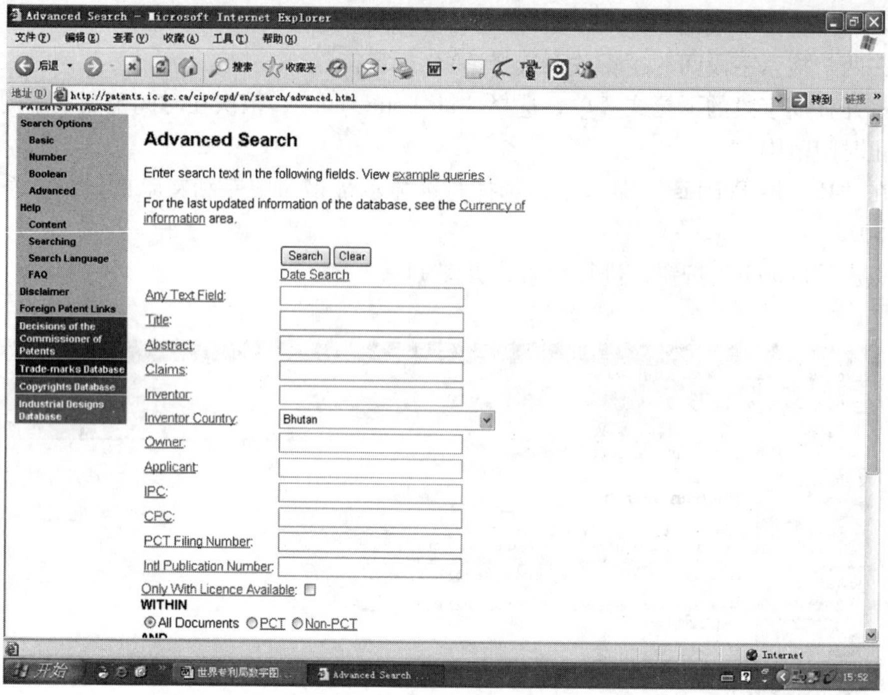

图 11 - 2 - 6　高级检索界面

四、检索结果显示

（1）检索结果列表页

我们以诺基亚公司申请专利的查询为例，来看一下，检索结果的显示。使用布尔逻辑检索，限定"Owner 专利权人"为 NOKIA，点击"Search"按钮，发出检索指令后，返回检索结果列表页面，见图 11 - 2 - 7。

（2）题录数据及文摘显示页

点击检索结果列表中某一专利号，系统进入专利题录数据及文摘显示页面，见图 11 - 2 - 8，该页面不显示文本式的权力要求，但是通过点击链接"Show all claims"可显示专利权利要求书的内容。

（3）图像专利说明书的显示与下载

在专利题录数据及文摘显示页面下方有"View or Download Image"部分，因系统将一件完整的图像专利说明书分为 6 个部分：

Cover Page Image	首页图像
Abstract Image	文摘图像页
Claims Image	权利要求图像页
Description	说明书图像页
Drawings Image	附图图像页
Representative Drawing Image	附图代表图像

218

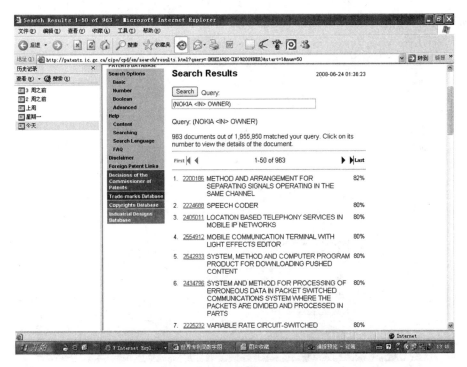

图 11 - 2 - 7　检索结果列表页

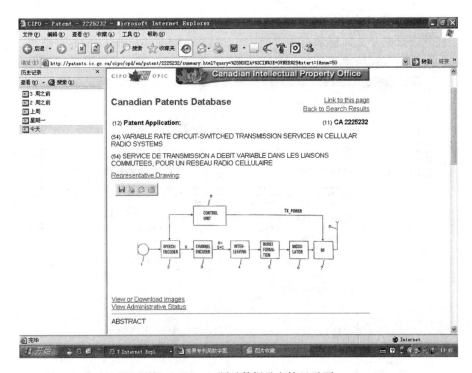

图 11 - 2 - 8　题录数据及文摘显示页

所以当需要察看图像专利说明书时，只需点击相应部分按链接便可。打开一件完整的图像专利说明书，需分别点开这6部分文件，见图11-2-9。

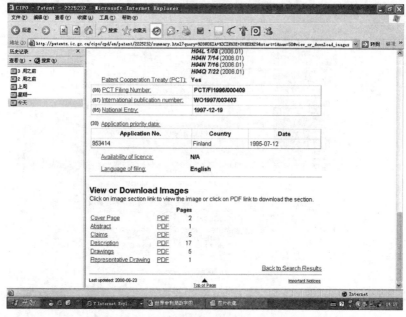

图11-2-9　图像专利说明书的显示与下载页

（4）专利法律状态信息的显示页

在专利题录数据及文摘显示页中央有一个"View Administrative Status"链接，点击该链接，即可进入该专利的法律状态信息显示页面，见图11-2-10。

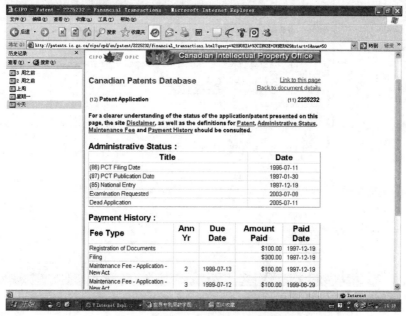

图11-2-10　专利法律状态信息显示页

第三节　其他专利网站

一、韩国知识产权信息中心网站

韩国知识产权信息中心（KIPRIC）成立于 1995 年 7 月，是韩国知识产权局（KIPO）下属的信息机构，自成立以来一直致力于知识产权信息的传播、提供专利文献检索服务、查新检索服务、项目评估服务、商标检索服务、数据提供服务等。1998 年正式在因特网上建立主页，2000 年开始通过因特网向公众提供免费专利信息检索服务，其网址为 http：//www. kipris. or. kr（韩文版）和 http：//eng. kipris. or. kr（英文版）。也可进入韩文主页后，点击页面右上方的"English"按钮，进入英文页面，见图 11 - 3 - 1。

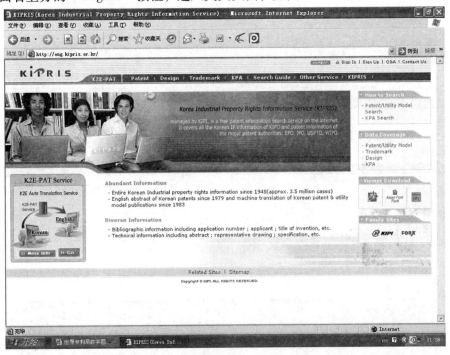

图 11 - 3 - 1　韩国知识产权信息中心主页

英文主页上方的导航栏提供了可供检索的数据库名称，包括"Patent（专利）"，"Design（外观设计）"，"Trademark（商标）"，和"KPA（韩国专利英文文摘）"等数据库，点击"　　KPA"按钮进入韩国专利英文文摘数据库检索页面，通过"KPA"的下拉菜单，选择进行"General Search（一般检索）"或"Advanced Search（高级检索）"。一般检索页面见图 11 - 3 - 2，高级检索页面见图 11 - 3 - 3。

"Patent（专利）"数据库收录范围较 KPA 完整，但该数据库虽提供英文检索页面，文献内容仍为韩文，必须用韩文检索才能得到可靠结果，因此，对国外用户而言，用起来很不方便。在这里就不介绍了。

221

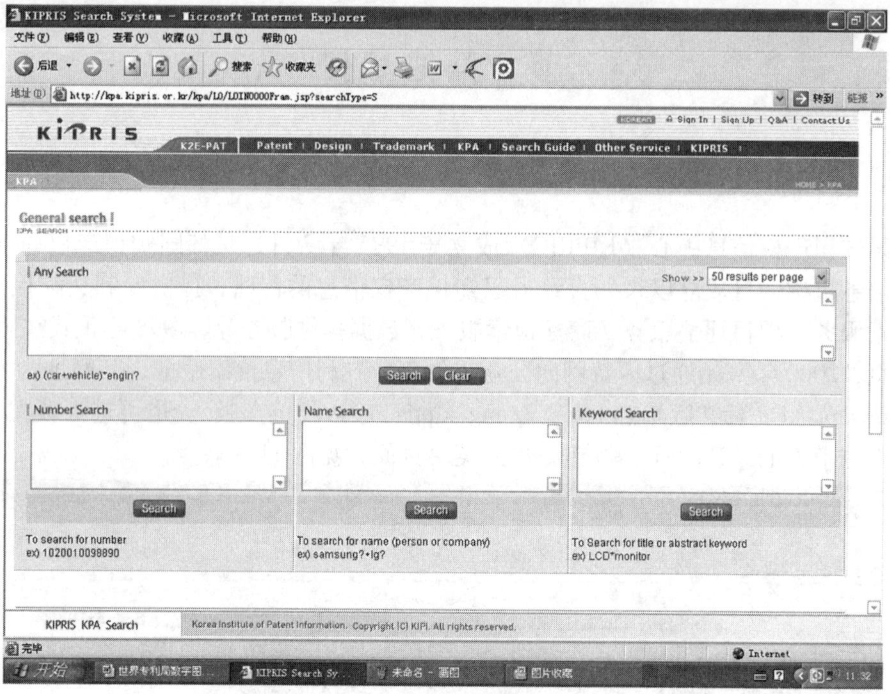

图 11 - 3 - 2 一般检索界面

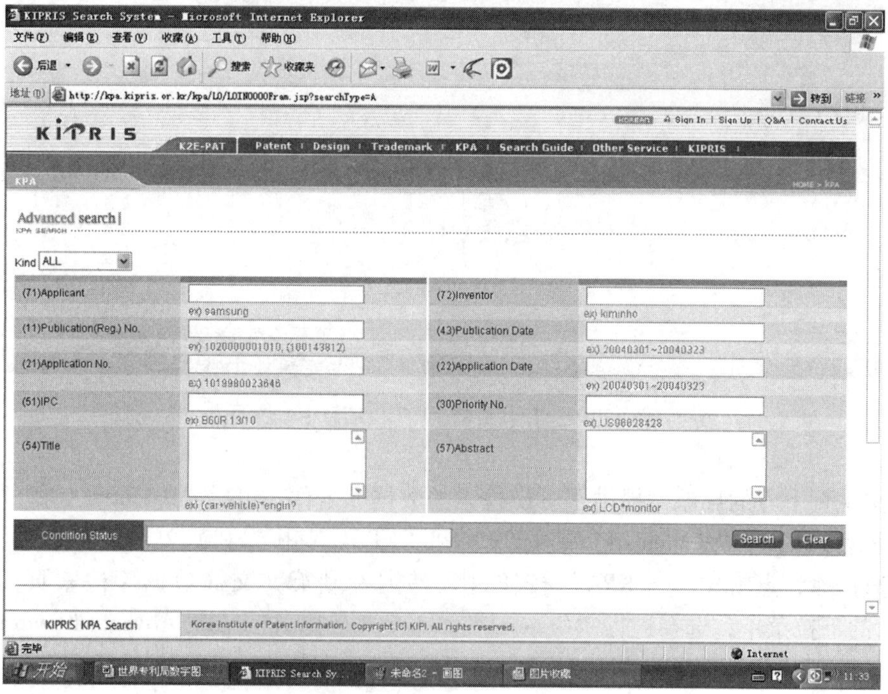

图 11 - 3 - 3 高级检索界面

二、澳大利亚知识产权局网站

澳大利亚知识产权局网站（IP Australia）是由澳大利亚知识产权局（Australia Intellectual property Office——AIPO）建立的官方网站，通过其网址 http：//www.ipaustralia.gov.au 即可进入澳大利亚知识产权局网站主页见图 11 - 3 - 4。

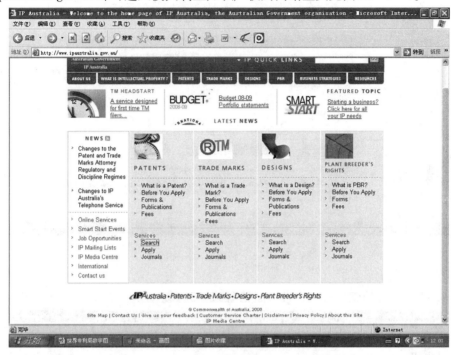

图 11 - 3 - 4　澳大利亚知识产权局网站主页

在主页上方的导航栏提供了可供检索的数据库名称，包括"Patent（专利）"，"Design（外观设计）"，"Trademark（商标）"等数据库，通过"Patent"按钮下拉菜单中的"Search databases（检索数据库）"选项可以进入专利数据库检索页面，见图 11 - 3 - 5。

在页面中央"Access the patent databases（可检索专利数据库）"下，蓝色词组显示可检索数据库为三个，分别是"Auspat（澳大利亚专利题录数据库）"、"AU Published Data Searching（APPS）（澳大利亚公开专利数据库）"和"Patent specifications（澳大利亚专利说明书数据库）"。

（1）Auspat（澳大利亚专利题录数据库）

取代原有的 Patsearch 和 PATADMIN 专利检索系统，成为网上获取 IP Australia 专利数据的官方来源。该系统提供的检索结果数据较为全面、详尽。公众可检索查看澳大利亚专利申请的著录项目数据、审查过程信息、缴费以及专利申请公布情况、专利权变更、许可和抵押以及异议、修改等各种法律状态信息。系统目前尚未包含说明书全文数据，但正在补充说明书全文数据，将在以后的 AusPat 更新版本中实现说明书全文的检索和浏览功能。数据库提供快速检索（Quike Search）、结构化检索（Structured Search）和高级检索（Ad-

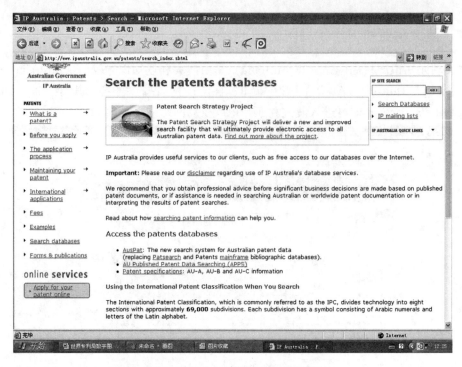

图 11 - 3 - 5 利数据库检索界面

vanced Search) 三种检索方式。检索页面见图 11 - 3 - 6。

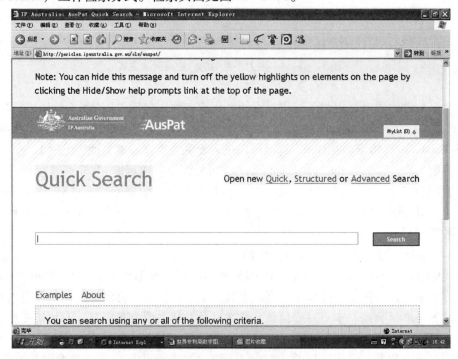

图 11 - 3 - 6 Auspat 数据库检索页面

（2）Patent specifications（澳大利亚专利说明书数据库）

澳大利亚专利说明书数据库提供的是图像信息，只能通过专利申请号或专利号进行检索。因此，该数据库检索页面只有两个检索输入栏，一个是专利申请号检索输入栏，另一条是专利号检索输入栏，见图 11 - 3 - 7。

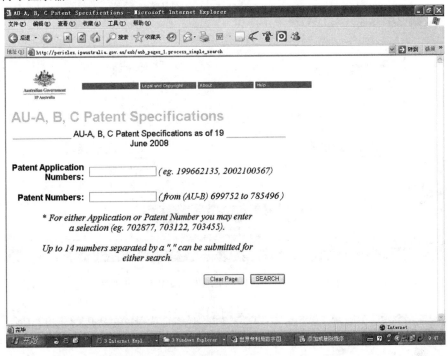

图 11 - 3 - 7 澳大利亚专利说明书数据库检索界面

三、印度国家信息中心网站

印度国家信息中心（Nationa Information Centre，NIC）是负责为印度各级政府的信息技术需求提供最新技术解决方案的信息技术组织，也是全印度最大的信息技术组织。印度国家信息中心专利检索网站是该中心的世界专利信息服务网站。

检索人员可以通过网址 http：//patinfo. nic. in/进入印度国家信息中心专利检索网站的主页，见图 11 - 3 - 8。

用户点击该网站主页中央的"Click here for Patent Search（点击进行专利检索）"按钮，即可进入专利信息检索页面，见图 11 - 3 - 9。

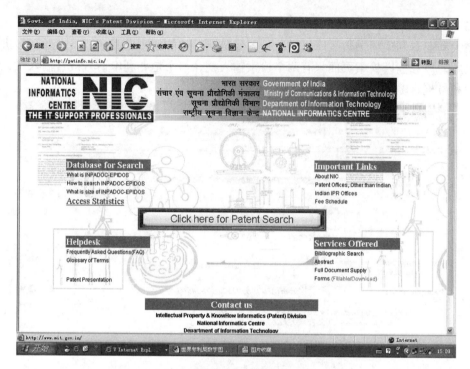

图 11 - 3 - 8　印度国家信息中心专利检索主页

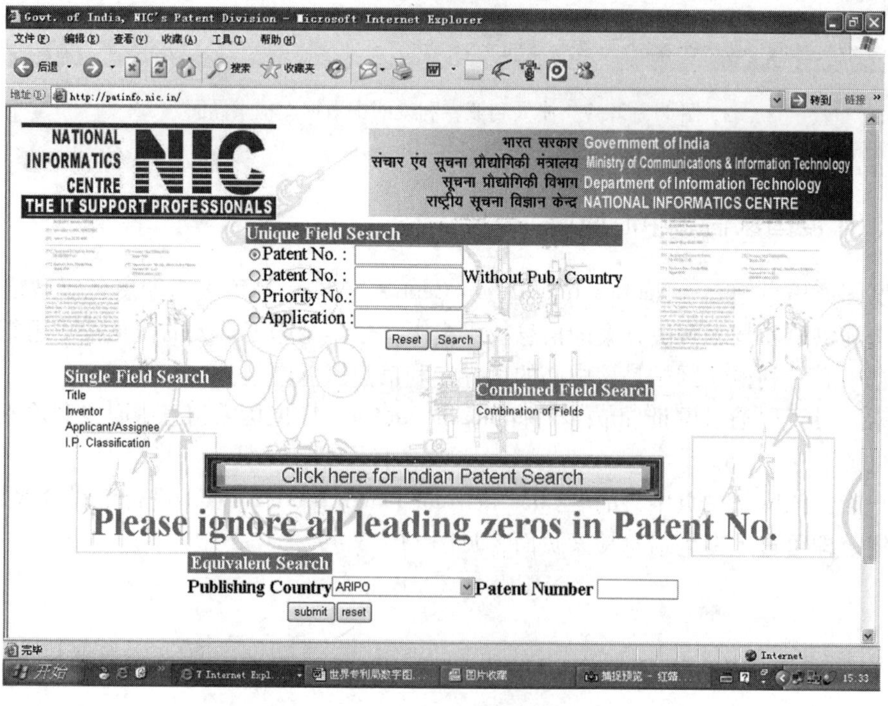

图 11 - 3 - 9　专利信息检索界面

印度国家信息中心专利检索网站提供四种检索方式，分别为："Unique Field Search（唯一字段检索）"、"Single Field Search（单一字段检索）"、"Combined Field Search（组合字段检索）"和"Equivalent Search（同族专利检索）"。

四、美国 Delphion 专利数据库网站

Delphion 公司是 2000 年 5 月由 Internet Capital Group（ICG）与 IBM 联合重组建立的新公司。Delphion 公司的网址为 http：//www. delphion. com/，该网站是在 IBM 知识产权局 IPN（Intellectual Property Network）的基础上建成的。其数据库可检索美国、欧洲、PCT、德国以及日本的专利文献，也可以检索 INPADOC、德温特世界专利索引等，同时网站提供专业的专利分析工具，能够对海量的专利信息进行分析、研究和管理。

该网站从 2001 年起成为商业数据库，目前只提供美国专利摘要数据库的免费检索，用户必须付费才能使用其绝大多数产品并获取服务。Delphion 网的主页如下，见图 11 - 3 - 10。

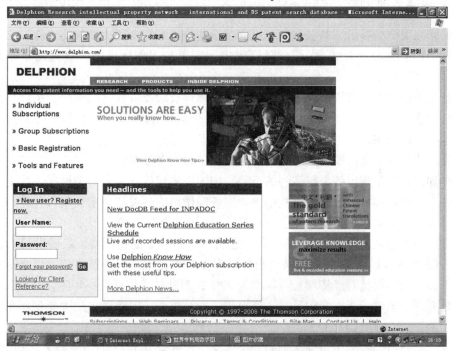

图 11 - 3 - 10　Delphion 网站主页

第十二章 专利信息对实施创新驱动战略的推动作用

第一节 创新驱动战略与专利信息的关系

一、我国实施的创新驱动战略的意义

党的十八大明确提出"科技创新是提高社会生产力和综合国力的战略支撑,必须摆在国家发展全局的核心位置。"强调要坚持走中国特色自主创新道路、实施创新驱动发展战略。

创新驱动的本质是指依靠自主创新,充分发挥科技对经济社会的支撑和引领作用,大幅提高科技进步对经济的贡献率,实现经济社会全面协调可持续发展和综合国力不断提升。从国家层面来讲,实施创新驱动发展战略意义深远。

首先,实施创新驱动发展战略是提升国际竞争力的有效路径。

现今国际竞争呈现出越来越激烈的态势,中国必须建设成为创新型国家,才能从容应对国际社会的变化和挑战,这也是党中央、国务院做出的事关社会主义现代化建设全局的重大战略决策。而实施创新驱动发展战略是建设创新型国家的必然要求。

目前世界上公认的创新型国家有 20 个左右,它们有如下共同特征:研发投入占 GDP 的比例一般在 2% 以上;科技对经济增长贡献率在 70% 以上;对外技术依存度指标一般在 30% 以下。而我国科技对经济增长贡献率为 39%,对外技术依存度 >40%,与创新型国家存在明显差距。虽然近年来我国科技工作取得了长足进步,但距世界最主要创新型国家还有很大的差距。

除此之外,世界各国纷纷强化创新战略部署——美国出台《创新战略》,从国家发展战略上重视创新,从国家发展路径上强化创新;欧盟通过《欧洲 2020 战略》,致力于成为最具国际竞争力的国家联合体;日本 2009 年就出台《数字日本创新计划》,逐步进入科学技术立国与战略调整阶段;韩国在 2000 年制定科技发展长远规划《2025 年构想》,提出 2015 年成为亚太地区主要研究中心的目标。面对世界发达国家的超前部署,中国只有进一步增强危机意识,坚定不移地实施创新驱动发展战略,才能在综合国力的竞争中抢占先机。

第二,实施创新驱动发展战略是转变经济发展方式的根本途径

中国长期依靠物质要素投入推动经济增长,经济发展方式以粗放型为主,属于由投资带动的要素驱动阶段,科技创新对经济社会发展的贡献率偏低,生态环境的瓶颈制约非常

严重。这种增长方式不可避免而且正在遇到资源和环境不可持续供给的极限，造成产业大多仍然处于全球价值链低端，经济发展缺乏可持续性。

从数据看足以说明问题：我国天然气、石油人均占有量为世界平均水平的 4% 和 8%，水资源、土地、耕地分别为世界平均水平的 25%、33%、40%。2009 年我国 GDP 总量约占世界的 8.6%，能源消耗量约占 20.3%，人均能耗达世界平均水平，但人均 GDP 仅为世界平均水平的一半。单位 GDP 能耗是世界平均水平的 2.0 倍，是美国、德国、英国的 2.4 倍、4.2 倍、4.4 倍。高投入、高能耗带来了严重的生态环境问题。我国 7 大水系 1/5 水质为劣 V 类，每年因经济发展所带来的环境污染代价已接近 1 万亿元。长时间大范围雾霾天气影响了国土面积的 1/4，受影响人口达 6 亿。2007 年至 2011 年全国污染物排放量呈逐年上升趋势，2011 年度水排放量达 659.2 亿吨，城镇生活污水排放量达 427.9 亿吨，工业固体废物产生量 32.2 亿吨。2011 年全国环境污染治理投资总额为 6 026.2 亿元，占当年 GDP 的 1.27%。

总体来看，应对气候变化、粮食安全、能源安全等全球重大挑战，高投入、高消耗、高排放、低效率的发展模式难以为继，我国必须增强国家创新能力，加快经济发展方式转变，积极参与国际经济科技新秩序的重构。

第三，实施创新驱动发展战略是提升科技实力的战略选择。

纵观世界各国创新发展趋势，科技是推进创新的引擎，然而我国各项科技实力指标明显落后于其他发达国家。我国基础研究投入占 R&D 经费的 4.8%，为瑞士的 17%、美国的 25%，日本的 37%。各国三方专利（美日欧授权专利）占世界比例中，中国的三方专利仅为 2.4%，为美国的 7.84%，日本的 7.58%。2005 至 2009 年有效 PCT 专利（多国专利）中，美国、日本、德国分别占 32.2%、20.4% 和 11.3%，我国仅占 2.5%。我国 2008－2012 年专利实施许可合同数约占专利申请受理数的 1.48%，"垃圾专利"居多。我国高技术产品出口总量世界第一，但自主品牌出口不足 10%，80% 以上是外资企业的产品，其中 72% 是加工贸易产品，自主创新能力难以支撑经济高速发展。

中共中央国务院日前出台文件，指导深化体制机制改革加快实施创新驱动发展战略。

这份《中共中央 国务院关于深化体制机制改革加快实施创新驱动发展战略的若干意见》，共分 9 个部分 30 条，包括总体思路和主要目标，营造激励创新的公平竞争环境，建立技术创新市场导向机制，强化金融创新的功能，完善成果转化激励政策，构建更加高效的科研体系，创新培养、用好和吸引人才机制，推动形成深度融合的开放创新局面，加强创新政策统筹协调。

《意见》指出，到 2020 年，基本形成适应创新驱动发展要求的制度环境和政策法律体系，为进入创新型国家行列提供有力保障。

《意见》要求，营造激励创新的公平竞争环境。发挥市场竞争激励创新的根本性作用，营造公平、开放、透明的市场环境，强化竞争政策和产业政策对创新的引导，促进优胜劣汰，增强市场主体创新动力。实行严格的知识产权保护制度，打破制约创新的行业垄断和市场分割，改进新技术新产品新商业模式的准入管理，健全产业技术政策和管理制度，形成要素价格倒逼创新机制。

《意见》强调，发挥市场对技术研发方向、路线选择和各类创新资源配置的导向作用，调整创新决策和组织模式，强化普惠性政策支持，促进企业真正成为技术创新决策、研发投入、科研组织和成果转化的主体。

二、专利信息对实施创新驱动发展战略的推动作用

专利信息是专利制度的产物，它是指以公报等形式向公众通报的某项发明创造在获取专利权过程中的各种信息。一般包括专利公报、专利申请文件、专利说明书、专利索引、专利分类表、专利文摘等。专利文献具有数量大、内容广、新颖、可靠、详尽、规范等特点。世界知识产权组织（WIPO）研究资料表明：世界上90至95%的发明成果在专利文献中都有记载。目前，世界约有90个国家和地区每年用大约30种以上的语言文字出版约100万件专利文献。据统计，全世界70%至90%的发明成果只出现在专利文献中，而不是期刊、论文、会议报告和其他文献中。参考咨询和信息咨询是专利信息最重要的两项功能，为企业技术创新资源的合理配置提供了基础。它不仅可以满足科研人员和企业技术人员对信息本身的参考需求，而且还能够通过对专利信息的集中、浓缩、重组、综合等，将浩如烟海的各类专利信息加工整理成对用户有用的、完整的技术方案或信息产品。因此，充分发挥和利用专利信息的这些功能，不仅可以避免低水平重复研究，而且还可以缩短研发周期，节约大量的人力、物力和财力。

专利信息对建设创新型国家的作用主要体现在以下几个方面：

1. 专利信息是国家制定政策的重要依据

最新的专利信息体现出新兴技术引领者技术创新的动向。对国内外专利进行统计分析，可以明确技术竞争态势，为国家确定优势技术领域、科研资金投向、技术进出口方针提供依据。

2. 专利信息是科技创新的重要源泉

充分利用专利信息资源，可以降低技术创新的成本，加速技术创新的进程，提高研究的起点，确定正确的研究方向，对中国这样一个科技资源紧缺的发展中国家来说尤为重要。

一般来讲，自主创新包括3个方面：原始创新、集成创新、在技术引进的基础上消化吸收再创新。专利信息的有效利用在哪一种创新的过程中都是非常重要的。专利信息是发明创造的内容与其载体的统一体，发明创造从内容上涉及科学技术的各个领域。伴随着现代信息产业发展出现的网络和大型数据库，使得专利信息的获取极其方便。科研人员可以先查阅专利信息，并以此为起点通过各种认识工具认识研究对象，从而研发出新的方法、新的技术特征，最终使发明创造的效率大幅度提高。企业要生存就需要发展，要发展就必须创新。由于专利文献信息具有广泛性、专业性、及时性、公开性等特点，灵活运用专利文献信息并对其进行分析，可以迅速、及时、有效地了解现有技术的现状和本领域的研发热点，进一步掌握竞争对手的意图和策略，从而在激烈的市场竞争中获得主动。

此外，专利信息还可以在收购或兼并、调整市场和产品战略、调整研发战略、进行专利贸易和投资等方面发挥较大的作用。如，北京大学的王选教授发明的激光照排技术，就是通过走检索国外专利信息这条"捷径"高起点研究，并及时在国内外申请专利，实现领

先发展的。海尔集团更是"利用不断变化的专利文献信息，创造出万变的产品"，最终赢得了较快的发展。

3. 充分利用专利信息是创新企业健康发展的重要保证

市场竞争实际上是知识产权的竞争。企业可以通过专利信息了解竞争对手专利布局，跟踪行业技术发展趋势，确保引进技术的质量和己方的利益，在技术输出到国际市场时避免专利纠纷，从而制定出企业发展战略，在扩大市场份额的同时使自身获得良性发展。

专利信息是一笔数量巨大、内容广博的信息财富。作为科技信息系统的重要组成部分，专利信息在经过一系列的传递、加工、储存和转换后，可以创造出更多物质财富。在市场经济条件下，专利信息已成为企业生存发展的极其重要的资源。

首先，专利信息满足了企业对生产要素的各种需求，能够使生产过程中的价值增值。企业生产是各要素合理有效配置与组合的过程，专利信息的利用使各要素的运用更趋科学化、合理化，节约了成本，提高了企业的生产效率和竞争力。其次，通过分析，可以实现原始专利信息内容的量变到质变，由普通的信息上升为企业经营活动中有价值的情报，从而实现价值的增值。以电子表的发明为例。上世纪70年代，瑞士一位工程师发明了电子表技术，但并没有意识到它会引起手表工业的革命。日本人却看到了其潜在的巨大市场价值，买下该专利并投入巨资开发，从而一举登上了电子表王国的宝座。前些年，我国部分手表厂商从瑞士引进电子表技术大批量生产，却不知还有很多核心技术属于日本。产品出口到香港后遭到了日本某公司的抗议。经有关部门检索，发现引进的技术中果然有日本专利。最后，我国厂商不得不向日本公司交付专利使用费。

据了解，20世纪末全球信息业总产值达700亿美元。在全球500强企业中，90%以上企业都拥有十分完善和专业的情报系统，包括专利（专题）数据库分析系统。据统计，2002年信息情报（包括专利信息）对部分跨国企业的贡献率为：微软19%，摩托罗拉16%，IBM14%，P&G13%，通用电气12%，惠普12%，可口可乐10%，英特尔10%。越来越多的事实证明，充分发挥和利用专利信息在激励科技创新、优化资源配置等方面的作用，已成为企业在国际市场上获取竞争优势的关键所在。

4. 制定知识产权战略的重要依据

20世纪80年代以后，美国、欧盟等国家和地区逐渐认识到知识产权在经济和社会发展中的重要性，开始将知识产权工作提高到国家层面，制定了国家层面的知识产权战略，从而推动了本国科学技术的迅猛发展。日本也早在几年前就提出了知识产权立国的战略，并采取了相关举措。有资料表明：目前全世界86%的研发投入、90%以上的发明创造，都掌握在发达国家手中。

正是基于国家长远发展的考虑，党和国家领导人审时度势，准确把握世界发展趋势，明确指出要加强知识产权保护。今年，我国的国家知识产权战略即将出台。实施知识产权战略，加强知识产权保护，需要推进一系列工作，而其中一个重要环节，就是要鼓励企业在研发过程中学会利用以专利为主要内容的知识产权信息。

第二节　专利信息在企业竞争中的作用

随着科学技术的迅速发展，国内外企业间的竞争日趋激烈。企业要在竞争中立于不败之地，就一定要具备创新能力，尤其是在技术上进行创新。企业技术创新竞争的实质就是企业抢先开发技术、抢先获取和利用新技术的竞争。而专利制度的实行和企业专利工作的深入开展，是促进企业技术竞争领先的有效措施和得力手段，因此，研究分析和利用专利信息，已成为企业竞争情报工作的重要内容。

虽然一件专利文献只反映了某一发明的具体细节，但将个别的、零散的专利信息进行系统的分析研究，就能从中发现企业经营活动的规律及其发展方向，特别是在发现竞争对手和判断竞争对手的市场策略方面，专利信息是一种极为重要的情报源。

一、发现与确定竞争对手

查阅专利信息可及时发现竞争对手的情况，具体如下：

1. 确认竞争者。专利文献上列有申请人、设计人、发明人的姓名，而同类技术产品的专利申请人、发明人、设计人则必然是竞争对手，故只要将这些申请人、发明人或设计人的姓名定期收集，并按各个申请人申请专利数量的多少进行排序、归纳和统计，就能得出本企业竞争对手名称的一览表。对于一个企业而言，有的对手只是技术上的对手，比如著名的科研机构或高等院校，为了促进企业的技术更上一层楼，可采取与之合作的对策。有的对手是产品上的对手，如具有一定生产规模的企业，则应密切监视其技术产品开发动向，并采取相应的对策。

在植物新品种研究领域，查《中国专利索引》U98 年下半年的分类索引，来自国外的申请较多，国内申请量和授权且排名依次是四川农科院作物研究所、安徽农科院作物研究所、江苏农科院等。农业大学只有福建农业大学和南京农业大学。1999 年 10 月出版的《发明专利公报》显示该类申请人是南京农业大学等 3 个，而外国申请人只有四家。这说明国内实力较强的研究新植物及其方法的机构主要有四川农科院和南京农业大学，可列为竞争对手。

我国有关机构曾研究了世界各国微波炉的专利申请情况，发现世界各国微波炉的专利技术主要集中在日本，其中松下、东芝、日立、夏普和三洋的实力较为雄厚，而松下和东芝拥有一半的专利申请，是员强劲的对手。此外，韩国的金星和三星也是不容忽视的竞争者。

2. 判断竞争对手的技术特点，各企业技术水平的高低和经济实力的强弱，在很大程度上取决于企业发明活动的活跃程度，具体表现为专利申请量以及拥有有效专利量的多少，因此，各企业提出的专利申请量和目前拥有的有效专利就成了衡量其技术水平的标准。通过对竞争对手所有的全部专利进行定期统计分析，分类排序，并考察其分析情况，可以从中获得竞争对手企业的技术开发及经营策略等方面的数据，由此可逐步判断出竞争对手研究开发的重点、技术政策及发展方向。通过分析竞争对手发展专利的情况，可推断其重要的技术；通过分析竞争对手专利申请与专利批准数的比例，可考察其技术的先进程度；通过分析竞争对手拥有的发展专利数量与实用新型专利数，可以判断企业技术产品开发的成熟程度；按时间顺序分析竞争对手技术的专利申请量，可推断竞争对手的技术开发方向。

二、监测竞争对手并制定市场发展战略

通过监测竞争对手的专利信息可以推断竞争对手的市场趋势，从而制定自己的发展战略。专利信息不仅揭示了某一专利技术的内容及法律状态，同时也反映了企业在争夺产品或技术的专利权及占领市场、战胜对手方面的意图和策略。由于目前世界上大多数国家都采用先申请原则，同样的发明谁先申请，谁就有可能获得专利权，进而占领市场。因此，专利信息虽然不是直接的市场情报，然而通过对专利情报的分析，可以发现有关产品及材料进入市场的时间、规模等经济信息，探测出竞争对手的市场范围和市场策略。德国克房伯公司的人造菌家的专利比英国人在英国申请专利早了一天，从而在英国取得了专利权，占领了英国市场。

对于一个企业来说，开发一项新产品和技术，并在一定的地城内和特定的时间里申请专利保护，都直接渗透着企业明确的经济目的和市场意图，因此，通过专利信息，了解竞争对手在某一段时间里申请了多少专利，申请的是什么类型和什么内容的专利，在哪些国家申请的，可以间接地收集竞争对手的新产品开发策略，未来的市场开拓策略等方面的信息。70年代初受到石油危机的影响，太阳能热水器的专利申请数急剧上升，在大部分的专利中都提出一种镀黑的铝合金作为吸热板的材料。从这种情况不难看出，市场上将会出现各式各样的太阳能热水器，镀黑铝合金的销售量将会增加。

随着专利工作的深入开发和国际竞争的加剧，我国的许多企业和科研机构开始注重运用专利信息进行竞争，开拓和保护国内外市场。信息产业部、中科院、中国石化集团特别注重专利战略的研究和运用，在产业政策的制定和产业发展中发挥了积极作用。中国海尔集团特别重视专利战略的研究和运用工作，每天都有专利申请，并向多个国家和地区申请专利。北大、清华大学的发明也分别向美、日、俄、德、澳等国提出申请。海尔集团由于重视专利情报工作，在1999年全国洗衣机出口下降的形势下，依然保持了出口上升的势头。江苏好孩子集团平均不到一天就申请一项专利，运用专利保护占据了国内和国际市场的优势。

通过某国或某一企业在某一技术领域专利申请量的变化，可以发现其市场策略。在70年代初，日本通产省经过充分研究，认定国家的未来取决于电子计算机工业及其基础半导体工业。于是70年代后期，日本通产省出资1.3亿美元，加上私人投资共3.2亿美元，建立客商合作的半导体研究中心，研究出1 000多项发明，使其半导体公司在某些技术方面赶上并超过美国。

通过对专利情报的检索，可以发现某一企业在某一技术领域里向哪些国家申请了专利，从而推断其进军国际市场的战略。从外国在中国申请专利的情况来看，一些工业发达国家的企业已把专利战略的触角伸向我国，纷纷来中国申请专利，将主攻方向对准了我国这个广大的市场，旨在争夺市场，控制市场，一些技术领域已基本被外国专利覆盖，高技术领域的发明专利申请量国外约占50%以上，如在我国宣布长征三号火箭进入国际航天市

场，可为各国提供卫星发射服务之际，美国休斯航空公司立即向中国专利局提交了4份关于卫星发射的专利申请，这显然是准备进入中国航天市场的战略行动。我国稀土矿的工业储量占世界已探明储量的80%，既是资源大国，又是生产大国和消费大国，是我国的优势工业，但近几年来，强烈受到国外专利的攻击。美国、日本、德国、荷兰等国公司在我国申请了大量的专利，使我国稀土产品的生产，出口过程中，受到外国企业的许多次侵权控告，处境十分不利。

选择在哪些国家申请专利，从根本上说取决于占领市场的需要，一旦一项发明创造在国外有广泛的市场，就应向国外申请专利，如我国专家陈世杰发明的全塑船，向一些拥有较多岛屿的国家，如有"千岛之国"之称的印度尼西亚等国申请了专利，就是基于市场的考虑。随着企业专利意识的增强和开发国际市场的需要，我国企业在国外的专利申请量呈上升趋势，通过在国外取得专利权，为向这些国家出口有关产品，或在这些国家投资办厂或许为他人在这些国家使用自己的发明创造有利的条件。

三、专利信息的综合利用

利用专利信息研究竞争对手的市场策略，应透过现象抓住本质，结合各方面的信息，进行全面的综合分析研究与利用，才能得出正确的结果。

1. 应深入研究竞争对手在国外申请专利的意图。有时候向一国申请专利，并不是直接为了占领该国市场，而是为了在技术上控制在该国的竞争对手，使其无法生产出与自己竞争的产品，从而使自己在国际市场竞争中处于有利地位。日本为了同我国争夺国际稀土产品市场，并不是在所有的稀土产品进口国申请专利，而是向我国申请了大量的有关专利，企图从技术方面控制我国，使之不能生产出与之相抗衡的产品，达到占领国际市场的最终目的。

2. 竞争对手在国外申请专利的数量并不是越多，其市场策略就越成功，还应考虑其内在价值性和必要性。对于比较高难的发明，只要向那些有生产能力制造的国家申请即可，而向一般的应用国家申请则是多余。对于难度低，易仿造，应用广的技术产品，除了向生产国申请外，还应向使用国申请。

3. 监测竞争对手的市场策略，应仔细研究其专利的数量和内容、专利的实施率、专利许可证贸易状况及专利产品的市场占有率等因素。如果竞争对手的专利申请数量多，但自己实施的不多，则表示其采取了出售专利技术或转让专利或技术贮备的市场战略；当竞争对手围绕某一主要技术有较多的外国专利申请时，则说明其可能采取了专利网络战略；若竞争对手向国外申请专利时，说明其将进军国际市场；当竞争对手申请的发明专利多并自己实施，则采取的是新技术产品的市场开拓策略，当企业发明申请专利极少，而实用新型专利较多，则说明其采取的是市场追随型战略。

4. 可以发现竞争对手的新产品市场。当竞争对手有与原来产品不相关的专利申请时，则预示着其有全新产品出现；当竞争对手有先进专利申请时，则表明其将会开发出较先进的产品。当竞争对手购买某一技术领域专利时，预示其将在这一领域投资生产。企业该通过各种途径，搜集相关情报，设法获取竞争对手的新技术产品的有关参数，预测其可能的应用范围，为本企业采取对策做好参谋。

234

5. 发现竞争对手潜在的市场。竞争对手由于某种特殊需要研制的发明专利，刚刚出现时，常会局限在非常狭窄的应用领域内，随着技术的完善和时间的推移，就可能扩大应用领域。应仔细研究竞争对手这种专利的实施利用情况，观察围绕这种专利是否有关联的实用新型和外观设计专利出现，结合其与其他行业、部门的联系，寻求应用的途径，从而发现这种专利的潜在市场。

6. 发现竞争对手的市场合作策略。现代市场竞争的加剧和社会因素的复杂多变，有时企业凭借自身的力量难以在市场上立足，需要和其他企业合作开发市场，常见的形式有两种：一是各企业将相互拥有的专利权拿上来合作，以生产合作的形式出现；二是和其他企业共同开发专利技术。谋求市场的拓展。这时，不但要观察了解竞争对手，更重要的是深入研究合作方的情况及合作的条件，做出正确的判断，制定相对应的竞争策略。

四、发挥专利信息的预警作用

加入 WTO 之后，在对外贸易之中我国企业碰到的技术壁垒也日渐增多，如何有效预警贸易技术壁垒、如何利用专利信息进行预警呢？众所周知，技术性贸易壁垒比关税壁垒的隐蔽性更强、透明度更低、更不易监督和预测。但它对贸易的影响却往往是关键性的，而且可以通过技术改进来规避。

常用的预警贸易技术壁垒的方法和途径一般是经常了解和收集国外尤其是发达的WTO 成员方制定的技术法规情况及相关资料等。各国相关技术法规预警的针对性很强，但因时效性差，所以法规出台时，与之相应的一套专利网也已建立，此时我们再选择预警的应对措施已受到极大制约，形成被动。据有关报道，在欧盟相关法案出台前两三年，很多欧美企业就已经申请了很多专利，但我国的出口企业直到法案准备启动的前两三个月，才知道这一标准。目前我们对专利的重视程度是否还很欠缺，专利不等同于普通技术情报，专利同时还含法律和商业信息。技术法规往往表面上是技术限定，背后是专利支撑。如果没有专利，技术可以任意无偿使用，也就不存在技术性贸易壁垒了。我们应从国际技术贸易的宏观角度，来把握专利的影响与作用，我国各行业要善于跟踪出口产品的专利信息，进行对外贸易技术壁垒的预警研究，以便尽早规避可能产生的技术性壁垒。制药业在保持信息获取能力和创新能力的基础上，如果有政策支持，则胜算幅度将增大。我们一定要善于利用专利，要善于利用从属专利作筹码，这样就相当于站在他人的肩膀上。例如对于制药行业，我们应该跟踪国外的医药专利信息，分析哪些新化合物可能是具有市场前景的新药，抢先一步研发其新工艺、新复方、新剂型、新医疗用途，以获得该新化合物的从属专利。力争用从属专利作为筹码进行交叉许可，突破外国专利阵，换取新药的生产、销售权利。实施这一战略的关键有三点：选题准、跟进早、有创新。这三步都离不开专利的全面检索和系统分析。

第三节　充分开发利用专利信息增强企业竞争能力

专利信息在企业市场竞争中占有的重要地位是毋庸置疑的，然而，就企业的专利信息现状来看是不容乐观的。企业的专利意识还很薄弱，缺乏专业管理人员，专利信息基础建设设施还不完善，这对企业的发展极为不利。为求得企业的生存和发展，企业应该采取措施，切实做好这项工作。制定开发利用专利信息的措施有以下方面：

一、增强企业的专利信息意识

能否利用好专利信息资源，充分发挥专利制度的作用，在很大程度上取决于企业管理人员尤其是科研人员的专利信息意识水平。因此，要通过专利法的宣传和专利知识的培训，强化企业管理人员和科研人员的专利信息意识。只有提高企业对专利信息重要性的认识，增强使用专利信息的紧迫感，才能把专利信息的开发利用变成企业的自觉行动，把企业专利工作提高到一个新水平。

二、加强专利信息利用的基础建设和网络建设

为适应专利信息载体电子化和信息传输网络化的发展趋势，要求企业配备相应的专利信息检索设备。有条件的单位可购置必要的专利信息检索数据库，或者加入专利信息网络。中小企业专利工作起步晚，要主动与地方专利信息服务部门建立联系，以便满足企业的信息需求。

三、建设一支高素质的专利工作队伍

专利信息处理系统技术性、法律性较强，其人员素质的高低直接影响到企业的竞争力。专利信息工作人员的素质要求表现在几个方面：熟悉专利法和专利知识，具有创新能力，懂得计算机，具备信息处理和开发利用的技能，知识结构合理，具有一定的外语水平等。专利工作人员的职责是：检索、研究专利信息，处理专利纠纷，密切关注竞争对手的专利动态，严格保护企业拥有的技术秘密和商业秘密。

四、建立专利信息激励机制

现代企业竞争，是产品、技术的竞争，但归根结底是人才的竞争。只有把人的积极性调动起来，企业才具有强大的生命力。企业应建立专利信息激励机制，积极鼓励员工利用专利信息开展技术创新活动。对在企业开发新产品、新工艺、新设备，利用新技术，以及营销活动中，通过利用专利信息取得显著成效的要进行奖励。通过这一举措，形成良好的专利信息利用环境。

五、建立专利信息咨询服务平台

建立面对企事业单位和公众开放的专利信息咨询服务和专利信息检索平台，该平台可设由查询系统、工作系统和服务系统三部分组成，查询系统是该平台的最大特点，包括"七国两组织"（七国包括中国、日本、美国、英国、法国、德国、瑞士等，两组织是世界知识产权组织和欧洲专利局）及多个个行业（计算机、通讯、航天航空、教育、生物工程及基因等行业等）的专利检索；在工作系统中可以汇集与知识产权相关的政府部门、企

业和中介服务机构，知识产权教育培训机构等；服务系统包括专利、商标、版权和技术合同申请流程申报文本及注意事项，还包括知识产权政策法规优惠政策及专利预警等内容，也包括案例解析、侵权举报、百家争鸣和知识产权论坛等栏目。

还可在服务平台设有相应专利方面的专家顾问解答疑难问题，提供深层次的专利情报分析，以及专利法律、专利技术转让等方面的咨询服务等。

国别地区代码一览表

用双字母代码表示国家、其他实体及政府间组织的推荐标准（标准 ST. 3）

AD 安道尔	BM 百慕大
AE 阿拉伯联合酋长国	BN 文莱
AF 阿富汗	BO 玻利维亚
AG 安提瓜和巴布达	BR 巴西
AI 安圭拉岛	BS 巴哈马
AL 阿尔巴尼亚	BT 不丹
AM 亚美尼亚	BV 布韦岛
AN 荷属安的列斯岛	BW 博茨瓦纳
AO 安哥拉	BX 比荷卢商标局（BBM）和
AP 非洲地区工业产权组织（ARIPO）（1）	比荷卢外观设计局（BBDM）（2）
AR 阿根廷	BY 白俄罗斯
AT 奥地利	BZ 伯利兹
AU 澳大利亚	CA 加拿大
AW 阿鲁巴岛	CD 刚果民主共和国
AZ 阿塞拜疆	CF 中非共和国
BA 波斯尼亚和黑塞哥维那	CG 刚果
BB 巴巴多斯	CH 瑞士
BD 孟加拉	CI 科特迪瓦
BE 比利时	CK 库克群岛
BF 布基纳法索	CL 智利
BG 保加利亚	CM 喀麦隆
BH 巴林	CN 中国
BI 布隆迪	CO 哥伦比亚
BJ 贝宁	CR 哥斯达黎加
CU 古巴	GD 格林纳达
CV 佛得角	GE 格鲁吉
CY 塞浦路斯	GH 加纳
CZ 捷克共和国	GI 直布罗陀

DE 德国（4）	GL 格陵兰
DJ 吉布提	GM 冈比亚
DK 丹麦	GN 几内亚
DM 多米尼克	GQ 赤道几内亚
DO 多米尼加共和国	GR 希腊
DZ 阿尔及利亚	GS 南乔治亚和南桑德韦奇群岛
EA 欧亚专利局（EAPO）（1）	GT 危地马拉
EC 厄瓜多尔	GW 几内亚比绍
EE 爱沙尼亚	GY 圭亚那
EG 埃及	HK 中华人民共和国香港特别行政区
EH 西撒哈拉（3）	HN 洪都拉斯
EM 欧洲内部市场协调局（商标和外观设计）	HR 克罗地亚
（OHIM）	HT 海地
EP 欧洲专利局（EPO）（1）	HU 匈牙利
ER 厄立特里亚	IB 世界知识产权国际局（WIPO）（5）
ES 西班牙	ID 印度尼西亚
ET 埃塞俄比亚	IE 爱尔兰
FI 芬兰	IL 以色列
FJ 斐济	IN 印度
FK 福克兰群岛（马尔维纳斯）	IQ 伊拉克
FO 法罗群岛	IR 伊朗（伊斯兰共和国）
FR 法国	IS 冰岛
GA 加蓬	IT 意大利
GB 英国	JM 牙买加
GC 海湾地区阿拉伯国家合作委员会专利局	JO 约旦
（GCC）	JP 日本
KE 肯尼亚	MO 澳门
KG 吉尔吉斯斯坦	MP 北马里亚纳群岛
KH 柬埔寨	MR 毛里塔尼亚
KI 基里巴斯	MS 蒙特塞拉特岛
KM 科摩罗	MT 马耳他
KN 圣基茨和尼维斯	MU 毛里求斯
KP 朝鲜民主主义人民共和国	MV 马尔代夫
KR 韩国	MW 马拉维墨西哥
KW 科威特	MX 墨西哥
KY 开曼群岛	MY 马来西亚
KZ 哈萨克斯坦	MZ 莫桑比克

DE 德国（4）	GL 格陵兰
LA 老挝人民民主共和国	NA 纳米比亚
LB 黎巴嫩	NE 尼日尔
LC 圣卢西亚岛	NG 尼日利亚
LI 列支敦士登	NI 尼加拉瓜
LK 斯里兰卡	NL 荷兰
LR 利比里亚	NO 挪威
LS 莱索托	NP 尼泊尔
LT 立陶宛	NR 瑙鲁
LU 卢森堡	NZ 新西兰
LV 拉脱维亚	OA 非洲知识产权组织（OAPI）（1）
LY 利比亚	OM 阿曼
MA 摩洛哥	PA 巴拿马
MC 摩纳哥	PE 秘鲁
MD 摩尔多瓦共和国	PG 巴布亚新几内亚
MG 马达加斯加	PH 菲律宾
MK 前南斯拉夫马其顿共和国	PK 巴基斯坦
ML 马里	PL 波兰
MM 缅甸	PT 葡萄牙
MN 蒙古	PW 帕劳
PY 巴拉圭	TM 土库曼斯坦
QA 卡塔尔	TN 突尼斯
RO 罗马尼亚	TO 汤加
RU 俄罗斯联邦	TP 东帝汶（3）
RW 卢旺达	TR 土耳其
SA 沙特阿拉伯	TT 特立尼达和多巴哥
SB 所罗门群岛	TV 图瓦卢
SC 塞舌尔	TW 中国台湾
SD 苏丹	TZ 坦桑尼亚联合共和国
SE 瑞典	UA 乌克兰
SG 新加坡	UG 乌干达
SH 圣赫勒拿岛	US 美国
SI 斯洛文尼亚	UY 乌拉圭
SK 斯洛伐克	UZ 乌兹别克斯坦
SL 塞拉利昂	VA 梵蒂冈

DE 德国（4）	GL 格陵兰
SM 圣马力诺	VC 圣文森特和格林纳丁斯
SN 塞内加尔	VE 委内瑞拉
SO 索马里	VG 英属维尔京群岛
SR 苏里南	VN 越南
ST 圣多美和普林西比	VU 瓦努阿图
SV 萨尔瓦多	WO 世界知识产权组织
SY 叙利亚阿拉伯共和国	（WIPO）（国际局）（5）
SZ 斯威士兰	WS 萨摩亚
TC 特克斯和凯科斯群岛	YE 也门
TD 乍得	YU 南斯拉夫
TG 多哥	ZA 南非
TH 泰国	ZM 赞比亚
TJ 塔吉克斯坦	ZW 津巴布韦

常用专利 INID 代码

（10）文献标志

　　［11］文献号

　　［12］文件所属类别

　　［19］公布专利的国家

（20）专利申请或补充保证书数据

　　［21］专利申请号

　　［22］专利申请日期

（30）遵照巴黎公约规定的优先权数据

　　［31］优先申请号

　　［32］优先申请日期

　　［33］优先申请国 家或组织代码

（40）文献的公知日期

　　［43］未经审查并或尚未授权的专利文献的公开日

　　［44］审定公告日期

　　［45］授权公告日

（50）技术信息

　　［51］国际专利分类号（IPC）或工业品外观设计国际分类

　　［52］本国专利分类号

　　［53］国际十进分类号

　　［54］发明名称

　　［55］关键词

　　［57］摘要或权利要求

（60）与国内或前国内专利文献，包括其未公布的申请有关的其他法律或程序引证

　　［62］较早申请的提出日期及申请号，当前文献为其分案申请

　　［64］较早公布的文献号，该文献已再版

（70）与专利或补充保护证书有观点人事引证

　　［71］申请人姓名

　　［72］发明人姓名

　　［73］专利权人

　　［74］专利代理人或代表人姓名

　　［75］发明人兼申请人

（80）国际组织项

    ［81］PCT 申请指定国

    ［82］专利选择国

    ［84］地区专利公约指定国

    ［85］PCT 申请进入国家阶段日期

    ［86］PCT 国际申请的申请数据

    ［87］PCT 国际申请公布数据

参 考 文 献

[1]   李建蓉．专利信息与利用．北京：知识产权出版社，2006
[2]   朱江岭．网络信息资源检索与利用．北京：海洋出版社，2007.
[3]   孙艳玲．因特网上查专利．北京：知识产权出版社，2007.
[4]   郝凤素，李莉，曹彩英等．信息资源组织与检索．北京：机械工业出版社，2005.
[5]   朱江岭．虚拟图书馆与网上信息检索．北京：海洋出版社，2005.
[6]   江镇华．怎样检索中外专利信息．北京：知识产权出版社，2001.
[7]   蔡萍．美国专利申请类型和授权后程序．中国发明与专利，2007，（9）：71－72.
[8]   宋瑞玲．美国专利商标局网站专利检索与使用．中国发明与专利，2007，（5）：47－48.
[9]   卢慧生．美国专利商标局简介．中国发明与专利，2007，（7）：63－64.
[10]   杜春雷，马方亮，张彤．对欧洲专利的研究与利用．现代情报，2007，（4）：219－220.
[11]   李晓．欧洲专利局数据库检索与使用．中国发明与专利，2007，（5）：45－46.
[12]   路志明．中国知识产权网专利检索与使用．中国发明与专利，2007，（5）：40－41.
[13]   贾丹明．国家知识产权局网站专利检索与使用．中国发明与专利，2007，（5）：38－39.
[14]   刘乃强 因特网上专利信息的检索．大学图书情报学刊 2007，25（3）：66－69
[15]   王通，李伟华．因特网上专利信息资源的分布及其检索与利用．科技情报开发与经济 2006 16
        （21）：121－122
[16]   丁建业 韩国知识产权局网站专利检索．中国发明与专利，2007，（5）：51－52.
[17]   Thomson Scientific．．http：//www．thomsonscientific．com．cn/.
[18]   中国专利信息网．．http：//www．patent．com．cn.
[19]   中华人民共和国国家知识产权局．http：//www．sipo．gov．cn.
[20]   中国知识产权网．http：//www．cnipr．com.
[21]   香港特别行政区政府知识产权署专利检索．http：//ipsearch．ipd．gov．hk/ patent/index．html.
[22]   台湾专利公报资料库．http：//twp．apipa．org．tw/.
[23]   知识产权数字图书馆．http：//www．wipo．int/ipdl/en
[24]   澳大利亚知识产权局．http：//ipaustralia．gov．au
[25]   韩国 KPIRIS．http：//www．kipris．or．kr/sub_ idx/index．html
[26]   法国外观设计数据库．http：//www．plutarque．com
[27]   注册式共同体外观计．http：//oami．europa．eu/RCDOnline/RequestManager
[28]   美国专利与商标局．http：//www．uspto．gov/patft/index．html.
[29]   欧洲专利局网．http：//gb．espacenet．com．.
[30]   日本专利局（经济产业省特许厅）网站．http：//www．jpo．go．jp/
[31]   论技术创新与贸易中的专利法律状态信息服务 瞿丽曼 现代情报 2007.8